Ullstein

ÜBER DAS BUCH:

Die Reinkarnationstherapie geht davon aus, daß die eigentlichen Ursachen psychischen Leids in früheren Leben liegen. Indem sie nun Menschen in frühere Existenzen zurückführt, will sie selbst bislang unbehandelbare Leiden an der Wurzel heilen.
Der Autor hat sich über Jahre mit Reinkarnationstherapeuten und ihren Klienten beschäftigt und stellt nicht nur ihre Methoden, sondern auch die Grenzen und Möglichkeiten dieser Therapieform vor. Die Reinkarnationstherapie hat nachweislich zur Heilung vieler seelisch bedingter Krankheiten beigetragen: u. a. Phobien, klinische Formen von Angst, Depression, Selbsthaß, psychosexuelle Störungen und Abweichungen, psychosomatische Symptome. Bestsellerautor Harald Wiesendanger gibt in diesem Standardwerk eine Fülle fundierter Tips für alle, die ihre Existenz neu und reicher erfahren möchten.

DER AUTOR:

Dr. phil. Harald Wiesendanger, geboren 1956, studierte Philosophie, Psychologie und Soziologie. Seit 1986 freier Wissenschaftsjournalist und Lektor mit den Schwerpunkten Psychologie und Grenzwissenschaften; Herausgeber des »Psychologischen Informationsdienstes« (PSI) sowie eines wöchentlichen »PSI-Pressedienstes« und Autor mehrerer Sachbücher.

Weitere Veröffentlichungen:
Die Jagd nach PSI (1989); *Der Streit ums Horoskop* (1990); *In Teufels Küche* (1992); *Auswege* (1993); *Psi aktuell* (1993); *Zeitreiseführer* (1993); *Paranormales wird normal* (1994); *Bruno Gröning: ein Ausweg für Kranke* (1994); *Kanäle für Jenseitige* (1994); *Nicht nur zur Geisterstunde* (1994); *Das große Buch vom geistigen Heilen* (1994).

Inhalt

Meinen Eltern

Deine Kinder sind nicht deine Kinder.
Sie sind Söhne und Töchter
des sich selbst ersehnenden Lebens.
Sie kommen durch dich,
aber nicht von dir.
Und wenn sie auch mit dir sind,
so gehören sie dir doch nicht.
Ihr seid die Bogen, denen eure Kinder
als lebende Pfeile entsandt werden.

Khalil Gibran (1883-1931),
libanesischer Schriftsteller

Vorwort

Lassen Sie sich zurückführen, aber…

Wer zur Quelle will,
muß gegen den Strom schwimmen.

Chinesisches Sprichwort

»Glauben Sie, daß Sie früher schon einmal gelebt haben?« So fragten Meinungsforscher des Allensbacher Instituts für Demoskopie Ende 1988 über 2000 repräsentativ ausgewählte Bundesdeutsche über 16 Jahren. Mit »Ja« antworteten 12 Prozent. Das sind hochgerechnet immerhin sechs Millionen Bundesbürger. »Unentschieden« äußerten sich 14 Prozent. Dreiviertel der Befragten verneinten. Wie hätten Sie geantwortet?

Zur Mehrheitsmeinung jedenfalls würden Sie sich nicht mehr ohne weiteres bekennen – sobald Sie sich auf eine *Rückführung* einlassen: ein psychotherapeutisches Verfahren, das in den meisten von Ihnen Bilder wachrufen wird, die Sie als »Erinnerungen an frühere Leben« deuten werden.

Und darauf einlassen sollten Sie sich, wenn Ihnen Fragen wie »Woher komme ich?«, »Wozu lebe ich?«, »Was wird aus mir, wenn ich sterbe?« wichtig sind. Wenn Sie die Auskünfte christlicher Theologen unbefriedigt lassen. Wenn Sie aus der Ablehnung, dem Schweigen seitens des akademischen Wissenschaftsbetriebs nicht den voreiligen Schluß ziehen, es gebe über Reinkarnation nichts empirisch Gehaltvolles zu erforschen, sie bleibe reine »Glaubenssache«. Und wenn Sie sich stark genug fühlen, manch verständnisloses Kopfschütteln und mitleidig-spöttisches Lächeln, viele überhebliche, abfällige Bemerkungen gelassen wegzustecken. Wer zur Quelle will, muß gegen den Strom schwimmen.

Immer waren es bisher die »Rückführer« selbst, die in Büchern für diesen Weg warben. Dabei beschränkten sie sich auf ihre eigene Praxis, schönten häufig Abläufe und Ergebnisse, scheuten Vergleiche, verschwiegen Risiken und Gefahren, fertigten berechtigte Einwände allzu rasch ab.
Dieses Buch stellt die »Rückführer«, ihre Methoden, Möglichkeiten und Grenzen erstmals »von außen« vor: als Philosoph und Wissenschaftsjournalist habe ich ihnen und ihren Klienten inzwischen über drei Jahre nachgeforscht, aufgeschlossen und skeptisch zugleich.

Wie entstand, wie entwickelte sich die gegenwärtige Reinkarnationswelle in der westlichen Welt und speziell in Deutschland? Nach welchen Methoden gehen »Rückführer« vor? Stehen die einzelnen »Erinnerungen«, die dabei wach werden, beziehungslos nebeneinander – oder weisen sie Gemeinsamkeiten auf, die sich zu einem Grundmuster menschlichen Schicksals zusammenfügen? Diese Fragen stehen im Mittelpunkt der ersten drei Kapitel.
Was ist von dieser neuen Form von Psychotherapie zu halten? Sie sollten sich darauf einlassen,

- weil sich die Erinnerungen, die sie freisetzt, schon vielfach als wahr erwiesen haben. (Kapitel 4)
- weil sich inzwischen auch außerhalb von »Rückführungen« die Hinweise darauf häufen, daß wir schon einmal gelebt haben – und daß die Erinnerung daran tief verschüttet in unserem Gedächtnis liegt. (Kapitel 5)
- weil allzuoft keine andere Erklärung für das, was im Verlauf von »Rückführungen« geschieht, plausibler ist als die Theorie der Wiedergeburt. (Kapitel 6)
- weil die üblichen Einwände, mit denen Naturwissenschaftler und Philosophen die bloße Möglichkeit von Wiedergeburt abtun, wenig überzeugen. (Kapitel 7)
- weil Rückführungen, aller Kritik zum Trotz, im allgemeinen nicht weniger wirksam sind als anerkannte psychotherapeutische Verfahren. (Kapitel 9)

Die Chancen einer »Rückführung« kann indes nur nutzen, wer ihre Grenzen und Gefahren kennt – und damit rechnet (Kapitel 8). Doch risikolos war noch keine Revolution. Und nichts Geringeres können »Rückführungen« anstoßen: den Bruch mit alten Gewohnheiten, Einstellungen, religiösen und moralischen Überzeugungen – durch neue, bewegende, richtungweisende Erlebnisse, die offen machen für ein neues Bild vom Woher, Wozu, Wohin menschlicher Existenz.

1 Im Drüben fischen?

»Rückführungen« in frühere Leben: Türöffner für Wiedergeburtslehren in der westlichen Welt

Am 3. Juni 1968 trifft sich der 22jährige Psychologiestudent Thorwald Dethlefsen mit zwanzig Bekannten in einer Münchner Privatwohnung, wie jeden Montagabend. Ein bißchen Spaß, Unterhaltung, Abwechslung, »mehr erwarteten wir nicht. Ich konnte nicht ahnen, daß dieser Abend für mich lebensentscheidend werden sollte« – und der bundesdeutschen Nachkriegskultur ein Datum setzte, auf welches das überstrapazierte Prädikat »historisch« ausnahmsweise paßt.

Wieder einmal steuert Dethlefsen zur vergnügten Runde ein paar Hypnose-Experimente bei: »Ich bat die Anwesenden, die Augen zu schließen, sich völlig zu entspannen und sich nur noch auf meine monotonen Worte zu konzentrieren.«

Schon nach wenigen Minuten stellt er fest, daß ein Teilnehmer besonders tief in hypnotischen Schlaf versunken ist: Rudolf T., ein 25jähriger Münchner Technik-Student.

Mit ihm unternimmt Dethlefsen nun eine »Altersregression« (von lat. *regredi*: zurückgehen): Er führt ihn in Trance »in frühere Lebensalter zurück«.[1] Zu Rudolfs Schulzeit. Zu seinem sechsten Geburtstag. Schließlich sogar zum Augenblick seiner Geburt.

Es klappt vorzüglich. Überdeutlich, in überwältigend eindrucksvollen Bildern, scheint sich Rudolf noch an kleinste Einzelheiten aus früheren Lebensabschnitten zu erinnern, die er inzwischen längst vergessen zu haben glaubte. Ja, offenbar *erlebt* er sie nochmals, mitsamt den damaligen Stimmungen und Gefühlen, Fähigkeiten und Verhaltensweisen.

So weit bestätigt Rudolf nur, was Hypnotiseure immer schon an »zurückgeführten« Patienten erlebt haben. Doch jetzt kommt Dethlefsen »ein verrückter Einfall: Muß man die Altersregression denn unbedingt kurz vor dem Geburtsmoment abbrechen?... Ich wollte weitergehen. Auf was und wohin ich stoßen würde, wußte ich freilich nicht, aber ich wollte Neuland betreten.« So befiehlt er Rudolf, noch weiter »zurückzugehen« – *vor seine Zeugung*.

Rudolf atmet schwer. Während ihn die Anwesenden gebannt anstarren, beginnt er zu sprechen, stockend, mit gepreßter Stimme: »Ja, ich bin in einem Keller« – in »Wissembourg, Frankreich«, »Rue de Connétable«. Wann? »1870«, während des »Kriegs gegen die Preußen«. »Guy Lafarge« heiße er, sei »18 Jahre alt«.

Dethlefsen kann es kaum fassen: »Ich sprach nicht mehr mit dem Menschen, der vor mir saß, nämlich Herrn T., ...sondern mit einem Augenzeugen des Deutsch-Französischen Krieges!« Aus der Trance zurückgeholt, kann sich Rudolf an nichts erinnern.

Eine Woche später, am 10. Juni 1968, wiederholt Dethlefsen das Experiment mit seinem Kommilitonen im Nebenraum eines Münchner Hotels, diesmal gut vorbereitet und nach einem genauen Fragekatalog. Ein Tonband läuft mit. Vor sieben anwesenden Zeugen erwacht im hypnotisierten Rudolf erneut »Guy Lafarge«. Bis in kleinste Details schildert er, wie sein einstiges Leben verlief – bis er im Februar 1880 starb.

Dieser ersten, sauber dokumentierten »Rückführung in frühere Leben« ließ Dethlefsen in den Jahren darauf einige Tausend weitere folgen. Die meisten verliefen ähnlich erfolgreich, manche noch spektakulärer.

»Neuland« betrat Dethlefsen freilich keineswegs. Schon um die Jahrhundertwende hatte Baron Albert Rochas d'Aiglun (1837-1914), ein französischer Offizier und langjähriger Präsident des militärischen Polytechnikums von Paris, mit insgesamt 19 Versuchspersonen hypnotische »Rückführungen« unternommen – in bis zu zehn »frühere Leben«.[2] Als Sigmund Freud, der Vater der Psychoanalyse, Ende des vorigen Jahrhunderts Hypnose zur »Altersregression« einzusetzen begann – als »Königsweg«, um an traumatische, ins Unbewußte verdrängte Vergangenheiten seiner

Patienten heranzukommen –, schien es nur noch eine Frage der Zeit, wann Psychologen und Psychotherapeuten in Rochas' Fußstapfen auf Vergangenheiten *vor* Zeugung und Geburt stoßen würden: Warum sollten sie auf der Zeitachse nicht einfach unbegrenzt weiter zurückschreiten, statt bei unbewältigten Erlebnissen des jetzigen Lebens stehenzubleiben? Während Freud die Psychologie zu revolutionieren begann, schien er der wissenschaftlichen Rehabilitierung der uralten Lehre von der Wiedergeburt ungewollt den Weg zu bahnen.

Die Geschichte nahm indes einen anderen Verlauf. Schon bald wandte sich Freud wieder von der Hypnose ab und zog Verfahren der »freien Assoziation« vor. Denn nicht alle Patienten erwiesen sich als hypnotisierbar, nur die wenigsten erreichten tiefste Trance. Vor allem, so entdeckte Freud rasch, macht Hypnose Menschen für Suggestionen hochgradig empfänglich und lädt sie zu Phantastereien ein, die sie für echt halten – entscheidende Hemmnisse auf dem Weg, die wahren Ursprünge ihrer Krankengeschichte ans Licht zu bringen.

Freuds Bann trug der Hypnoregression jahrzehntelang eine demütigende Abwertung zu seichtem Hokuspokus ein, für Wissenschaftler und therapeutisch ernsthaft Arbeitende nicht weiter diskussionswürdig. Nur eine Handvoll Außenseiter praktizierte sie unbeirrbar weiter, belächelt von »aufgeklärten« Kollegen.

Die entscheidende Wende, welche die »Reinkarnationswelle« in der westlichen Welt anstieß, trat, lange vor Dethlefsens »Entdekkung«, Anfang der fünfziger Jahre in den USA ein. Das zweifelhafte Verdienst, »frühere Leben« aus dem okkulten Abseits in einen Brennpunkt öffentlicher Neugier gerückt zu haben, gebührt Lafayette Ronald Hubbard, dem umstrittenen Begründer der »Scientology« (von lat. *scire:* wissen, *logos:* Lehre), der die Idee der Wiedergeburt bei kritischen Zeitgenossen unverdient in Verruf gebracht und irrationale Abwehrhaltungen heraufbeschworen hat. Während des Zweiten Weltkriegs hatte er noch, pseudonym und erfolglos, eine Fortsetzungsreihe mit Science Fiction für ein Groschenblatt verfaßt, ehe ihm dann 1950 der große Wurf gelang: mit *Dianetik. Die moderne Wissenschaft der geistigen Gesundheit.*[3] In Millionenauflage verbreitete Hubbard darin sein Credo: Jedes menschliche Gebrechen, ja jegliche Unvollkommenheit rühre von »Engrammen« her (von griech. *en* = hinein, *gramma* = Inschrift), hartnäckigen Gedächtnisspuren, die schmerzliche Erfahrungen aus früheren Leben unbewußt im Datenspeicher unserer Seele hinterlassen haben. Erst Hubbards »Dianetik« (von griech. *dia:* durch, *nous:* Verstand, Seele, Denken) versetze den Menschen in die Lage, diese Engramme zu löschen, indem er sich ihnen stellt und sie »durchdringt«. Weil jeder von uns solche hinderlichen Vorprogrammierungen loszuwerden hat, stehen wir alle auf der Stufe von »Pre-Clears«, Läuterungskandidaten. Dianetisch befreit, verwandeln wir uns in »Clears«: frei von sämtlichen Neurosen, vor Gesundheit strotzend, mit grenzenloser Energie, einem fotografisch genauen Gedächtnis, messerscharfem Intellekt und phantastischen übersinnlichen Fähigkeiten. In seinem Abriß der *History of Man*[4], »einem kaltblütigen Tatsachenbericht über die vergangenen 60 Billionen Jahre«, bettete Hubbard seine »Clearing«-Theorie dann 1952 in eine kühne kosmologische Vision ein: In jedem von uns stecke ein »Thetan« (von *Theta,* dem griechischen Symbol für »Gedanke« oder »Geist«): ein unsterbliches, allmächtiges, allwissendes Wesen, das am Anfang des Universums, Göttern gleich, Materie und Energie, Raum und Zeit schuf, in die es dann leichtfertigerweise allmählich mehr und mehr versank – bis es vergaß, woher es kam und was es in Wirklichkeit ist. Zu diesem Wissen will uns die »Scientology» zurückführen. Obwohl die »dianetische» Läuterung bis heute kein einziges Exemplar dieser »Clear«-Spezies produziert hat, fand sie prominente, vor allem zahlungskräftige Anhänger, darunter den Ölkönig Don Purcell, der Hubbard ein prunkvolles Hauptquartier in Wichita (Kansas) einrichtete. Von hier aus verbreitete er, bar aller Geldsorgen, äußerst werbewirksam die Karikatur einer Weltanschauung, die bis heute mit dem Original verwechselt wird. Reinkarnation war in aller Munde – als seichte Pop-Esoterik ohne die Spur eines Beweises.

Genau diesen Beweis schien das Jahr 1956 zu bringen, just als Hubbards Stern in Amerika bereits im Sinken war und der oberste Dianetiker nach England übersiedelte. Den Anstoß dazu gab ausgerechnet ein Laie: der Amerikaner Morey Bernstein, Börsenmakler und Freizeit-Hypnotiseur, mit seinem Bestseller *The Search for Bridey Murphy.*[5] In sechs Sitzungen, so berichtete Bernstein, habe ihm Virginia Tighe, eine 1923 in Iowa geborene Hausfrau, eröffnet: Sie habe schon einmal, von 1798 bis 1864, als Bridey Murphy in Belfast (Irland) gelebt. Mit starkem irischen Akzent schilderte sie in minutiösen Einzelheiten die Stationen ihres »früheren Lebens«: Ihre Eltern, Kathleen und Duncan Murphy, hätten in einem Bauernhaus in der Nähe von Cork gewohnt; ihr Vater sei Jurist gewesen, ebenso wie ihr späterer Ehemann, Brian MacCarthy, der an der Queen's University unterrichtete und für den Belfaster »Newsletter« schrieb. Er war 19, sie 17, als sie ihn kennenlernte. Drei Jahre später hätten sie geheiratet und ein Häuschen in Belfast bezogen, hinter einem Anwesen, das MacCarthys Großmutter gehörte. Die Ehe schien freudlos, eintönig, ganz und gar durchschnittlich, wie Brideys Leben überhaupt wenig Höhepunkte und Abwechslung kannte; es erschöpfte sich in Alltäglichkeiten. So wußte die Hypnotisierte stundenlang nur Bagatellen zu schildern wie die, daß sie oft das Lieblingsessen ihres Mannes zubereitet habe, Rindfleisch mit Zwiebeln. Wie Bernstein auf Tonband festhielt, erinnerte sich Bridey auch, wie sie eines Tages zu Hause die Treppe hinunterstürzte, wobei sie sich die Hüfte brach. Von da an fühlte sie sich »wie eine Last«. Derart niedergeschlagen, »verwelkte ich irgendwie«. Eines Sonntags, während MacCarthy in der Kirche war, starb Bridey, 65 Jahre alt.

Das völlig undramatische, geradezu unscheinbare Leben Brideys, dazu die Fülle überzeugender, präziser Angaben ließen selbst Skeptiker aufhorchen. Wissenschaftler und Journalisten reisten nach Irland, um »Brideys« Angaben an Ort und Stelle zu überprüfen. Sie fanden etliche Ungereimtheiten und offenkundige Fehler, stöberten allerdings auch atemberaubende Übereinstimmungen auf. Trotzdem unterstellten hartnäckige Kritiker Bernstein Betrug oder mutmaßten, irgendwie könne sich die Hausfrau das nötige Wissen angelesen oder sonstwie verschafft haben.

Der öffentlichen »Bridey-Murphy«-Begeisterung tat dies keinen Abbruch. Für die Lehre von der Wiedergeburt bedeuteten Bernsteins Enthüllungen nicht weniger als der Klopfgeist der Geschwister Fox für den Spiritismus, Sputnik für die Raumfahrt oder Tschernobyl für die friedliche Nutzung der Kernenergie: Schlagartig geriet sie in einen Brennpunkt öffentlicher Neugier. Bernsteins Buch zählt zu den meistverkauften der neueren Literaturgeschichte überhaupt; auf Parties kostümierten sich Menschen als ihre angebliche frühere Inkarnation und sangen Bridey-Murphy-Lieder. »Zurückgeführte« Prominente bezeugten öffentlich ihre *past lives:* darunter der Schauspieler Glenn Ford, die Sängerin Diane Solomon, die Autorin Taylor Caldwell, der Hollywood-Star Shirley MacLaine.

Presse, Funk und Fernsehen stürzten sich begierig auf das spektakuläre Thema. Professionelle »Rückführer«, die meisten mit hypnotischer Vorbildung, fanden nun ein breites öffentliches Forum. Fälle wie »Bridey Murphy«, so erfuhr man jetzt, hatte es immer schon gegeben. Allein der Engländer Arnall Bloxham aus Cardiff – er starb 1980 – konnte mit einer Sammlung von 400 Tonbandaufzeichnungen aufwarten, in denen er zwanzig Jahre lang festgehalten hatte, was ihm Patienten im Verlauf hypnotischer Regressionen über vermeintliche »frühere Leben« schilderten.[6] (Zusammen mit seiner Frau Dulcie gründete Bloxham das »Britische Institut für Reinkarnationsforschung«.) Ähnliche Beobachtungen machten seit den fünfziger Jahren englische und amerikanische Psychologen wie Joe Keeton, Henry Blythe, Derek Crüssell, Edith Fiore, Dick Sutphen, Morris Netherton und Helen Wambach: In Trance »zurückgeführt«, schildern zahlreiche Klienten in allen Einzelheiten vormalige Existenzen, oft in weit zurückliegenden Zeiten an entfernten Orten, fast immer begleitet von heftigen Gefühlen, dramatischen Verhaltensänderungen und einer vollständigen Identifikation mit dem »einstigen Selbst«. Gelegentlich passen sich sogar Körperfunktionen dem berichteten Schicksal an, so als wollten sie stumm seine Echtheit bezeugen: So bildeten sich an den Füßen einer »zurückgeführten« Frau 24 Stunden lang große Brandblasen, nachdem sie sich Jahrhunderte zuvor in eine Feuersbrunst hineinrennen »sah«, um ihr Baby vor den Flammen zu retten.[7]

Das Atemberaubende daran war: Rückführungen können *heilen.* Selbst schwerste seelische und körperliche Leiden klingen ab oder verschwinden ganz, sobald die »Erinnerungen« an ihre Ursprünge in früheren Leben dem Wachbewußtsein eingegliedert werden.

Heilung durch Rückführung

- »Bisher fürchtete ich mich vor Wasser«, berichtet ein Patient Helen Wambachs, »aber seit ich erlebt habe, wie ich in einem vergangenen Leben ertrunken bin, fürchte ich es nicht mehr.«[8]
- »Ich hatte Angst vor Pferden«, bekennt ein anderer, »und wußte nicht, warum. Jetzt, da ich weiß, daß ich in jenem Leben im 18. Jahrhundert von einem Pferd getreten und getötet worden bin, verstehe ich es besser.«[9]
- Edith Fiore schildert den Fall einer frigiden Frau, die an Migräne litt: Im vergangenen Leben war sie mit einem Knüppel angegriffen, auf den Kopf geschlagen und vergewaltigt worden.
- Ein übergewichtiger Mann mit einer Allergie gegen Hühnerfedern sei im früheren Leben Matrose gewesen; als die Schiffsbesatzung auf einer langen Reise Hunger litt, stahl er ein Huhn, das den Offizieren gehörte, und verspeiste es, wofür er hart bestraft wurde.
- Sexuelle Unverträglichkeit zwischen zwei Eheleuten »klärte« Dick Sutphen »auf«: Jahrhunderte zuvor hatte der Mann dieselbe Frau geschändet und auch ihren Tod verursacht.

Aus diesem Datenschatz schöpft die »Reinkarnationstherapie« ihre Grundannahme: In seelischen Problemen unseres gegenwärtigen Lebens können frühere Verkörperungen (»Inkarnationen«) traumatische Spuren hinterlassen haben. Insbesondere unbewältigte Extremerfahrungen von schwerer Krankheit und tragischem Verlust, von Kriegsgreueln, Zwang, Gefangenschaft und Folter, vor allem vom eigenen Tod »nehmen« wir »mit«. Sie lösen sich auf, sobald ihre Wurzeln rückschauend aufgedeckt, nachempfunden und bewußt aufgearbeitet werden. Irrationale Ängste und Schuldgefühle, Hemmungen und Entscheidungsschwäche verschwinden, das Selbstvertrauen wächst. Phobien und chronische Schmerzen, Depressionen und Fixierungen, Allergien und Übergewicht, Epilepsie und Alkoholismus, vorzeitige Ejakulation, Impotenz und Frigidität sollen so bereits hunderttausendfach erfolgreich behandelt worden sein. Die Erfolgschroniken der »Reinkarnationstherapie« füllen inzwischen Regalwände; ihre Heilungsquote siedelt sie durchweg oberhalb der 80-Prozent-Marke an.

Bald nach seinem »Schlüsselexperiment« vom Juni 1968 entdeckte auch Dethlefsen die heilsame Wirkung von Reinkarnationserinnerungen: »Da gab es für mich keine Zweifel mehr.« Inzwischen Diplom-Psychologe, sattelte er auf Esoterik um. In seinem 1973 gegründeten »Institut für außerordentliche Psychologie« in der Münchner Ainmillerstraße praktiziert und lehrt er seither Reinkarnationstherapie. Mit mehreren Büchern, auf ausgedehnten Vortragsreisen, Kongreß- und Medienauftritten, verhalf der glänzende Rhetoriker dieser neuen Form der »Selbsterkenntnis und Heilung« in Deutschland zum Durchbruch.[10]

Nachahmer fanden sich rasch. »Du kannst in wenigen Sitzungen Deine Probleme an der Wurzel auflösen«, lauten etwa die Versprechen.[11] Und weiter: »Für diese Therapie brauchst Du nicht an frühere Leben zu glauben. Statt dessen wirst Du Dich erinnern. An allen Schmerz, an allen Haß, an alle Schuld, die Du durch Jahrtausende gesammelt hast. Du wirst Dich davon lösen und verabschieden, und es wird Dich nicht mehr als Angst, Depression, Einsamkeit, Erfolglosigkeit, Hoffnungslosigkeit verfolgen.«

Damit rennen sie offene Türen ein. Auf einer neuen Welle von Psi-Begeisterung und Jenseits-Sehnsucht machen nicht mehr nur die »etablierten« okkulten Zünfte wie Sterndeuter, Hellseher und Geistheiler, Wahrsager und Kartenleger, Pendler und Rutengänger Kasse wie nie zuvor; wiedergeburtsgläubige Gemeinschaften wie Theosophen, Anthroposophen, der deutsche »Scientology«-Ableger (mit Hauptquartier in Hamburg), christliche Sekten wie das »Universelle Leben« (Würzburg) oder die »Christengemeinschaft« (Stuttgart) in der Nachfolge des Pfarrers Emil Bock (1895-1959) fanden und besetzten Marktlücken. Acht deutsche Großverlage haben mittlerweile spezielle Esoterik-Buchreihen eingerichtet, schon huldigen über zehn Prozent der Produktionen deutscher Buchverlage dem »Neuen Denken«.

Mit atemberaubenden Erfolgsbilanzen und erschütternden Fallschilderungen verdienen die schreibgewandtesten »Rückführer« mit – und treiben nebenbei Public Relations in eigener Sache.[12] Die Okkultismuswelle trägt ihnen andächtige Leser zu – und gutgläubige Kundschaft. Was mystische Zirkel einst wie einen geheimen Schatz hüteten, ist gesellschaftsfähig geworden; davon profitieren sie. Inzwischen glauben 93 Prozent der Bundesdeutschen, daß es »Dinge zwischen Himmel und Erde gibt, denen die herkömmlichen Wissenschaften nicht beikommen«; dies fanden Demoskopen der Dortmunder »Gesellschaft für Sozialforschung« (»Forsa«) heraus, als sie im April 1986 tausend repräsentativ Ausgewählte über ihre Einstellung zum Übersinnlichen befragten. 45 Prozent wollen schon einmal Erlebnisse gehabt haben, »die sich mit dem Verstand nicht erklären lassen«. Mindestens jeder sechste Westdeutsche[13], nach manchen Umfragen sogar jeder vierte[14], glaubt an Reinkarnation – Protestanten, Männer und Alte kaum weniger als Katholiken[15], Frauen[16] und Junge.[17] Damit liegt die frühere Bundesrepublik durchaus im Durchschnitt westlicher Industrienationen.[18] Ein gewaltiges Potential, aus dem gewiefte Okkult-Profis reichlich schöpfen können.

Sensationslüsterne Medien arbeiten ihnen zu. Öffentlich- rechtliche Anstalten strahlten ebenso wie das Privatfernsehen Fernsehsendungen zu diesem spektakulären Thema aus, und auch der Boulevardpresse ist es allemal eine Titelstory wert. [19] Deutschland auf der Tour de Trance.

Bei solch massenhafter Neugier durfte das Spektakel der Rückführung unmöglich bloß einer neurotischen Minderheit vorbehalten bleiben. Braucht nicht jeder stets und überall ein wenig Selbstfindung? Zur Reinkarnationstherapie sei »grundsätzlich jeder geeignet«, zerstreut eine Hochglanz- Präsentationsmappe des Münchner »Kensho-Instituts für Esoterische Lehren« letzte Bedenken, »egal ob jung oder alt, ob krank oder gesund, ob hoffnungslos oder der Erleuchtung nahe«; denn sind nicht psychotherapeutische Maßnahmen gerade dann »besonders wertvoll und fruchtbar«, »wenn der Betreffende, der ›Gesunde‹« (in Anführungszeichen!) »sie noch gar nicht braucht«? Folgerichtig bot *Esotera*, die traditionsreiche »Zeit-

schrift für neue Dimensionen des Bewußtseins«, schon mehrfach »allen spirituell Interessierten« unter den »geehrten Lesern und lieben Freunden« ein Wochenend-Seminar über »Reinkarnation und Schicksal – Bewußter leben lernen« an; im idyllischen Schwarzwaldstädtchen Todtmoos sollten »Sie die Freuden, Leiden, Aufgaben, und Chancen Ihrer Lebensgeschichte erkennen, um das weitere Leben bewußter zu gestalten«. – »Haben Sie Interesse an einer Rückführung?« erkundigte sich das *Journal für die Frau* im Juni 1988 bei seinen 440.000 Lesern; »gegen einen adressierten Freiumschlag« »schicken wir Ihnen gerne eine Adressenliste von Instituten und Therapeuten, die Rückführungen machen«. (Zuvor hatte die Redaktion zwei Reporterinnen auf den Rückwärtstrip geschickt.)
Solch kostenlose Werbung belebt ein Geschäft, das ohnehin floriert: Leute wie dich und mich im Auge, verdienen immer mehr »Therapeuten«, mit oder ohne Anführungszeichen, hauptberuflich an der Reisebegleitung wandernder Seelen. Wie viele es sind, weiß niemand genau; Schätzungen von Insidern schwanken zwischen 300 und mehreren Tausend. Wenigstens ebensoviele, vor allem Psychoanalytiker und Hypnosefachleute, kassieren für Reinkarnationstherapie nebenbei. Eine Münchner »Gesellschaft für Reinkarnationstherapie und esoterische Psychologie«, von Dethlefsen Anfang der achtziger Jahre ins Leben gerufen, versucht neuerdings, die Verstreuten zu sammeln und zu organisieren – mit mäßigem Erfolg: Nicht einmal zwei Dutzend Mitglieder sind bislang eingeschrieben. Seit 1988 macht ihr der Darmstädter Helmut Kritzinger mit einem »Berufsverband deutscher Lebensberater e.V.« Konkurrenz.
Die Szene ist schillernd, wie alles, was derzeit auf den enger werdenden New-Age-Markt drängt. Sie reicht vom eigens ausgebildeten »Reinkarnationstherapeuten«, mit dreijährigem berufsbegleitendem Studium bei Dethlefsen, über den Diplom-Psychologen mit zehnsemestrigem Hochschulstudium und therapeutischer Zusatzausbildung bis hin zu wiedergeburtsgläubigen Sektierern wie den »Scientologists«. Schon deuten aufgeschlossene Astrologen aus »Karma-« und »Regressions-Horoskopen« Schicksalslinien aus vergangenen Leben heraus. Mit dem Pendel wollen Radiästheten neuerdings metaphysische Altlasten ebenso zuverlässig aufspü-

ren wie Wasseradern und andere »Störzonen«. Vereinzelt tummeln sich auch schon Handleser und Kartenleger, Akupunkteure und Akupresseure, Numerologen und »Hellsichtige« auf der Szene, die Gutgläubigen notfalls auch am Telefon enthüllen, was sie aus früheren Jahrhunderten »mitgenommen« haben. Noch nicht einmal mitgerechnet ist eine wachsende Zahl von gelegentlichen Wiedergeburtshelfern nach Feierabend, die sich nach einem Fernkursus in Hypnose, einem Wochenend-»Intensiv«seminar schon zutrauen, neugierige Mitmenschen zu Rückführungen auf die Wohnzimmercouch zu legen.

Manche »Rückführer« fühlten sich nach eingehenden Literaturstudien dazu berufen; einige überzeugten eigene Therapieerlebnisse; andere brachten ausgedehnte Selbstfindungstrips nach Fernost darauf. Vielen gaben erschütternde persönliche »Reinkarnationserlebnisse« den entscheidenden Anstoß: »Immer eindringlicher und plastischer« drängte sich Petra Peick seit März 1975 »das Erlebnis auf, Esther zu sein«:[20] ein kleines Judenmädchen aus Berlin, dessen kurzes Leben »in der Gaskammer eines Konzentrationslagers« endete. Während Ingrid Vallieres als Zwanzigjährige nach einem Unfall »mit lebensgefährlichen Verbrennungen in einem Krankenhaus lag, drängte sich mir der Gedanke auf: ›Das hast du schon einmal erlebt.› ... Die begleitenden Schmerzen und das verblassende Bewußtsein bis zum Austritt aus dem Körper erinnerten mich an ein Verbranntwerden auf dem Scheiterhaufen sowie an das Eingeschlossenwerden in einem brennenden, schmelzenden Maschinenraum.«[21] Der Ausstieg der Wormserin Evelyn Stübbe aus der Geschäftsführung des väterlichen Holz-Import/Export-Betriebs in ein eigenes »Institut für angewandte Tiefenpsychologie und Reinkarnationsforschung« begann, als sie auf Rückführungsseminaren in Kitzbühel und im Bayrischen Wald schlagartig zwei jahrzehntelange Leiden loswurde: Ihre schweren Nierenkoliken wurzelten offenbar in einer Inkarnation, in der sie sich in eiskaltem Flußwasser unterkühlte; ihre heftigen Unterleibsbeschwerden gingen wohl auf eine Abtreibung im 18. Jahrhundert zurück, an der Evelyn Stübbe, damals Französin und Mutter von vier Kindern, qualvoll verblutet war.[22]

Solch autobiographischem Striptease folgen aufgeschlossene Klienten mit großen Augen, ahnen ähnliche Schicksale – und investieren scharenweise in Enthüllungen. Die Besten sind ausgebucht; teilweise muß mit Wartezeiten von Wochen, wenn nicht gar Monaten für einen Therapieplatz gerechnet werden.

Ziemlich gleichmäßig verteilen sich »Rückführer« auf zwei weltanschauliche Lager: Die einen sind von der Wiedergeburtslehre fest überzeugt, betten »Rückführungen« in sie ein und betrachten eine Bekehrung als Voraussetzung, Indiz oder zwangsläufige Folge ihres Therapieerfolgs. Pragmatikern dagegen ist die Wahrheitsfrage einerlei; sie setzen »frühere Leben« als »Projektionsflächen« ein, auf denen sich unbewußte Antriebe, Konflikte und Traumata besonders deutlich abbilden, ähnlich wie im Rollenspiel, beim Ausdrucksmalen oder in Rorschach-Tests mit mehrdeutigen Tintenklecks-Mustern. Die einen beschränken Rückführungen strikt auf klinische Anwendungen – die anderen finden, daß jedermann daraus lernen, spirituell wachsen und reifen kann und sollte.

So oder so liegen die Preise mindestens auf dem Niveau herkömmlicher Psychotherapien – in der Regel bei 70 bis 120 Mark pro »Stunde« (gleich 45 effektive Behandlungsminuten, plus eine Viertelstunde Verschnaufpause für den Therapeuten). Nur in ausgesprochenen »Sozialfällen« lassen Großzügige auch niedrigere Sätze mit sich aushandeln.

Manche »Rückführungen« werden einfach bis zum »Erfolg« getrieben, enden dann manchmal schon nach der zweiten, dritten Stunde, nachdem der Klient in sich etwas aufsteigen erlebt, was er als »Reinkarnationserinnerung« akzeptieren kann – und bezahlen will; anspruchsvollere Therapeuten machen den Kauf eines ganzen Therapiepakets von zehn bis dreißig Sitzungen zur Vorbedingung. Die einen verlegen sich ausschließlich auf »Reinkarnation«, davon überzeugt, daß herkömmliche Therapieformen dadurch mehr als gleichwertig ersetzt werden – und sich erübrigen; andere bieten sie zusätzlich an, im Rahmen von oder im Anschluß an eine klassische Psychoanalyse, Hypnosetherapie, Rebirthing, Gestalttherapie, Psychodrama, pränatale Therapie, Imaginationstherapien oder andere Verfahren.

Eines freilich verbindet fast alle: Statt sich bloß mit seelisch Gestörten abzugeben, halten sie sich nach allen Seiten offen. So locken die verschiedensten Angebote – von fünftägigen »Intensivseminaren« für »geisteswissenschaftlich interessierte Personen« (DM 900,-- Gebühren) über ein zehntägiges spezielles »Reinkarnations-Erfolgs-Kompaktprogramm für Führungskräfte« in »25 Stunden Einzelberatung« (stündlich DM 120,--) [23] bis zu sich allgemein an »suchende Menschen« überhaupt wendenden »Rückführungen«[24] in zwei Tagen (von 10 – 17.30 Uhr, »incl. Pausen«), mittels derer »wir uns frei durch Zeit und Raum bewegen«. Das sei »keineswegs schwierig«, beschwichtigt den Verzagten ein Vordruck: »Jeder kann die Rückführung erlernen und nach einiger Übung sicher anwenden« – durch Selbsthypnose und gelenkte Träume, Meditation und ein Dutzend weiterer Verfahren, Kontakte zu einem »geistigen Führer« eingeschlossen. Jeder Neugierige erhält vom »Institut für ganzheitliche Lebensführung« auf Anfrage eine Liste von nicht weniger als 20 »Vorteilen der Reinkarnationstherapie«, die klarmacht, daß uns schlechterdings nichts umtreiben kann, wofür sie nicht nütze wäre: Vergangenheit bewältigen; Zukunft sinnvoller gestalten; Grund und Ursache von Ängsten, Sehnsüchten und Vorlieben erkennen, von Krankheiten und angeborenen Schwächen; »hochgeladene Komplexe auflösen, die freigewordene Energie für sich nutzen«; schmerzliche Erfahrungen bewältigen; »mein wahres Wesen erkennen, vollkommener werden«. Rund 500 Teilnehmer, »so fünf bis sechs pro Arbeitswoche«, will Institutsleiter Helmut Whitey-Kritzinger, »Diplom-Lebensberater«, binnen vier Jahren auf die Zeitreise zurück geschickt haben – »mit 80prozentiger Erfolgsquote«. Seit Juni 1987 bildet er »Reinkarnationslehrer« aus – für DM 990,-- »plus DM 80,-- Diplom-Gebühren« urkundlich zertifiziert, versteht sich: »Selbst ein Berufsberater vom Arbeitsamt hat sich dafür schon angemeldet«. So unterschiedlich wie die Angebote sind auch die Preise: Denselben Titel besorgt eine über drei Privatadressen in Herne, Nidda und Hemau verstreute »Akademie für Esoterik e.V.« an zwei Wochenenden für DM 420,--.[25] Mathias Wendel (40), ein Diplom-Physiker, den es nach kurzer Lehrertätigkeit und Heilpraktikerstudium 1978 zu Dethlefsen zog, bis er sich 1987 in München eine eigene Praxis einrichtete, sieht die »optimale Dauer eines Therapieabschnitts« in »vier Wochen. Das sind bei täglich zweistündigen Sitzungen an fünf Tagen der Woche insgesamt 40 Stunden« – zu DM 4.800,--, ein Viertel davon fällig im voraus. (»Ratenzahlungen sind in Ausnahmefällen möglich.«) »Nach ca. einem Jahr empfiehlt sich eine weitere Vertiefung von zwei bis drei Therapiewochen.« Wenn Lieben kriseln, hat der gebürtige Pforzheimer auch eine »Paar-Therapie«, 180 Mark pro Stunde, im Angebot: wofür allerdings »eine mindestens zweiwöchige Einzeltherapie« unabdingbare Voraussetzung sei.[26]

Ständig erweitert sich das Angebot. Was rückwärts nicht klappt, kann vorwärts nicht schiefgehen: Nach diesem Motto werden neuerdings auch »Vorausführungen« in die eigene Zukunft angeboten.[27] Auch »*Selbst*rückführungen« daheim, nach mehrwöchigem Fernlehrgang in »Autohypnose«, werden vermehrt in Aussicht gestellt. Stark im Kommen ist ein esoterischer Ferntourismus zu recht stolzen Preisen: In La Matanza etwa, einem malerischen Dorf auf der kanarischen Insel Teneriffa, bietet ein Gästehaus »in gepflegter Atmosphäre, ruhiger Lage und verschiedenen Kochformen« »laufend Tageskurse, Wochenendseminare und Vorträge« unter anderem über Reinkarnation an.[28] Der Frankfurter Karl Everding lädt hin und wieder zu »Reinkarnations-Seminaren« in die Toscana, Anfang 1989 sogar zu einem zehntägigen »Reinkarnations- und Transformations-Seminar« nach Bombay, Indien.[29]

Der letzte Schrei: Auf die Technomanie westlicher Sinnsucher zugeschnitten, drängen neuerdings verstärkt *instrumentelle* Rückstiegshilfen auf den Markt: von der Suggestionskassette für den eigenen Rekorder über dubiose »Osiris-Tropfen«[30] bis hin zu brandneuen *Mind Machines*, die über Elektroden, aufgesetzte Kopfhörer und Spezialbrillen das Gehirn mit raffinierten elektrischen, akustischen oder optischen Reizen bombardieren – Rückwärtstrips aus der Steckdose.[31]

Stand die Reinkarnationstherapie anfänglich weit im Abseits anerkannter Behandlungsmethoden, greifen mittlerweile selbst »klassische« Verfahren sie zögernd auf. Nicht von ungefähr fanden zahlreiche ihrer Vertreter nach psychoanalytischer Vorbildung zu ihr: Patienten eine frühere Existenz nacherleben zu lassen und sich davon eine heilende Wirkung zu versprechen, knüpft scheinbar nahtlos an Freuds Ansatz an, die Wurzel aller psychischen Übel in unaufgearbeitet verdrängten Konflikten früher Tage zu sehen und auf die reinigende Kraft ihres Bewußtmachens zu setzen. Wie neuerdings Leonard Orr, Begründer des »Rebirthing«, so hatte der abtrünnige Freudianer Otto Rank schon 1929 die primäre Ursache psychischer Störungen *vor* Freuds erste konfliktträchtige Phase, die »orale«, verlegt: ins »Geburtstrauma«, den Schock der plötzlichen, unerfreulichen Trennung vom Mutterleib. Schon suchen Therapeuten die *Prä*natalphase nach prägenden Urerfahrungen ab. Den Rückwärtsdrang der »Analyse« treibt die Reinkarnationstherapie da nur konsequent auf die Spitze: »Hinter« dem Empfängniszeitpunkt dehnt sich für sie ein schier grenzenloses Betätigungsfeld.
Zwar hielt Freud selbst den Unsterblichkeitsglauben für einen Mythos – doch wer weiß, wieviel von diesem Dogma übriggeblieben wäre, wenn Freud eines vergönnt gewesen wäre: »Wenn ich mein Leben noch einmal zu leben hätte, würde ich mich der Psi-Forschung« (*psychical research*) »widmen statt der Psychoanalyse«, bekannte er 1921 dem amerikanischen Psychologen Hereward Carrington in einem Brief.[32] Wie sein Biograph Ernest Jones berichtet, hat dieses Thema Freud »wahrhaft gequält«, »ihn zutiefst bestürzt und verwirrt«. Wie er die Psychoanalyse um die Idee einer wandernden Seele hätte erweitern können, führte der amerikanische Psychologe Herbert Fingarette schon 1962 vor.[33]
Zumindest in der Analytischen Psychologie des Schweizers Carl Gustav Jung (1875-1961) verästelte sich die analytische Bewegung in eine Richtung, die für eine den physischen Tod überdauernde Seele durchaus Platz fand. In einem Kommentar zu einem alten chinesischen Text[34] sieht Jung die Frage, »was letztlich mit dem (vom Körper) losgelösten Bewußtsein geschieht«, zwar »hoffnungslos die Grenzen der wissenschaftlichen Kompetenz (eines

Psychologen) überschreiten«.[35] Dessen ungeachtet befinde sich die Annahme, dieses Bewußtsein existiere zeitlos, »mit dem religiösen Denken aller Zeiten und mit dem der überwältigenden Mehrheit der Menschheit in Harmonie... Jemand, der nicht in dieser Richtung denkt, steht außerhalb der menschlichen Ordnung und leidet deshalb an einer Störung seines psychischen Rüstzeugs. Als Arzt gebe ich mir die größte Mühe, soweit es in meiner Macht steht, einen Glauben an Unsterblichkeit zu stärken, besonders in meinen älteren Patienten, denen sich solche Fragen drohend nähern.« Jung selbst scheint eine anhaltende Ahnung bewegt zu haben, er habe in früheren Jahrhunderten schon einmal gelebt – und daß er wiedergeboren werden mußte wegen seines »unstillbaren Dranges nach Verstehen«; nach längerer Zeit der Ruhe werde er zurückkehren, um sein Werk fortzusetzen. Wie er in seinen *Erinnerungen, Träumen, Gedanken* durchblicken läßt, will er in höherem Alter sogar unmittelbare Beweise für Reinkarnation erhalten haben: in einer Serie von Träumen, die ihm Wiedergeburten eines verstorbenen Bekannten darzustellen schienen.[36] (Tritt Jung derzeit posthum den Beweis dafür an – im österreichischen Seewalchen am Attersee? Dort lebt die Sensitive Mirabelle Coudris, die seit 1985 in Trance Durchgaben von einer jenseitigen Wesenheit erhalten will, die sich »C.G. Jung« nennt. Daß sie »Kanal« für Jung sein könnte, nach der Qualität der Botschaften zu urteilen, wollen selbst intime Kenner von Jungs Werk nicht ausschließen.)[37]
Auch zur »Logotherapie«, dem von Viktor Frankl propagierten »Heilen durch Sinn«, bestehen naheliegende Anknüpfungspunkte. Denn was verbindet die verschiedenen Leben, wenn nicht ein übergreifendes letztes Entwicklungsziel? Wozu immer wiederkehren, wenn nicht, um Unvollendetes fortzusetzen und Versäumtes nachzuholen? Die Reinkarnationsidee füllt mühelos jenes »existentielle Vakuum«, das, so Frankl, der Niedergang des Christentums und die Frustration über die säkularen Ersatzgötter der westlichen Leistungs- und Konsumgesellschaft aufrissen.
Vor allem aber läßt sie sich mittragen von der *humanistischen* Bewegung, jener »Dritten Kraft« neben analytischen und behavioristischen Ansätzen, die seit einem halben Jahrhundert von Amerika

aus die Psychotherapie weltweit bereichert hat. Uns alle, nicht nur den vermeintlich »Kranken«, betrachtet sie als »unvollständige« Wesen, die ihre »Ganzheit« erst noch finden und dazu lernen müssen, ihrem natürlichen Drang nach Wachstum und Selbstverwirklichung nachzugeben. »Über die Möglichkeit der Reinkarnation nachzudenken, die ich in der Vergangenheit für einen lächerlichen Aberglauben gehalten hatte«, sah sich etwa Carl Rogers »gezwungen«, unter dem Eindruck von paranormalen Erlebnissen enger Freunde.[38] Abraham Maslow, Großvater des »Neuen Humanismus«, gilt nicht zufällig zugleich als Mitbegründer der *»transpersonalen* Bewegung«, die vom kalifornischen Therapiezentrum Esalen aus die westliche Welt für fernöstliche Bewußtseinserweiterung aufschließen will. Reinkarnationserlebnisse gelten »Transpersonalisten« als Türöffner zu »höheren« Einsichten. Über die Einheit von Denken und Fühlen, von Verstand und Intuition, von Geist und Körper, Ich und Welt hinaus sollen sie »eins« werden helfen mit früheren Existenzen, letztlich mit dem Kosmos, aus dem jedes inkarnierte Einzel-Ich hervorging und in den es zurückkehren wird. Ihre Botschaft heißt: Werde »ganz«, indem Du mit Deinen früheren Selbsten zu jener personalen Einheit verschmilzt, die Du unbewußt von je her warst; werde »ganz«, indem Du Deine Einheit mit dem kosmischen Bewußtsein intuitiv erkennst; verwirkliche Dich, indem Du tust, was Dich dieser Einheit näherbringt. Seit 1984 hat sich die »International Transpersonal Association« (ITA) in Freiburg eine Filiale geschaffen, die auch bei uns eifrig für diesen Ansatz wirbt: die »Deutsche Transpersonale Gesellschaft«.

Je aufgeschlossener die akademische Psychologie solche Anstöße von prominenter Seite aufgreift, sich mit Evidenzen, Methoden und Erklärungen von Reinkarnationstheorien zu befassen, desto nachhaltiger wird ihr Fach davon berührt werden. Liegt in »Rückführungen« nur ein Funken Wahrheit, so folgt daraus Atemberaubendes für gängige Theorien über das menschliche Gedächtnis, über Ich und Selbstbewußtsein, über grundlegende Emotionen, Motivationen und ihre Ursprünge; für die Intelligenz- und Begabungsforschung; für die Anlage-Umwelt-Kontroverse, wie überhaupt für alle Bereiche der Entwicklungs- und Persönlichkeitspsychologie;

für Psychiatrie und Psychosomatik, insbesondere in der Ätiologie, Diagnostik und Therapie einiger der widerspenstigsten klinischen Fallsyndrome.

Die Idee der Reinkarnation fasziniert mittlerweile Intellektuelle und breite Bevölkerungsschichten gleichermaßen, weil damit anscheinend alles auf einmal zu haben ist:

- Sie gibt ein packendes »letztes« Erkenntnis- und Handlungsziel vor, an dem sich auf der Suche nach Orientierung und Sinn mühelos das ganze Leben ausrichten läßt.
- Sie gewährt eine tröstliche, »jenseitige« Zuflucht, seitdem das krisengeschüttelte, apokalyptische Diesseits so viel an Lebensqualität verloren hat.
- Dem westlichen Kopfmenschen verspricht sie Erlösung von seiner lebensfeindlich verengten Rationalität. »Des wissenschaftlichen Spezialistentums und des Intellektualismus überdrüssig«, sah schon C.G. Jung, »will man von Wahrheit hören, die nicht enger macht, sondern weiter, die nicht verdunkelt, sondern erleuchtet, die nicht an einem abläuft wie Wasser, sondern ergreifend bis ins Mark der Knochen dringt«.
- Gegen den vielbeklagten Verfall der öffentlichen Moral in westlichen Industriegesellschaften verspricht sie eine umfassende ethische Erneuerung: mit dem unausweichlichen Gesetz des »Karmas«, das Schuld sühnt und Verdienste belohnt – über den Tod hinaus.
- Dem Glaubenshungrigen bietet sie einen Religionsersatz für ein in Ritualen und Dogmen erstarrtes Christentum – sofern sie ihn nicht gar zu einem jahrtausendelang wegtheologisierten Glaubenskern zurückführt, auf jeden Fall zu einem einleuchtenderen: Sind Seelenwanderungen schwerer nachzuvollziehen als »Auferstehung des Fleisches«? Der evangelische Theologe Adolf Köberle steht längst nicht mehr allein mit seiner Ansicht: »Wenn Gott Herr ist über alle Elemente im Himmel und auf Erden, wenn er in seiner Freiheit Verstorbene beauftragen kann, Lebenden in Stunden der Gefahr Wink, Weisung und Warnung zu geben,

...dann wollen wir es nicht von vornherein ausschließen, daß der Herr des Alls auch ein verstorbenes Leben zu neuem Anfang auf die Erde senden kann.«[39] Tut die Bibel, wörtlich genommen, wirklich definitiv als Humbug ab, woran auf diesem Planeten zwei Milliarden Menschen glauben?

- Die Idee der Wiedergeburt trifft sich mit uralter fernöstlicher Weisheit. Nicht von ungefähr fanden einige der erfolgreichsten bundesdeutschen »Rückführer« ihre wahre Berufung auf ausgedehnten Selbstfindungstrips nach Indien, Japan oder den Zwergstaaten im Himalaya, auf dem »Dach der Welt«.
- Sie paßt, wie die *Wendezeit* und *Das Tao der Physik* des Heisenberg-Schülers und New-Age-Propheten Fritjof Capra nahelegen, womöglich sogar zur »Neuen Physik«, die das Universum holistischer und vergeistigter auffaßt, als sich Descartes und Newton träumen ließen.

Kurzum: Die Wiedergeburtslehre verspricht, der Glaubenskern einer »postmaterialistischen Gesellschaft« zu werden, eine kulturübergreifende Einheitsreligion, die irgendwie alles mit allem in Einklang bringt: Religion und Wissenschaft, Mystik und Aufklärung, Ost und West – gerade noch rechtzeitig zum Aufbruch ins »New Age«. Einen »Wendepunkt in der Geschichte der Menschheit« nannte Nietzsche »die Lehre von der Wiedergeburt« – eine Aussicht, die fasziniert.

2 Mit dem »Fahrstuhl« in die Römerzeit

Nach welchen Methoden »Rückführer« vorgehen

Samstagnacht, 23 Uhr, eine Diskothek im nordbadischen Karlsruhe: Wo eben noch ohrenbetäubende Rockmusik dröhnte, herrscht jetzt atemlose Stille. Dichtgedrängt umlagern 200 Jugendliche die Tanzfläche. Gebannt starren sie auf den hageren, ganz in Schwarz gehüllten »Magier« in ihrer Mitte, der in grelles Scheinwerferlicht getaucht ist. Im Halbkreis um ihn stehen zehn Freiwillige aus dem Publikum. Mit stechendem Blick läßt er vor jedem ein Pendel schwingen: »Konzentriere dich ganz darauf. Deine Augen werden immer schwerer ... immer müder ... Du mußt sie schließen ... Du wirst alles tun, was ich dir sage ... Nichts wird dich ablenken. Du wirst nur meiner Stimme gehorchen. Wenn du wieder erwachst, wirst du dich an nichts erinnern.« Vier Teilnehmer kichern, tuscheln – bei ihnen wirkt's nicht.

Der Rest jedoch scheint wie weggetreten. »Doris, zieh' dich aus!« Prompt streift die schüchterne Sechzehnjährige wie selbstverständlich den Rock ab, knöpft ihre Bluse auf, will den BH öffnen. »Genug!«

Manuela, 17, hängt er eine meterlange, züngelnde Giftschlange um die Schultern: »Einen schönen Schal hast du da, nicht wahr?« »Oh ja!« strahlt sie.

Dann holt er den schmächtigen Bernd, 18, legt ihn auf drei Hocker: einen unter Kopf und Schultern, einen unter die Füße, den dritten unter den Po. »Du wirst steif sein wie ein Brett«, suggeriert er. Dann zieht er die mittlere Stütze weg. Doch Bernd sackt nicht durch. Starr und kerzengerade liegt er in der Luft. Ein Raunen geht durchs Publikum.

Den Zustand, in den der »Magier« die jungen Leute versetzte, hat der englische Bergwerksarzt und Augenchirurg James Braid (1795-1860) aus Manchester »Hypnose« genannt – nach *hypnos*, dem griechischen Gott des Schlafs. Genaugenommen ist das irreführend: Hypnotisierte schlafen nicht, werden auch nicht bewußtlos. Im Gegenteil: Anscheinend hellwach, lauschen sie der Stimme des Hypnotiseurs, konzentrieren sich voll und ganz auf alles, worauf er ihre Aufmerksamkeit lenkt – doch alles andere blenden sie aus, als wären sie blind dafür. Fast scheint es so, als nähmen sie ihre Außen- und Innenwelt plötzlich durch eine unsichtbare Sammellinse wahr: Zwar sehen sie nur noch einen kleinen Punkt, doch diesen hell und scharf. So wäre treffender von *Agripnose* die Rede, einer außergewöhnlichen Form des *Wach*seins (griech. *agripnos*).
Ihre Suggestibilität ist stark gesteigert: Für Eingebungen ihres Hypnotiseurs sind sie nun in hohem Maße empfänglich. Wie weitgehend sie Marionetten an seinen Fäden gleichen, hängt vom Tiefengrad der Trance ab; schon die Sumerer unterschieden vor rund 5000 Jahren drei Stufen:

- In *leichter* Hypnose reicht die Entspannung noch nicht tief. Das Bewußtsein ist noch voll aktiv. Nur einfache Suggestionen werden angenommen (»Deine Füße werden kalt«, »Deine Hand zittert«).
- In *mittlerer* Hypnose reicht die Entspannung tief, das Bewußtsein arbeitet kaum noch. Jetzt werden sämtliche Suggestionen angenommen, sofern sie nicht mit grundlegenden Einstellungen und Werthaltungen des Betreffenden unvereinbar sind. – Bis zu 90 Prozent aller Menschen erreichen mindestens eine leichte Trance. Jeder zehnte versinkt in
- *tiefe* Hypnose: Absolut entspannt, ist das Bewußtsein völlig ausgeschaltet. Geradezu »blind« vertrauen und gehorchen Menschen in so tiefer Trance. Selbst unlogische Eingebungen nehmen sie nunmehr an, befolgen die unsinnigsten Aufträge, erliegen Sinnestäuschungen aller Art. An das Geschehene fehlt ihnen hinterher jegliche Erinnerung – es sei denn, sie erhalten den ausdrücklichen »posthypnotischen Befehl« dazu.

In jedem Fall kommt es dabei zu meßbaren körperlichen Veränderungen. Die Blutgefäße erweitern sich. Das Herz schlägt langsamer: nur noch 40mal pro Minute, statt wie gewöhnlich 60- bis 80mal. Das Gehirn schaltet um: Mißt man jetzt die Hirnströme, so findet man keine »Betawellen« – mit Frequenzen über 13 Hertz (Schwingungen pro Sekunde) – mehr, wie sie auftreten, wenn unser Gehirn in voller Aktion ist. Ebensowenig treten Hirnströme auf, die unseren natürlichen Schlaf begleiten: sogenannte »Theta-« und »Deltawellen« in Frequenzen unter acht Hertz. Im hypnotischen Zustand schaltet das Gehirn auf »Alpha«: zwischen acht und zwölf Hertz. Das Elektroenzephalogramm, das die elektrisch aufgezeichneten Hirnströme in Form einer Kurve abbildet, zeigt ein typisches Muster.

Die Methoden, einen solchen Zustand hervorzurufen, sind durchweg denkbar einfach zu erlernen und mühelos anzuwenden. Zu den verbreitetsten zählen

- eine rein *sprachliche Einleitung*: Mit ruhiger, monotoner Stimme suggeriert der Hypnotiseur immer wieder Entspannung und Müdigkeit. »In wenigen Augenblicken werden Sie sich angenehm und müde fühlen, tief entspannt«, so beginnt eine Standardformel.[1] »Ihre Augenlider werden dann immer schwerer und schwerer werden, so daß es Ihnen immer mehr Mühe bereiten wird, sie offenzuhalten. – Und bereits jetzt, während ich zu Ihnen spreche und Sie meine Worte hören, werden Sie vielleicht etwas von dieser Entspannung und Müdigkeit wahrnehmen, an Ihren Augen, die immer schwerer werden, richtig müde, schwer. – Ihr Wunsch, die Augen zu schließen, wird mit der Zeit immer weiter zunehmen, und das merken Sie auch an Ihren Augen, die langsam müder werden. Bis Ihre Augenlider so schwer und müde sind, daß sie von allein zufallen. Lassen Sie die Augen ruhig von alleine zufallen, ganz locker zufallen.«
- Die *Fixationsmethode*, nach der schon vor 4000 Jahren im Alten Ägypten Kranke eingeschläfert wurden: Dabei sind im Abstand von rund 20 Zentimetern glänzende Scheiben, blinkende Kugeln oder ähnliche, spiegelnde Objekte anzublicken (zu »fixieren«).

Derselbe Effekt läßt sich mit einem erhobenen Finger, einem Farbtäfelchen, einer Bleistiftspitze, einem Fleck an der Wand und dergleichen erzielen. Auch Kerzen, farbige Glühbirnen und Silberplatten werden eingesetzt, in Amerika häufig auch rotierende Scheiben. Das schwingende Pendel, bekanntestes Fixationsmittel, benutzen Hypnotiseure heute dagegen kaum noch: Zu viele Klienten verbinden damit Krimi-, Comic- und Showeffekte.

- Bei der *Faszinationsmethode*, die ebenfalls Jahrtausende zurückreicht, blickt der Patient dem Hypnotiseur fest und unverwandt in die Augen.
- Die *Farbkontrastmethode* macht sich die Kontrastwirkungen der Farben Blau und Gelb zunutze. Auf einem Karton sieht der Patient ein gelbes und ein blaues Rechteck, die durch einen zwei Millimeter breiten weißen Streifen voneinander getrennt sind. Wenn er diese Rechtecke ein paar Minuten lang starr betrachtet, erscheint im weißen Mittelstreifen am Rand des gelben Rechtecks ein hellgelber Saum; am Rande des blauen Rechtecks scheint sich ein dunkelblauer Saum zu bilden. Dabei tritt starke Ermüdung ein.
- Bei der *Zählmethode* wird dem Patienten angekündigt: »Ich zähle jetzt von Eins bis Zehn. Wenn ich die Zahl Zehn nenne, sind Sie in Hypnose.« Zu jeder Zahl gibt der Hypnotiseur geeignete Suggestionen.[2]

Mit Hypnose zurück

Bereits in vorchristlicher Zeit kannten Ägypter und Griechen die Macht der Hypnose – und heilten damit. Daß Hypnose darüber hinaus dem Gedächtnis auf die Sprünge helfen kann, erkannten Ende der fünfziger Jahre sowohl die Amerikanische Psychologen-Vereinigung (APA) als auch der US-Ärzteverband (AMA) formell an. Um heikle Kriminalfälle aufzuklären, bei denen sich geschockte Opfer und Augenzeugen nicht mehr bewußt an den

Tathergang erinnern können, setzen inzwischen allei
mehrere tausend eigens geschulte Polizeibeamte H
Viele Psychotherapeuten vertrauen seit Jahrzehnten da
»Hypnoanalyse« führen sie mittels der sogenannten
gression« einen Patienten auf immer frühere Altersstuf
bis sie auf verdrängte Erinnerungen an frühere Erlebniss
die zu einer seelischen Störung führten. Die anschließende »Hypno*katharsis*« läßt ihn jenes Geschehen nochmals nacherleben, um es »abzureagieren« und sich dadurch von ihm zu »reinigen«. (»Katharsis« bedeutet wörtlich »Reinigung«.)

»Rückführungen in frühere Leben« folgen demselben Prinzip. Wohl der erste, der es praktisch umsetzte, war der hessische Prinz Galitzen: Im Jahre 1862 ließ er eine arme, ungebildete Frau in Trance eine bourgeoise Vergangenheit im Frankreich des 18. Jahrhunderts »entdecken«.[4] Doch halbwegs systematisch mit der Hypnoregression zu experimentieren begann erst Baron Albert Rochas d'Aiglun (1837-1914), ein französischer Offizier und langjähriger Präsident des militärischen Polytechnikums von Paris. Mit insgesamt 19 Versuchspersonen unternahm er »Rückführungen« – jeweils in bis zu zehn »frühere Leben«.[5]

Um sie in Trance zu versetzen, arbeitete er mit »mesmerischen Strichen« oder »Passes«, einem Verfahren, das er von dem umstrittenen Wiener Arzt Franz Anton Mesmer (1734-1815) übernommen hatte. 1775 hatte Mesmer entdeckt, daß er erkrankte Körperpartien heilen konnte, indem er magnetische Metalle über ihnen streichelnd hin- und herbewegte. Bald fand er, daß er dieselbe Heilwirkung auch erzielte, indem er mit bloßen Händen über den Körper seiner Patienten strich; und daß er damit auch einen »Somnambulismus« künstlich herbeiführen konnte (von lat. *somnus* = Schlaf; *ambulare* = umhergehen; so wurde lange Zeit das tiefste Stadium der Hypnose bezeichnet, in dem sich auch Schlafwandler zu befinden schienen – daher der Name). Daraus schloß Mesmer, daß er bei solchen Behandlungen wohl ein unsichtbares »Fluidum« übertrage, eine Kraft, die dem Magnetismus von Metallen ähnle: einen »animalischen Magnetismus«.

Französische Akademie der Wissenschaften 1784 Mes- »Fluidum« als unbeweisbaren Humbug verwarf, änderte ..chts an der nachweislichen Wirksamkeit seines Verfahrens: Selbst tiefste Trancen ließen sich damit leicht einleiten und aufrechterhalten.[6] Baron de Rochas machte sich das zunutze. So berichtete ihm eine 18jährige in Trance von einem früheren Dasein, in dem sie als Frau eines Fischers an der bretonischen Küste lebt – bis sie sich verzweifelt von einer Klippe herab ins Meer stürzt, nachdem ihr Mann bei einem Schiffbruch ertrunken ist. In einer anderen Versuchsperson Rochas', der jungen Josephine, erwacht ein bettlägriger, langsam dahinsiechender Greis, Jean-Claude Bourdon, der 70jährig im Jahre 1882 stirbt. Als dessen vorhergehende Inkarnation kommt eine böse alte Frau zum Vorschein, die 1702 geborene Philomene Charpigny, die mit 30 heiratet und zwei Kinder gebärt, die beide jung sterben.
Wie Rochas, so setzten Reinkarnationstherapeuten noch vor 30 Jahren fast ausschließlich auf Hypnose. Des Hauptproblems – der erhöhten Bereitschaft, Suggestionen zu folgen und frei zu phantasieren – waren sie sich zwar wohlbewußt. Doch zum einen schien ihr Therapieerfolg meist unabhängig davon, ob den hypnotisch zutagegeförderten »früheren Ichs« tatsächlich irgendwelche historischen Persönlichkeiten entsprachen; zum anderen kannte man keine methodischen Alternativen.
Erst seit Ende der sechziger Jahre läßt eine wachsende Zahl von Rückführern von der Hypnose lieber die Finger – in Deutschland vor allem, seit Dethlefsen sich von ihr abwandte. »Nach meinem Verständnis wird (dabei) der eigene Wille ausgeschaltet«, befürchtet Petra Peick. »Das ist Bewußtseinseinschränkung statt -erweiterung.« Auch Dethlefsen-Schüler Mathias Wendel hält nichts mehr davon: Schließlich solle der Klient »in jeder Phase der Therapie Herr über sich selbst sein und freiwillig die Schritte tun, die gerade angesagt sind.«[7] Die Chance dazu sei auch eine psycho*historische*, heißt es: Da am Vorabend des »Neuen Zeitalters« das »erweiterte Bewußtsein« allgemein zunehme, sei anders als vor hundert Jahren Hypnose meist gar nicht mehr *nötig* – Reinkarnationserinnerungen lägen mittlerweile nicht mehr in

schwer zugänglichen Tiefen des Unbewußten, sondern ganz nah »an der Oberfläche«.[8]

Um sie emporzuholen, stehen neuerdings auch sogenannte »sanfte«, »milde« nichthypnotische Techniken der Rückführung zur Wahl. Sie setzen auf *tiefe Entspannung* und *Imagination* (bildhafte Vorstellung) als Mittel, verschüttete Erinnerungen an Vorleben freizulegen. Dabei »sind sich die Klienten all dessen bewußt, was mit ihnen geschieht«, hebt Rhea Powers die Vorzüge hervor.[9] »Sie kommunizieren mit mir und können den Prozeß in jedem Augenblick abbrechen. Die Klienten sind verantwortlich, nicht die Person, die die Rückführung begleitet.« Die therapeutische Wirksamkeit dieses Vorgehens veranschlagt Morris Netherton eher noch höher: »Hypnose benachteiligt den Patienten. Er überläßt dem Therapeuten dabei eine notwendige Kontrolle und kann selbst nichts dazu beitragen, das unbewußte Erlebnis zu ›löschen‹. Es sollte aber immer der Patient sein und nicht der Therapeut, der die Arbeit macht. Deshalb muß er sich des rückerinnerten Materials und dessen Wirkung auf die Psyche stets voll bewußt sein. Mein Ziel ist es daher, das Unbewußte zu erreichen, ohne die Präsenz des Bewußtseins zu eliminieren.«[10] (Inwieweit sich »sanfte« von »hypnotischen« Rückführungstechniken wirklich grundlegend unterscheiden, werde ich in Kapitel 8 hinterfragen; zunächst geht es mir darum, Ihnen einen Überblick zu verschaffen.)

Entspannung: Einstieg zum Rückstieg

Was psychologische Lernexperimente durchweg bestätigen, lehrt schon unsere Alltagserfahrung: Wer verkrampft ist, erinnert sich schlechter. Deshalb ist jeder »Rückführer« zuallererst darauf aus, seine Klienten tief zu entspannen.

Dazu bedienen sie sich einer Vielzahl von Techniken, deren Wirksamkeit nur ausnahmsweise von empirischer Forschung hinlänglich belegt und vergleichend bewertet worden ist. Oft wird therapeutischer Phantasie freier Lauf gelassen: So schwört Rhea Powers auf die entkrampfende Wirkung einer »goldenen Flüssigkeit«, die in der Vorstellung nacheinander sämtliche Körperteile durchströmt, wobei sie »beruhigende Behaglichkeit, heilende Energie und Wellen der Entspannung« überall hintransportiert.[11] Andere bevorzugen die »Schalter-Technik«:[12] Dabei hat der Klient unsichtbare Schalter an verschiedenen Körperstellen zu visualisieren, die er nun der Reihe nach »umlegt«; so »schaltet« er Schritt für Schritt sein »Körperbewußtsein« aus – eine Eselsbrücke, um entspannt zu seinem unkörperlichen, reinen »Selbst« vorzustoßen. Hilfreich soll auch die Vorstellung einer farbig leuchtenden Aura sein, die den Körper schützend umhüllt, um ihn gegen jegliche ablenkenden Einflüsse von außen abzuschirmen. Ohnehin kaum noch überschaubar, wächst das Angebot immer weiter, beinahe mit jedem neuen »Rückführer« auf der Szene, der sich mit einem »eigenen Ansatz« zu profilieren versucht. Im folgenden beschränke ich mich darauf, einige der verbreitetsten Verfahren kurz vorzustellen.

Farbenentspannung

»Ganz von selbst und ohne Ihr Dazutun entwickelt sich vor Ihrem inneren Auge eine Farbe – es ist Ihre Farbe!« leitet Dethlefsen häufig an. Dabei vermeidet er es »anfangs, eine bestimmte Farbe zu suggerieren, um jegliche Aktivität und Anstrengung seitens des Patienten auszuschalten. Spreche ich nur von ›Ihrer Farbe‹, ist er gezwungen, abzuwarten, was von selbst kommt. Erst wenn er die erste Farbe deutlich wahrnehmen kann, gehe ich weiter und durchlaufe den Farbkreis – blau – grün – gelb – orange – rot – violett – blau.«[13]

Fortschreitende Muskelentspannung

Die »Progressive Relaxation«, so der Fachausdruck dafür, führte der amerikanische Neurologe Edmund Jacobson in einem gleichnamigen Buch schon Mitte der dreißiger Jahre ein.[14] Dabei werden nacheinander bestimmte Muskelpartien bewußt an- und entspannt. Eine typische Übungsanweisung:[15]

»Setzen Sie sich bitte möglichst bequem zurecht. Schließen Sie die Augen und entspannen Sie sich so gut wie möglich.
Schließen Sie jetzt bitte Ihre rechte Hand zur Faust und achten Sie auf die Spannungen in Ihrer rechten Hand und im Unterarm – und entspannen Sie wieder.
Achten Sie auf den Unterschied zwischen Anspannung und Entspannung und lassen Sie die Muskeln Ihrer rechten Hand wieder ganz lokker. Achten Sie darauf, daß jeder einzelne Finger ganz entspannt ist, und versuchen Sie, die rechte Hand immer mehr zu entspannen.«

Nacheinander, und oft wiederholt, geht diese Übung dann folgende Muskelgruppen durch: linke Hand, Oberarme, Stirn, Augenpartie, Wangen, Kiefer, Nacken, Hals, Schulter, Brust, Rücken, Bauch, Gesäß, Oberschenkel, Unterschenkel und Füße. Auf drei bis sieben Sekunden Anspannung folgen dabei jeweils 30 bis 120 Sekunden Entspannung. Insgesamt dauert die Übung anfangs rund eine halbe Stunde, nach längerem Training zunehmend kürzer.

Biofeedback

Spannung und Entspannung begleiten meßbare körperliche Zustände: vom Blutdruck über Hautwiderstand und Muskeltonus bis hin zu elektrischen Erregungsmustern des Gehirns. Spezielle Diagnosegeräte geben dem Klienten »Rückmeldung« (engl. *feedback*) über diese Zustände, indem sie sie sinnlich wahrnehmbar machen: sei es akustisch, durch Signale aus Lautsprechern oder Kopfhörern, sei es durch optische Hinweise wie Leuchtpunkte, Farben oder Kurven auf Bildschirmen oder aufgesetzten Brillen. So lernt der Betreffende nach und nach, sie willentlich zu kontrollieren.

Seit Mitte der achtziger Jahre kommt immer häufiger auch »Brain Tech« zum Einsatz: bis zu 10.000 Mark teure Geräte mit so klangvollen Namen wie »MC^2«, »D.A.V.I.D. 1« und »D.A.V.I.D Junior«, »Atlantis« und »Mind Xpander«, die über ausgeklügelte elektrische, optische oder akustische Impulse unmittelbar das Gehirn stimulieren.[16]
Durch Grundlagenforschung besonders gut abgesichert ist die »HemiSync«-Technik des Amerikaners Robert Monroe, eines ehemaligen Rundfunk- und Fernsehproduzenten, der im Herbst 1958 spontan »aus dem Körper ging«. Von da ab forschte er fasziniert erweiterten Formen des Bewußtseins nach, insbesondere im Hinblick auf technische Verfahren des schnelleren Lernens. An seinem 1973 gegründeten »Monroe Institut für Angewandte Wissenschaften« in Nelson County, Virginia, entwickelte er dabei unter anderem eine Klangtechnik, die er sich 1975 patentieren ließ. Sie beruht auf der sogenannten »Frequenzfolge-Reaktion« (FFR, engl. *frequency following response*): Dabei wird jeder Gehirnhälfte über das Ohr ein gleichmäßiger, stetiger Ton eingespielt; nur in der Tonhöhe unterscheiden sich beide Einspielungen leicht. Dabei entsteht der subjektive Eindruck, dazwischen einen dritten Ton zu hören, der keiner der beiden Einspielungen entspricht: Er fluktuiert und weist ein Vibrato auf. Dieses Phänomen entsteht anscheinend aus dem Zusammenspiel beider Gehirnhälften im Versuch, einen einheitlichen Höreindruck zu schaffen. Bei fortgesetzten Einspielungen über längere Zeiträume hinweg gleichen sich beide Hirnhälften in ihrer elektrischen Aktivität an, wie ein angeschlossenes EEG zeigt: Es kommt zu einer »*Sync*hronisation« der Hirn*hemi*sphären (daher der Name *HemiSync*), ein Zustand, der mit tiefer Ruhe und Entspannung einhergeht, Lern- und Gedächtnispotentiale beträchtlich erhöht – und außersinnlichen Wahrnehmungen aller Art förderlich sein soll. Indem Muster und Differenz der rechts und links eingespielten Töne verändert werden, läßt sich darüber hinaus auch die *Art* der Gehirnwellen beeinflussen: von höchster Konzentration (Beta-Bereich) über Entspannung und Trance (Alpha) bis

hin zum Tiefschlaf (Theta- und Delta-Wellen). Nach längerer Übung lassen sich dieselben Zustände auch ohne technische Hilfsmittel erreichen.[17]

Um Entspannung zu fördern, behelfen sich viele »Rückführer« auch mit weniger anspruchsvoller Klangtechnik. Sie spielen zusätzlich *Meditationsmusik* ein, am Puls der Zeit neuerdings auch elektronisch vom Synthesizer erzeugt, oder *Naturgeräusche*: das Rauschen der Meeresbrandung, das Plätschern eines Bachs, das Pfeifen des Windes.

Zu den historischen Ursprüngen der Wiedergeburtslehre paßt, daß »Rückführer« häufig Anleihen bei fernöstlichen Meditationstechniken machen. Dazu zählen insbesondere

Yoga

Auf seinem Weg zur Selbstverwirklichung und Vereinigung mit »Brahman«, der höchsten, göttlichen Wirklichkeit, hilft dem gläubigen Hindu seit Jahrtausenden *Yoga*. »Yoga« (von Sanskrit *yuj*) bedeutet wörtlich »anschirren«, aber auch »verbinden«: Angeschirrt, in Zucht genommen werden soll der ganze Mensch, um ihn aus der Herrschaft der Sinne und vorgefaßter Ideen zu befreien; »verbunden« werden sollen Körper und Seele, Mensch und Gott. Aus dem reichhaltigen Programm von Übungen zu diesem Ziel bedienen sich etliche Reinkarnationstherapeuten: von typischen Meditationshaltungen der Hände – die Arme geöffnet und gestreckt, die Hände auf den Knien ruhend, die Handflächen nach außen gewandt, Zeigefinger und Daumen zusammengehalten, die übrigen Finger gestreckt – über Übungen zur Körperbeherrschung bis hin zur Konzentration auf den Scheitelpunkt – einen Punkt zwischen den Augenbrauen –, die Nasenspitze und andere Zentren des spirituellen Körpers, die *chakras*.

Zen

Auch dem Zen (von Sanskrit *Dhyana* = »Sammlung«, Meditation), einer im sechsten Jahrhundert nach Christus entstandenen japanischen Richtung des Buddhismus, werden Entspannungsübungen entlehnt. Je nach Schulrichtung steht dabei »Zazen«, das »gesammelte Sitzen« in der richtigen Körperhaltung und Atmung im Vordergrund (Soto-Schule) oder das geistige Arbeiten mit »Koans«, Rätselwörtern oder kurzen Sinnsprüchen in Versform (Rinzai-Schule).

Transzendentale Meditation

Speziell für den »eiligen« westlichen Menschen entwickelte der indische Mönch Maharishi Mahesh Yogi 1958 eine einfache Technik zur raschen, tiefen Selbstversenkung: Die »Transzendentale Meditation« (TM). TM verlangt, zweimal täglich 15 bis 20 Minuten lang ein Schlüsselwort, ein *Mantra*, ganz in den Mittelpunkt des Bewußtseins zu rücken und unentwegt im Geiste zu wiederholen. (In »Mantra« steckt die indische Wurzel »man« = denken; mit der Endung »-tra« werden Ausdrücke für Werkzeuge gebildet.) Ein Mantra kann aus ein, zwei Wörtern bestehen oder aus einem ganzen Satz. Offenkundige verbale Bedeutung muß es nicht haben; oft besteht es aus sinnlos scheinenden Lautketten. Den Geist beruhigen, erweitern und erheben soll ein Mantra durch seinen Klang, seinen Rhythmus und eine tiefere, mystische Bedeutung, die sich nach und nach erschließen soll, je länger mit ihm geübt wird. Mantras sind keine magischen Zauberformeln, die automatisch wirken, unabhängig von dem, der sie gebraucht. Jedes Mantra gilt als ein ganz persönliches »Werkzeug«, das auf die Persönlichkeit, die Schwierigkeiten und Anliegen des Meditierenden »zugeschnitten« ist, ihn »anspricht« und bewegt; mit dem Meditierenden wird es vorweg abgestimmt. Wie wirksam diese Entspannungstechnik ist, belegt eine Vielzahl wissenschaftlicher Forschungsergebnisse eindrucksvoll.[18]

Auf »Mantras« als Werkzeuge der Reinkarnationsthe etwa Rhea Powers. Teilnehmern an ihren Rückführunge sie des öfteren,[19] »bei allem, was man im Leben erfährt, › *(neti, neti)* zu wiederholen. Das bedeutet, ›der, der ich wirkl ist nicht *das*‹, nicht dieser Schmerz, nicht diese Freude, nicht d Ärger usw.« Gelegentlich schlägt sie das Mantra *»auch dies«* vor, »was bedeutet, daß das, was ich bin, *dies* auch mit einschließt: diese Eifersucht, diesen Segen, diesen anderen Menschen, diese Regierung usw. Beide Sätze dienen dazu, die eigene Identifikation über die begrenzte persönliche Identität auszudehnen«; deshalb eignen sie sich »zur Arbeit mit vergangenen Leben«. »Wähle den Satz, der deiner persönlichen Einstellung am nächsten kommt«, weist Rhea Powers an, »und beobachte, was mit deinem Bewußtsein geschieht, wenn du diesen Satz für ein paar Tage im Bewußtsein behältst ... Wenn du ›nicht dieses‹ Leben oder irgendein anderes Leben bist – *wer bist du dann*? Wenn du ›auch dieses‹ – dieses Leben und all deine anderen Leben – bist, *wer bist du?*«

Atemtraining

Um Rückführungswillige erst mal zu innerer Ruhe zu bringen, wird auf Atemtechniken vielfach großer Wert gelegt: Bewußtes, gleichmäßiges, tiefes Atmen entkrampft erwiesenermaßen rasch. Nur noch selten kommt allerdings die berüchtigte *Hyperventilation* zum Zug, ein »gebundenes Atmen«, anhaltend tief, sehr schnell und gleichzeitig durch Mund und Nase. Dabei sinkt der CO_2-Gehalt im Blut ab, wodurch die Sperre des rationalen Bewußtseins durchbrochen werden soll – ein nicht ungefährlicher, oft schmerzhafter Blockadebrecher.

Autogenes Training

Besonders gerne bedienen sich Reinkarnationstherapeuten auch aus dem reichhaltigen Übungsprogramm des »Autogenen Traias der Berliner Nervenarzt J.H. Schultz vor über 50 Jahren wickelte.[20] »Autogen« nannte er es in der festen Überzeugung, daß damit jeder tiefe Entspannung »selbst hervorrufen« könne. Schultz' Methode verbindet westliche Verfahren der Autosuggestion mit alten Yoga-Techniken. Entspannung wird hier erfahren im Erlebnis von *Schwere* und *Wärme*, als vertiefte Ruhe in Herzschlag und Atem. Um sich auf den Entspannungsprozeß besser zu konzentrieren, begleitet man ihn gedanklich mit »Formeln« wie »Der rechte Arm ist schwer«, »Linke Hand warm«, »Puls ruhig und regelmäßig«, »Es atmet mich«, »Sonnengeflecht strömend warm« oder »Kopf klar und frei«. Auf der »Oberstufe« des Autogenen Trainings werden zusätzlich Farb- und Bildvorstellungen eingesetzt.

Katathymes Bilderleben

Seit Ende der fünfziger Jahre beschäftigt sich Professor Hanscarl Leuner von der Universität Göttingen mit der Erforschung künstlich ausgelöster Tagträume. Daraus entstand seine Methode des »katathymen Bilderlebens« (griech. *kata thymos:* »in die Seele hinabsteigen«; »katathym« bedeutet auch: gefühls-, bedürfnisbedingt).[21] Dabei wird der Klient auf eine Phantasiereise geschickt, bei der er in streng festgelegter Abfolge mit zehn aufeinander aufbauenden »katathymen Bildern« konfrontiert wird: darunter eine Wiese, ein Bach, eine Quelle, ein Berg, ein abgelegenes Haus. Jedes dieser Bilder symbolisiert nach Leuner unsere ursprünglichsten, grundlegendsten Vorstellungen, Gefühle und Motive.
Je länger diese »katathyme« Reise dauert, desto mehr absorbiert sie die Aufmerksamkeit des Klienten ganz und gar, hilft ihm, von Außenreizen »abzuschalten«, den unablässigen Strom assoziativer Gedanken zu beruhigen. Dabei kann sich tiefe Entspannung einstellen.
Gerade imaginative Verfahren wie das »katathyme Bilderleben« schaffen nicht nur dadurch günstige Voraussetzungen für »Reinkarnationserinnerungen«, daß sie tief entspannen. Darüber hinaus

vermitteln sie dem Klienten eine neue Technik, mit Inhalten seines Unbewußten umzugehen: bei geschlossenen Augen aufsteigende Bilder zu sehen; zu erleben, wie diese ohne bewußte eigene Steuerung »wie von selbst« ablaufen; und sie gleichzeitig zu schildern, ohne Kritik und Kommentar. Das sensibilisiert ihn womöglich auch für Bilder aus früheren Leben. Imaginative Verfahren eignen sich außerdem zu einer ersten *Diagnose* seines psychischen Zustands. Insofern gleichen sie einem projektiven Test: Wie der Klient die vorgegebenen Bilder ausgestaltet, kann einiges darüber verraten, was ihm unbewußt besonders schwer zu schaffen macht – Fingerzeige auf die Richtung, die »Rückführungen« einschlagen sollten.

Neben Entspannungsübungen scheinen manchen Reinkarnationstherapeuten noch weitere Maßnahmen angezeigt, um einen Klienten auf eine »Rückführung« optimal vorzubereiten.

Clearing

Rhea Powers aus Santa Barbara (Kalifornien) etwa, eine ehemalige Gymnasiallehrerin für Englisch und Spanisch, die seit 1978 »zurückführt«, veranstaltet »routinemäßig … mit jedem…, der zum erstenmal zu mir kommt« einen *Clearing* – Klärung, Läuterung – genannten Vorgang mit ihren Klienten, um sie von »fremder, gefangener Energie« Verstorbener zu reinigen, die in sie »eindringt und dadurch indirekt weiterlebt.«[22] »Dadurch wird Dein Astralkörper gereinigt«, stellt die bundesdeutsche Powers-Schülerin Elisabeth Allgeier aus Heidelberg in Aussicht. Andernfalls »verursacht das Vorhandensein verlorener oder erdgebundener Seelen häufig körperliche Beschwerden und seelische Konflikte«.[23] Davon abgesehen drohen solche fremden Seelen, solange sie ungebannt sind, dem entspannten, offenen Ich womöglich heimtückischerweise Bilder aus ihrem eigenen Leben einzugeben – für manche Spiritisten eine allgegenwärtige, überaus ernstzunehmende Gefahr, wie wir noch sehen werden. Rhea Powers selbst sieht in der »Gegenwart einer anderen Wesenheit in dem Betreffenden sogar die *größte* Blockade gegenüber einer Rückführung«.[24]

Shiatsu und Akupressur

Um emotionale Blockaden zu brechen, setzen Rhea Powers und manch andere auch *Shiatsu* (japanisch »Fingerdruck«) ein. Bei dieser uralten fernöstlichen Massage-Technik wird fester Druck auf verschiedene Punkte und Bereiche der Haut ausgeübt, die als »Meridianwege« oder *tsubo*, Druckpunkte, bekannt sind. Im wesentlichen entsprechen sie den zwölf »Meridianen«, die chinesischen Akupunkteuren zufolge als Bahnen der Lebenskraft *Ch'i* den Körper durchziehen, und den rund 100 darauf liegenden Akupunkturpunkten; insofern gleicht sie einer *Akupressur*. In Anlehnung an das Kundalini-Yoga der Hindus wird den schon erwähnten »Chakras« dabei besondere Bedeutung beigemessen. »Wenn ich mit einem Menschen arbeite«, erklärt Rhea Powers, »presse ich oft seinen Solar Plexus oder sein drittes Chakra (am unteren Ende des Brustbeins). Dieses Energiezentrum wird mit Willen, Macht und Angst in Zusammenhang gebracht. Es ist außerdem der Kreuzungspunkt von Meridianen (Energielinien) und daher eine Stelle, wo man leicht Zugang zu Emotionen findet. Ich balle meine rechte Hand zur Faust, weil ich Rechtshänder bin, und drücke ganz leicht mit dem Knöchel meines Daumens. Wenn irgendeine Emotion im Körper festsitzt und der Klient Mühe hat, damit in Berührung zu kommen, hilft ihm das.«[25] Der Australier Gerry Glaskin sieht sich als Pionier einer Technik, bei der Kopf und Füße massiert werden, um Reinkarnationserinnerungen freizusetzen – das sogenannte »Christos-Experiment«.[26]

Akupunktur

Die New-Age-Prophetin Chris Griscom, Leiterin eines »Licht-Instituts« in Galisteo (US-Bundesstaat New Mexico) und inzwischen weltweit als Heilerin und »spirituelle Lehrerin« bekannt, soll zeitweilig sogar *Akupunktur* eingesetzt haben, um zurückzuführen. Shirley MacLaine, ihre prominenteste Anhängerin, berichtet überschwenglich darüber, wie sie eine solche Behandlung am eigenen Leib erlebte:[27]

»›Dein Körper hält gewisse Erinnerungen zurück, die du freilassen mußt‹, sagte Chris. ›Ich werde die Nadeln in Meridianpunkte einstechen, die dir die Freisetzung erleichtern.‹« Wie genau machen sie das? »Jeder energetische Meridianpunkt wirkt stimulierend, wenn ich an den Nadeln drehe. Sie aktivieren das Zellgedächtnis auf diesem Gebiet«, dozierte Griscom.

»Chris stach drei feine Goldnadeln in den Punkt des Dritten Auges im Zentrum meiner Stirn. Behutsam drehte sie diese, um eine optimale Wirkung zu erzielen. Ich verspürte leichten Schmerz. ›Ich verwende heute Goldnadeln, da sie eine höhere Frequenz als Silbernadeln haben. Du hast hier Narbengewebe‹, sagte sie. ›Der Bereich des Dritten Auges hält irgendeinen traumatischen Schmerz zurück.‹« Weitere Nadeln bekam Shirley in die Schultern, hinter die Ohren und in die Brustmitte gepiekst – und »plötzlich zogen mit großer Geschwindigkeit Bilderfolgen an mir vorüber«: »Inkarnationsbilder«.[28]

Nach Ansicht der meisten Reinkarnationstheapeuten liegt es vor allem an traumatischen Erlebnissen während unserer Geburt, daß wir uns gewöhnlich nicht an Vorleben erinnern können: Der Geburtsschock drücke die Bilder ins Unterbewußtsein hinab. Deshalb findet einleitend oft ein *Rebirthing* statt:[29] ein Nacherleben und Aufarbeiten des Geburtsvorgangs, um die blockierenden Spannungen zu lösen.

»Sanftes« Geleit zu früheren Leben

Vereinzelt soll allein schon *tiefe Entspannung* ausreichen, bislang unterdrückte Bilder von früheren Leben wachzurufen. Aus dem

Mund von Rhea Powers etwa klingt das märchenhaft einfach: »Wenn der Klient nicht blockiert ist, kann man ihn einfach bitten, die Augen zu schließen, um ihn dann zu fragen, wo er 1837 war. Sehr wahrscheinlich werden dann sofort einzelne Bilder zum Vorschein kommen.«[30]

Wenn man Hubbards »Dianetik« glauben darf, soll es Menschen geben, die auf Vorfälle aus ihrem Jahrmillionen zurückliegenden Vorleben als Muschel (*The Clam*) fixiert sind. Um dies herauszufinden, bräuchten die Betreffenden bloß gefragt zu werden: »Können Sie sich eine Muschel vorstellen, die auf einem Strand liegt und ihre Schalen sehr rasch öffnet und schließt?« Dabei gelte es, gleichzeitig mit Daumen und Zeigefinger den Vorgang des raschen Öffnens und Schließens zu veranschaulichen. Allein diese Geste genüge, um manche Klienten in helle Aufregung zu versetzen. Seiner Präexistenz schlagartig gewahr geworden, werde ein »Muschel-Typ« »die Hände vor den Mund reißen und sich zutiefst beunruhigt fühlen... er wird eine tiefe Trauer in sich spüren«.[31]

Auch fortgeschrittene Meditierer berichten bisweilen, Bilder früherer Leben seien plötzlich in ihnen hochgestiegen. Sofern wir nur »in das innere Leben treten und unser inneres Bewußtsein ... entwickeln, werden in uns bruchstückhafte Erinnerungen an unsere vergangenen Inkarnationen aufblitzen«, verspricht der indische Guru Sri Chinmoy, dessen spirituelles Imperium inzwischen über fünfzig »Sri Chinmoy Centres« in den USA, Kanada, Westeuropa und Australien umfaßt. »Tief in unserer Meditation können wir leicht fühlen, daß wir vergangene Leben gehabt haben.«[32]

In der Regel müssen »Rückführer« sich dazu freilich zusätzlicher Verfahren bedienen, die sie wiederum einem reichhaltigen Angebot unterschiedlichster Psychotechniken entnehmen. Fast alle arbeiten mit irgendeiner Form von *Imagination*, bildhaften Vorstellungen; viele knüpfen dabei an die einleitenden Entspannungsübungen an, um sie bis zu einem Punkt fortzusetzen, wo an die Stelle von Vorstellungen echte Erinnerungen zu treten scheinen.

Das geistige Kino

Anknüpfend an die »Psychokybernetik« des Dr. Maxwell Maltz, eines weltweit führenden plastischen Chirurgen, beginnen manche Rückführungen mit der bereits beschriebenen »Farbenentspannung«: Mit geschlossenen Augen hat sich der Klient zunächst Farben in der Reihenfolge des Spektrums vorzustellen. Anschließend imaginiert er ein geistiges Kino mit weißer, also leerer Leinwand, »gibt« das gewünschte Rückreiseziel »ein« – und erlebt nun anscheinend eine Vorführung von Szenen aus seiner eigenen fernen Vergangenheit.

Die Leit- oder Standardsatz-Technik

Diese Rückführungstechnik, die Netherton in seinem »Institute for Past Life Awareness« in Los Angeles Anfang der sechziger Jahre entwickelte, zählt zu den einfachsten, wirkungsvollsten, am besten erprobten und mittlerweile meistpraktizierten überhaupt. Wer ihn aufsucht, wird von ihm zunächst in ein längeres, zwangloses Gespräch über seine Familien- und Krankengeschichte verwickelt. Dabei achtet Netherton »auf bestimmte Sätze, die immer wiederkehren, oder solche, die im Zusammenhang des Erzählten irgendwie fehl am Platz wirken«.[33] Einige Beispiele: »Ich habe alles versucht.« – »Ich könnte sie alle umbringen.« – »Das brennt mir unter den Nägeln.« – »Ich sehe schwarz.« – »Wir werden schon über den Berg kommen.« – »Es ist alles so hoffnungslos.« – »Am liebsten würde ich mich verstecken.« – »Das geht nie.« – »Ich kann nicht mehr.«

»Leit-« oder »Standardsätze« nennt Netherton solche charakteristischen Redensarten, die jeder von uns gebraucht. »Das sind keine weisen Sentenzen, sondern Gemeinplätze, die in unseren täglichen Gesprächen als ständiges Muster immer wieder auftauchen.« Fast immer spielen sie in unserem Leben die Rolle von *self-fulfilling prophecies*: von Voraussagen, die sich selbst erfüllen, indem sie überhaupt erst wahrmachen, was sie für gegeben halten. Aufschlüsse auf eine unbewältigte Vergangenheit vor der Geburt verspricht sich Netherton insbesondere dann von ihnen, wenn sie der tatsächlichen Situation des Klienten völlig unangemessen sind und unerfindlich bleibt, aus welchen Erfahrungen *dieses* Lebens sie sich überhaupt hätten entwickeln können.

Ein Schlüsselerlebnis

»Kein Mann wird mich je lieben«, meint die 34jährige Ann Boyd resignierend, nachdem sie Dr. Morris Netherton von ihren unentwegten Schwierigkeiten mit dem anderen Geschlecht erzählt hat. Obgleich alles andere als unansehnlich, wirkt sie unsicher, äußerst zurückhaltend, geradezu unnahbar. Nach zehnjähriger, gescheiterter Ehe mit einem Alkoholiker hat sie mehrere Verhältnisse gehabt, die allesamt rasch in die Brüche gingen. Während des Geschlechtsverkehrs überfielen sie, ohne organische Ursache, immer unerklärliche Schmerzen. Jedes erneute Ende einer Beziehung hinterließ in ihr überwältigende Schuldgefühle: »Die Männer verlassen mich, und *ich fühle mich wie erschlagen*. Es kommt mir so vor, als ob ich für mein Versagen *bestraft* werde. Ich glaube, *kein Mann wird mich je lieben. Es ist sinnlos.*«
Während des Gesprächs macht sich Netherton Notizen: Schmerzen beim Verkehr. Erschlagen. Strafe. Sinnlose Liebesbeziehung.
»Gut, legen Sie sich hin und schließen Sie die Augen«, bittet er Ann Boyd jetzt. »Nun wiederholen Sie den Satz ›Kein Mann wird mich je lieben‹ immer wieder. Sagen Sie mir dann, was Ihnen dabei als erstes in den Sinn kommt.«
Ann Boyd zögert. »Ich weiß nicht…« Geradezu widerwillig folgt sie der Anweisung: »Kein Mann wird mich je lieben…«
»Noch einmal«, beharrt Netherton.
»Kein Mann wird mich je lieben…«, wiederholt sie – und plötzlich packt sie Angst. Schlagartig findet sie sich in eine Szene zurückversetzt, die sich unmöglich in ihrem jetzigen Leben zugetragen haben kann: Die Erde um sie herum bebt, sie stürzt in ein Loch, Gesteinsbrocken fallen auf ihren Bauch: »Oh, mein Kind, mein Kind, mein armes Kind. Ich möchte den Schmerz für mein Kind lindern.« Vergeblich. »Ich habe eine Fehlgeburt.«
»Was denken, fühlen, sehen, hören Sie?« will Netherton weiter

von ihr wissen. »Ich bin erst 14, der Priester hat mich schwanger gemacht. *Es ist sinnlos*, ich werde dieses Baby nie bekommen.« Sie erlebt, wie ein Priester sie niederschlägt, ihr ein Messer auf die Brust setzt und sie brutal vergewaltigt. Undeutlich hört sie eine Stimme rufen: »Gott wird dich *strafen*.«
Schwere Steine fallen ihr ins Gesicht, auf Brust und Bauch. Alles schmerzt, »besonders von hier abwärts« – dabei zeigt Ann Boyd auf die Gegend zwischen Brustkorb und Becken –, »ich bekomme Krämpfe.« Die Erdbrocken *»erschlagen* mich… Ich fange an zu sterben«.
»Lassen Sie den Tod eintreten«, weist Netherton sie mit ruhiger Stimme an. »Gehen Sie hindurch.«

Daß er Ann Boyd mit seinem Ansatz helfen konnte, erlebte Netherton schon eine Woche nach der ersten Sitzung mit ihr, als sie erneut in seine Praxis kam. »Die Veränderung, die mit ihr vorgegangen war, erinnerte mich an jene romantischen Filmszenen, in denen unscheinbare Mädchen ihre Brille abnehmen und plötzlich zu hinreißenden Schönheiten erblühen. Ihr Gang war selbstbewußter und ihre Kleidung farbenfroher, ihre Sprache freier und ihr Lächeln offener. Ich wußte, warum: Vom Vergewaltigungstrauma befreit, hatte sie zum erstenmal in ihrem Leben Freude am Sex gehabt.«

Im Verlauf von Nethertons Reinkarnationstherapie übernehmen diese Sätze »eine Art Leitfunktion; mit ihrer Hilfe versuche ich, das Unbewußte aufzuschließen.« Der Patient wird gebeten, sich hinzulegen, sich mit geschlossenen Augen ganz auf diese Sätze zu konzentrieren und sie so lange zu wiederholen, »bis vor seinem inneren Auge eine Art Bild oder ein weiterer Satz auftaucht« – und er das »Emotionsfeld« des Standardsatzes spürt. Fast immer kommen dann Szenen aus einem früheren Leben zum Vorschein, »oft so rasch, daß es den Patienten entsetzt und schier überwältigt«. Erlittener Schmerz wird intensiv reaktiviert. Immer wieder läßt Netherton nacherleben, was diesen Schmerz ursprünglich erzeugte – bis er sich auflöst.
Bei jeweils einer zwei- bis dreistündigen Sitzung pro Woche erstreckt sich eine solche Therapie im Durchschnitt über drei Monate.[34] Welche verblüffenden Heilerfolge Netherton damit erzielen

kann, stellte er 1978 zusammen mit Nancy Shiffrin von der Neuropsychiatrischen Klinik der Universität Los Angeles in einem zusammenfassenden Bericht vor. »Bei 95 Prozent« liege seine Heilungsquote, versicherte Netherton im Mai 1987 in einem Heidelberger Gastvortrag; Kontraindikationen seien ihm »in 25jähriger Praxis noch nie untergekommen«. Vor allem Ingrid Vallieres, sechs Jahre Nethertons Schülerin, hat seine Methode in Deutschland bekannt gemacht; in ihrem Stuttgarter Institut beschäftigte sie 1989 bereits sieben Mitarbeiter. Viele andere »Rückführer« machen zumindest Anleihen bei ihr: So achtet auch Baldur Ebertin aus Wildbad im nördlichen Schwarzwald auf »häufig verwendete Redensarten«, in denen »sich Erfahrungen aus früheren Inkarnationen niederschlagen können«: beispielsweise »Man sollte einfach Schluß machen!«, »Ich könnte sie alle umbringen!«, »Da soll doch der Blitz einschlagen!«, »Dem könnte ich den Kragen umdrehen!«, »Wir werden das Kind schon schaukeln!«, »Wir werden schon über den Berg kommen!« [35] Selbst einzelne Wörter, auf die ein Klient »gefühlsmäßig stark reagiert«, scheinen Ebertin bedeutsam: von »Bombe« über »Eisberg« bis hin zu »Gruft«. Eine Liste mit über 50 solcher Schlüsselwörter, »die sich selbstverständlich fortsetzen ließe«, bietet er seinen Lesern »als Anregung, der eigenen Vergangenheit auf die Spur zu kommen«. [36]

Die »Fahrstuhl-Technik«

Nethertons Landsmann Bryan Jameison bevorzugt die »Fahrstuhl-Technik«, die er 1968 in Denver (Colorado) entwickelte. (Der gebürtige Chicagoer lebt inzwischen in San Diego.) Tief entspannt, stellen sich seine Klienten vor, Lift zu fahren und in verschiedenen Etagen »auszusteigen« – in jeweils verschiedene »frühere Leben«. Nachdem der Fahrstuhl haltgemacht und sich die Schiebetür geöffnet hat, kommt meist ein Gang oder eine Treppe zum Vorschein, häufig auch ein Fenster. Manchmal finden sich die Ausgestiegenen auch vor einer Nebelwand; durch diesen Nebel müssen sie hindurch, bis Bilder auftauchen.

Auf den »Fahrstuhl« schwört der Schwede Jan-Erik Sigdell, Jahrgang 1938, ein studierter Medizintechniker.[37] Über Naturheilkunde und Ayurveda hatte er zu Jameison gefunden, der ihn 1981 als Lehrer autorisierte. Über 1000 Einzelrückführungen, dazu Dutzende von Ausbildungsseminaren und Erfahrungswochenenden in ganz Europa haben Sigdell, der unterdessen in die Schweiz übersiedelte und in Basel praktiziert, zu einem der profiliertesten Rückführer im deutschsprachigen Raum gemacht. Zu früheren Leben zurückzuführen, gelinge mit der Jameison-Technik »bei 90 Prozent bereits in der allerersten Sitzung«, berichtete Sigdell auf den Basler »Psi-Tagen« im November 1988, »und bei weiteren fünf Prozent im zweiten oder dritten Versuch«. Während künstlich erzeugte Reinkarnationserinnerungen ansonsten oft nach kurzer Zeit, »höchstens 20 Minuten«, wieder verblassen, könnten Jameison- Klienten oft »stundenlang im Erlebnis bleiben« – »mit Unterbrechungen für die Toilette, das stört aber nicht, weil man gleich darauf wieder weitermachen kann«.

Kontakte zum »Höheren Selbst« oder »Inneren Helfer«

In die »Fahrstuhl-Technik«, aber auch in andere imaginative Verfahren, werden häufig Begegnungen mit dem »Höheren Selbst« einbezogen: für manche Esoteriker die höchste Instanz im eigenen unbewußten Ich, mit diesem zeitlebens verbunden, dabei aber autonom, von überlegener Einsicht und Macht – gleichsam ein Geist im Geist, für viele gar ein »jenseitiger«. Rückgeführte wollen ihn auf ihren innerweltlichen Reisen oft als Lichtwesen wahrgenommen haben. Richten sie Fragen an dieses »Höhere Selbst«, so sollen seine Antworten als Gedanken, als Stimme, in Bildern oder Schriftzeichen ankommen.
Während das »Höhere Selbst« vor allem dann angesprochen wird, wenn es um anspruchsvolle »spirituelle« Fragen geht (»Was soll ich aus diesen Erfahrungen lernen?«, »Wozu mußte ich dieses Schicksal erleiden?«, »Welches Karma verbindet mich mit diesem Menschen?«), greift der »Innere Helfer« gewöhnlich aus konkre-

tem Anlaß ein: Darum gebeten, übernimmt er die Rückreiseführung, gewährt Einblicke, führt Bilder vor, enthüllt Geheimnisse, beseitigt Blockaden, öffnet versperrte Zugänge und Ausblicke, steht in wiedererlebten Gefahrensituationen bei. Ob wirklich oder eingebildet: Die bloße *Vorstellung* dieses machtvollen inneren Bundesgenossen entlastet, befreit und ermutigt manche Klienten offenbar, sich ihre eigene Vergangenheit zu erschließen – gerade dann, wenn sie schwer zugänglich und voller Schrecken sein sollte.

Um diese Figuren lassen sich beliebige weitere Szenarien aufbauen, die Reinkarnationserlebnisse angeblich erleichtern.[38] So lassen sich »Zurückgeführte« in manchen Imaginationsübungen zu den Wolken hinauftragen; dort bitten sie ihren »Inneren Helfer«, ihnen eine Öffnung in der Wolkendecke zu zeigen – beim Blick hinunter tut sich dann eine Szene aus einem vergangenen Leben auf.[39] Hin und wieder öffnet der unsichtbare Gefährte auch Türen mit der Aufschrift »Mein früheres Leben«, führt Bücher und Bilder vor.

Katathymes Bilderleben

Unter jenen Rückführern, die Leuners »Katathymes Bilderleben« erweitert und zu einem Verfahren der Reinkarnationstherapie abgewandelt haben, ist Helmut Kritzinger aus Darmstadt einer der bekanntesten.[40] Im imaginären Haus auf einem *Speicher* angelangt, malen sich seine Klienten eine alte Kommode mit einem Fotoalbum aus. Während sie darin blättern, tauchen Bilder aus der Kindheit auf – und irgendwann auch aus dem Leben davor. Oder sie schreiten eine *Ahnengalerie* entlang – immer weiter zurück in der Generationenfolge. Manchmal schickt Kritzinger sie auch auf dem Bergplateau in eine *Höhle*; oder im Haus eine Wendeltreppe hinab bis zu einer verschlossenen *Tür*, welche die Aufschrift trägt: »Mein früheres Leben«. Wer sie öffnet und hindurchgeht, soll von einer plötzlich hereinbrechenden Flut jahrhundertealter Erlebnisbilder schier überwältigt werden.

Wer aber nichts dergleichen sieht, dem springt ein *weiser Alter* (das »Höhere Selbst« oder »Innerer Helfer«) bei, um ihn dorthin zu führen. Bei Kritzinger steht er für eine durchaus reale Wesenheit: einen »geistigen Führer« des Klienten, der sich bisweilen in Rückführungen einschaltet, um sie zum Ziel zu bringen. Medial begabte »Rückführer« gehen so weit, zu hilfreichen Geistern sogar direkt Kontakt aufzunehmen, um ihren Rat und Beistand zu erbitten.[41]

Drogen

Nicht mehr in Gebrauch sind *Drogen* als Türöffner zu früheren Leben. Als das erst 1943 entdeckte LSD eine immer größere Zahl junger Amerikaner zum »Trip« verlockte, begannen sich auch Wissenschaftler für die subjektiven Erlebnisse zu interessieren, die psychedelische Drogen auslösten. Ehe die US-Regierung 1966 den Einsatz von Rauschgift selbst zu Forschungszwecken streng reglementierte, waren etliche Forschungsprojekte dar-über angelaufen.[42]
Daß Drogen »Erinnerungen an frühere Leben« induzieren können – insbesondere LSD und Meskalin, aber auch »Stimmungsaufheller« wie MDA (3,4 Methylendioxyamphetamin) und Ketamin –, berichteten wohl als erste Robert Masters und Jean Houston[43] und legten eindrucksvolle Fallschilderungen vor: darunter ein Nacherlebnis der Dionysos- Riten, eines heiligen Geheimrituals im antiken Griechenland, dessen Ablauf bis heute weitgehend im dunkeln liegt.[44] Reinkarnationsforschung mittels LSD machte insbesondere der aus der Tschechoslowakei stammende Stanislav Grof bekannt, Gründungspräsident der »Internationalen Transpersonalen Gesellschaft« (ITA) und seit 1983 in der Programmdirektion von Esalen; er schwor jahrelang auf psychedelische Drogen, um vorgeburtliche »Erinnerungen« freizusetzen.[45] Auf LSD-Trip geschickt, hätten seine Versuchspersonen »ohne jede Anstrengung« »erschütternde Todes- und Wiedergeburtserlebnisse« durchgemacht, sie seien förmlich »vom Kosmos verschlungen«, wieder »ausgespuckt« und zur Welt gebracht worden, berichtete Grof 1983 auf der ITA-Ta-

gung im Schweizer Davos. In Deutschland hat mit halluzinogenen Substanzen am längsten Professor Hanscarl Leuner von der Universität Göttingen gearbeitet, bis er sich unter heftiger Kollegenschelte davon abwandte. Inzwischen wagt kein Psychotherapeut mehr, Drogen einzusetzen.

Mind Machines

Dafür sind immer häufiger *Mind Machines* im Einsatz, die angeblich sekundenschnell in frühere Leben katapultieren sollen. Als sein »Spitzenmodell« preist der Marktführer, die Firma Primke im nordbadischen Ketsch, die *Mind Machine Vol.4* an. »Als einziges Gerät auf dem mittlerweile unüberschaubaren Markt für Geräte dieser Art ist sie in der Lage, einen rotierenden Lichttunnel vor den Augen zu erzeugen«, betreibt das 1989 neuerschienene *Psi-Journal* kostenlose Public Relations dafür: »Damit ist es erstmals gelungen, Programme wie Astralreisen sowie *Reisen in die Zukunft und in die Gegenwart sowie Vergangenheit* möglich zu machen.«[46] Ähnliche High-Tech-Magie wird dem »MC^2« zugeschrieben, einem rund 2000 Mark teuren Gerät, dessen Herzstück ein computergesteuerter Licht-Ton-Generator mit zehn vorgespeicherten Festprogrammen ist, die er dem Gehirn über Brille und Kopfhörer zuspielt. Der deutsche Sozialarbeiter Joachim Polnauer testete kürzlich 50 Pennäler einer Gelsenkirchener Gesamtschule damit. »Ich war plötzlich Skeletor, mit meinem Schwert wehrte ich schreckliche Kampfratten ab«, schilderte ihm ein 13jähriger, was mit ihm dabei geschah.[47] Als ebenso zuverlässiger elektronischer Helfer bei »Rückführungen« soll sich schon »Neo Psychon 2000« erwiesen haben, das »wohlklingende Musik, positive Suggestionen und eine besondere Audio-Energie« ins Ohr spielt, während »Elektroden an den Fingern angebracht« sind. Während zweier Behandlungen mit dem »Neo Psychon 2000« tauchten beim 40jährigen Schweizer Albert G. »plötzlich Bilder aus der Französischen Revolution auf«. »Während er in Ruhe und in vollem Bewußtsein (Alpha-Zustand) erzählte, wurde er durch frequenzgesteuerte Signale therapiert, und somit

wurden die negativen Erlebnisse aus seinem früheren I
beitet bzw. aufgelöst«, berichtet Veronika Selz, L
»Zentrums für Psycho-Mentale Behandlungsmethod
dischen Sulzburg.[48] »Anfängliche Bedenken« geg
inzwischen auch Klaus Geisler aus Hollerath (Eifel)
Jahre arbeitete er als Gesprächstherapeut, ehe er die Masc
kennen- und schätzenlernte: bis Januar 1988 in der Therapie von über 230 Patienten.[49]

Traumanalyse, Pendeln und andere Deutungstechniken

Neben eigentlichen »Rückführungen« werden, ergänzend oder ersatzweise, eine ganze Reihe weiterer Verfahren angeboten, die Licht auf die dunklen Vorleben von Klienten werfen sollen. So hört Baldur Ebertin stets genau hin, wenn ein Hilfesuchender von besonders eindrücklichen Träumen berichtet, vor allem dann, wenn sie häufig wiederkehren.[50] Denn »eine Reihe von Traum-Themata kann sich auf Rückerinnerungen aus früheren Existenzen beziehen«. Immer mehr Astrologen fassen, Dethlefsen folgend, ein Geburtshoroskop als verschlüsselten »Lehrplan für diese Inkarnation« auf.[51] Für »Reinkarnationsforschung mit dem Pendel« wirbt die Esoterik- Autorin Angelika Hoefler, im Hauptberuf freie Werbetexterin.[52] Numerologen, Kabbalisten, Graphologen und Chronologen versprechen sich neuerdings sogar Reinkarnationshinweise von Geburtszahlen, Namen, Handschriften und Hautlinien.[53]

Was taugen solche Deutungspraktiken, speziell in Fragen von Karma und Wiedergeburt? Wie überzeugend auch immer ihre Ergebnisse klingen – die Gefahr, Selbsttäuschungen, Wunschdenken und ideologischen Voreingenommenheiten zu erliegen, ist bei ihnen besonders groß.[54] So laufen Wiedergeburtsgläubige Gefahr, jeden Traum allzu rasch wörtlich zu nehmen – und sich die oft mühsame Suche nach anderen Deutungswegen zu ersparen. Woran erkennt ein Reinkarnationstherapeut beispielsweise, daß er einen raum realistisch statt gleichnishaft aufzufassen hat? Woher *n* Schrift-, Handlinien- oder Horoskopdeuter eigentlich, daß fallend »militaristische« Züge auf *vor*geburtliche Kriegserlebisse hinweisen? (Vor drei Jahrzehnten, ehe die »Reinkarnationswelle« einsetzte, kam kaum einer von ihnen je auf diese Idee.) Nach welchen Kriterien ist entscheidbar, ob sie zutreffen?

Als naheliegendstes Kriterium böte sich ein *bestätigter Vergleich* der Deutungen mit *tatsächlichen* Vorleben an. Im allgemeinen fallen ihre Befunde aber durchweg viel zu vage aus, um handfeste, exakte, überprüfbare Daten abzuwerfen. Bemerkenswert wäre, wenn sie sich *gegenseitig bestätigen* würden: wenn beispielsweise traumanalytische, astrologische, graphologische und numerologische Gutachten ein und derselben Person in dieselbe Richtung weisen – und obendrein noch zu vermeintlichen »Erinnerungen« passen, die während einer Rückführung zum Vorschein kommen. Daß solche Parallelitäten die Regel sind, versichern viele Reinkarnationstherapeuten aus jahrelanger Praxis. Um glaubwürdig zu sein, müßten dabei aber wenigstens zwei Voraussetzungen erfüllt werden: Die einzelnen Deutungen müssen von *verschiedenen* Gutachtern erstellt werden, die von den Ergebnissen der anderen *nicht wissen*; insbesondere darf der Zurückgeführte selbst keine Kenntnis davon haben – andernfalls baut er womöglich unbewußt Phantasien auf, die zum Expertenurteil passen. Tests dieser Art stehen nach wie vor aus – ein Armutszeugnis für den akademischen Forschungsbetrieb.

»Hellsicht« auf Vorleben?

Als Rebecca eintritt, sagt sie »Hallo«, mehr nicht. Wortlos setzt sich George Schwimmer, Reinkarnationstherapeut in Santa Barbara (Kalifornien), der jungen Frau gegenüber, schließt die Augen und »geht in einen veränderten Bewußtseinszustand«. Dann legt er Rebeccas Hände in die seinen, »um mich auf ihre Schwingungen einzustimmen«.

Da tauchen vor seinem geistigen Auge unvermittelt »Bilder aus einem früheren Leben auf«: Er »sieht« eine Pferdekutsche von links nach rechts eine Gebirgsstraße entlangrasen. Ein Rad rutscht über den unbefestigten Wegesrand, die Kutsche kippt um. Während sie den Abhang hinunter in die Tiefe stürzt, »nimmt« Schwimmer »wahr«, wie eine junge Frau aus dem Wagen herausgeschleudert wird.
»Einer plötzlichen Eingebung folgend, bat ich Rebecca, ebenfalls ihre Augen zu schließen und darauf zu achten, ob sie das gleiche sah wie ich. *Sie konnte es*, wie viele meiner Klienten.« Wie hieß sie in diesem früheren Leben? »Sarah«, antwortet Rebecca spontan. Diesen Tod will »Sarah«, die nun aus Rebeccas Mund zu sprechen beginnt, vor 150 Jahren gestorben sein.
George Schwimmer gehört zu den wenigen Reinkarnationstherapeuten, die ein übersinnliches »drittes Auge« einsetzen, um frühere Leben ihrer Klienten auszuforschen.[55] Seit 1982, als Schwimmer an der Arthur Ford Akademie in Roswell (Georgia) von der bekannten Seherin Patricia Hayes zum Medium ausgebildet wurde, setzt er diese Fähigkeit fast schon routinemäßig ein – allein »in den letzten zwei Monaten bei einem Dutzend Klienten«.[56]
Wer den Gang zum Therapeuten scheut, kann neuerdings schon per Post- oder Telefonauftrag spezielle Firmen mit esoterischem Durchblick Licht auf seine Vorleben werfen lassen. Die »New Life Research Company« benötigt dazu nicht mehr als den vollen Namen, eine Unterschrift, drei Fragen und 35 Dollar in bar oder Verrechnungsscheck. Dafür liefert sie auf Tonbandkassette ein »Past Life Reading«, das »in tiefem Trancezustand direkt aus der Akasha-Chronik gechannelt« werde. So entstehe »ein anschauliches Bild Ihrer persönlichen Lebensgeschichte von einst – wo Sie waren, wo Sie lebten, was Sie in der Vergangenheit alles erlebt haben, die karmischen Muster Ihres gegenwärtigen Daseins«. Auf diese Weise sei »in den letzten fünf Jahren schon Tausenden geholfen« worden, wie eine Großanzeige im New-Age-Monatsmagazin *Body, Mind & Spirit* vom März/April 1988 versichert.[57]
Auch hierzulande beginnen immer mehr Hellseher, bei ihrer Kundschaft übersinnlich nach »Vorleben« zu fahnden. Mit einem davon machte ein Beauftragter des Münchner Verlagsleiters Ullrich Schie-

mann Bekanntschaft, der kürzlich 250 deutschen Wahrsagern auf den Zahn fühlen ließ: Im Laufe einer zweistündigen Sitzung, gegen 300 Mark, offenbarte ihm die »Seherin und Parapsychologin« Ina Molnar, daß er »der Mann ihrer Großmutter sei, der im Ersten Weltkrieg durch einen Granatsplitter ums Leben gekommen ist«.[58]
Sinnlich wahrnehmbar werden derartige Visionen bei dem amerikanischen »Trance-Medium« Isolde Bauer aus Las Vegas, auch in Deutschland durch Kurse in Channeling, »meditativem Malen« und »Karma-Seminare« bekanntgeworden. Sie *zeichnet* frühere Inkarnationen.
Was sind solche »Enthüllungen« wert? Wie fragwürdig mediale Kundgaben auch sind – im Kontext von Reinkarnationstherapien scheinen sie zumindest insoweit überprüfbar, als sie mit den Ergebnissen von »Rückführungen« verglichen werden können. Damit dieser »Test« halbwegs aussagekräftig ausfällt, muß dem Klienten die »mediale« Rückschau verschwiegen werden, bis er »zurückgeführt« wird – andernfalls könnte sie ihn suggestiv beeinflussen. Aber selbst denn besteht unvermeidlich die Gefahr, daß der »Zurückgeführte« *telepathisch* aufnimmt, was sein Therapeut medial »erkannt« zu haben glaubt, und phantasievoll zu einer »Reinkarnationserinnerung« ausgestaltet.

»Selbst-Rückführung«?

Wachsender Beliebtheit erfreuen sich Anstiftungen zur »Selbst-Rückführung« daheim. Dabei soll man mit Hilfe von kostspieligem Lehrmaterial, wie zum Beispiel sechs Lehrbriefen mit zahlreichen Abbildungen, drei besprochenen Tonbandkassetten, einem Endlostonband sowie einem Farbtäfelchen zur Hypnose-Einleitung«, ergänzt um je einen »Lehrbrief« pro Monat, lernen können, »wie man sich selbst in tiefe Trance versetzen kann«. Zu den »unglaublichen Dingen«, die »ein geübter Autosuggestor durch autohypnotische Befehle erreichen« könne, gehöre, »längst ›Vergessenes‹ aus der eigenen Vergangenheit wieder ins Bewußtsein zu rufen«.[59]

Angebote dieser Art sind aus mehreren Gründen mit Vorsicht zu genießen. Denn Selbsthypnose ist noch schwerer zu erreichen als Fremdhypnose. Nach den Erfahrungen des US-Hypnosefachmanns A. Salter sollte ein Patient fähig sein, in der Fremdhypnose in *tiefe* Trance zu sinken, um durch Hypnosetraining auch Autohypnose zu erreichen. Allein schon dadurch, daß die Rückmeldung und Verstärkung durch den Therapeuten fehlt, fällt es schwerer, den hypnotischen Zustand aufzubauen und aufrechtzuerhalten.[60]
Gerade vom therapeutischen Standpunkt aus spielt zudem die Beziehung zwischen Hypnotiseur und Klient eine entscheidende Rolle.[61] Viele Erlebnisse, die in Trance aus dem Unbewußten aufsteigen, sind so erschütternd, daß der Betreffende keinesfalls mit ihnen alleingelassen werden darf. Sie müssen behutsam mit ihm nachempfunden, aufgearbeitet und gedeutet werden. Mögliche Nebeneffekte müssen aufgefangen werden können.
Zum gleichen Ziel noch schneller, bequemer und billiger zu gelangen, stellen Produzenten von »Rückführungs-Cassetten«, zum Abspielen auf Tonband, in Aussicht. Daß diese Offerten nicht immer ihr Geld wert sind, mußte Mitte 1987 selbst *Esotera* seinen Lesern berichten.[62] Ein Redakteur hatte sich ein Album mit zwei Kassetten und Begleittext, für 39 Mark, vorgeknöpft. Enttäuscht mußte er berichten, wie wenig er fand, was ihm »eine von Harfenklängen und Flötenmelodien untermalte Frauenstimme suggerierte«. Ob die Konkurrenz wirksamere Produkte zu bieten hat, bezweifle ich nach mehreren Selbstversuchen und Gesprächen mit Enttäuschten.
Selbst wenn sie manchmal taugen: Eine kontinuierliche Behandlung, mit persönlichen Kontakten zu einem erfahrenen Therapeuten, können sie keinesfalls ersetzen, obwohl Werbetexte eben diese gefährliche Illusion schüren. Allenfalls eignen sie sich zur Unterstützung innerhalb einer laufenden Therapie.
Kassetten sollten zudem stets nur für die *individuelle* Therapie und *speziell* für den bestimmten Patienten erstellt werden. Auch sollten sie *regelmäßig* dem Verlauf der Therapie *angepaßt* werden – Forderungen, die den Einsatz von Massenware grundsätzlich ausschließen.

3 Dem Karma auf der Spur

Welche Grundmuster menschlichen Schicksals bei »Rückführungen« zum Vorschein kommen

Als die amerikanische Psychologin Dr. Helen Wambach eines Sonntags im Jahr 1966 eine Gedenkstätte der Quäker-Sekte betrat, »war ich nur eine gewöhnliche Touristin«.
Doch während die 41jährige die Treppe zum ersten Obergeschoß hinaufging, in ein kleines, mit verstaubten Büchern angefülltes Zimmer, »überkam mich das Gefühl, ich befände mich in einer anderen Zeit und an einem anderen Ort. Beim Betreten der Bibliothek sah ich mich automatisch an das Regal gehen und ein Buch herausnehmen. Augenscheinlich ›wußte‹ ich, daß es mein Buch gewesen war, und während ich darin blätterte, zeigte sich meinem inneren Auge eine Szene:
Ich ritt auf einem Maultier über ein Stoppelfeld. Vor mir auf dem Sattel hatte ich das Buch aufgeschlagen. Die Sonne brannte mir auf den Rücken, und meine Kleider kratzten auf der Haut. Ich fühlte, wie sich das Reittier unter mir bewegte, während ich – gefesselt vom Inhalt des Buches, das vor mir lag – im Sattel saß. Das Buch war der Bericht eines Geistlichen über seine Erlebnisse zwischen Leben und Tod im Koma.«
Fünfzehn Minuten lang versank Helen Wambach völlig in diesen veränderten Bewußtseinszustand, ehe sie sich langsam wieder im Hier und Jetzt zurechtfand. Sie war verwirrt: »Was war los mit mir? Warum glaubte ich, daß dies mein Buch sei? Weshalb war ich plötzlich überzeugt, ich befände mich in einer anderen Zeit und in einem anderen Körper?«
Hatte sie sich an ein früheres Leben erinnert? »Jeden Gedanken daran hatte ich zuvor empört abgelehnt. Ich glaubte, für alle derar-

tigen Phänomene gebe es rationale Erklärungen.« Das Erlebnis erschütterte sie, durch und durch[1] – und machte aus der Zweiflerin von einst eine der bedeutendsten Reinkarnationsforscherinnen unserer Zeit.

Die gebürtige Chicagoerin, Jahrgang 1925, hatte bis dahin an der Monmouth-Klinik in Long Branch (US-Bundesstaat New Jersey) gearbeitet; jahrelang bekleidete sie nebenbei einen Lehrstuhl für Psychologie und Parapsychologie an der Brookdale-Universität in Lincroft. Bis zu ihrem Tod 1985 lebte sie als Psychotherapeutin mit eigener Praxis im kalifornischen Walnutcreek – von einem wachsenden Zustrom von Patienten; von Honoraren für Vorträge, Seminare und Fernsehauftritte; und vom Verkaufserlös zweier Bücher, die sie mit einem Schlag berühmt machten.[2]

Was ist neu an Helen Wambachs Ansatz? *Individuelle* »Erinnerungen« an frühere Leben, wie eindrücklich auch immer, wollte sie nicht als Beweis für die Wiedergeburt gelten lassen: Denn »mit einem Einzelfall läßt sich nicht nachweisen, daß wir alle schon einmal gelebt haben.«[3] Sie suchte nach *statistischen* Belegen. Dazu benötigte sie umfangreiche Stichproben und begann deshalb, mit Gruppen zu experimentieren. Zehn Jahre lang, in über 2000 Sitzungen, hypnotisierte Wambach sämtliche Mitglieder ihrer Versuchsgruppen gleichzeitig. Dann »führte ich sie in die Vergangenheit zurück« – bei jeder Sitzung viermal, jeweils mit anderen »Reisezielen«. Dabei wandte sie zwei Grundtechniken an: eine *zeitliche* und eine *geographische:* Entweder bot sie den Hypnotisierten verschiedene geschichtliche Epochen an: »Was passierte um 1800? ...um 1700? ...Im Jahre 25 nach Christus? ...vor 2500 Jahren?« Daraus hatten sie diejenige zu wählen, bei der sich in Trance die lebhaftesten Eindrücke einstellten (die »Zeitreise«). Oder sie forderte sie auf, sich eine Erdkarte vorzustellen, und wies sie an, zu demjenigen Ort zu »gehen«, zu dem sie sich am stärksten hingezogen fühlten (die »Weltreise«): sei es Babylonien oder der Wilde Westen, Palästina oder Ostasien, der südamerikanische Urwald oder der Mittelmeerraum.

Im Anschluß an die Sitzungen hatte jede Versuchsperson einen umfangreichen Fragebogen auszufüllen; darauf sollte sie Lebens-

umstände, Landschaft und Klima, Kleidung, Wohn- und Eßgewohnheiten, Gebrauchsgegenstände, Architektur, Geschlecht und Rasse der nacherlebten einstigen Existenz wiedergeben. Im Lauf von zehn Jahren sammelte Wambach so 1.088 detaillierte Schilderungen angeblicher »früherer Leben«.
Als Helen Wambach das gewaltige Datenmaterial auswertete und mit geschichtlichen Quellen verglich, erlebte sie eine Überraschung nach der anderen:

1. Falls »Rückgeführte« wirklich bloß Vorwissen verwerten, müßten ihre Berichte immer wieder *Anachronismen* aufweisen, irrtümliche zeitliche Einordnungen: so etwa mittelalterliche Soldaten in Uniformen des 19. Jahrhunderts, antike Helden mit Perükken aus dem Barock, gotische Kirchen mit romanischen Säulen. Oder sie müßten ein Klima und eine Landschaft beschreiben, die nicht zu der Gegend paßten, in der sie einst zu leben meinten. Tatsächlich fand Wambach unter den knapp 1.100 Datenbögen »nur elf, die eindeutige Unstimmigkeiten enthielten«.[4] Wie konnten fünf Personen beispielsweise übereinstimmend versichern, daß sie lederne Hosen trugen, als sie 3000 bis 4000 Jahre zurückgeführt wurden, in den russischen Kaukasus nördlich der Grenze zu Persien? Hosen als Bekleidungsstücke kamen erst Jahrhunderte nach Christi Geburt in Mode, mit Ausnahme der Germanen der Bronzezeit – und jenen Kaukasusbewohnern.
2. An Abweichungen von historischen Tatsachen müßten deutliche Unterschiede auffallen: Je unerforschter eine Epoche ist, je seltener sie beschrieben, gemalt und verfilmt wurde, desto weniger Vorwissen müßten die Versuchspersonen über sie gesammelt haben können; entsprechend häufiger sollten Fehler auftreten. Das war nicht der Fall. Ob 800 vor Christus in Athen oder um 1900 in Chicago: Die Erinnerungen fielen durchweg gleich ausführlich und genau aus.
3. Wenn Hunderte von Menschen an den gleichen Ort oder in die gleiche Zeit versetzt werden, müßten ihre »Erlebnisberichte« mehr oder minder erheblich voneinander abweichen: Keine zwei Personen dürften sich exakt dieselben Lebensumstände bis

ins Detail zurechtphantasieren können – und das auch noch im Einklang mit den historischen Tatsachen. Wambach fand jedoch verblüffende Übereinstimmungen. So beschrieben 21 Personen, die zwischen 500 vor und 25 nach Christus am Mittelmeer gelebt haben wollten, ausnahmslos dasselbe eigenartige Zahlungsmittel: eine dunkelgraue, quadratisch geformte Münze mit einem Loch in der Mitte, die an den Ecken wie mit einem Hammer abgerundet war. Nachforschungen ergaben: Solche Geldstücke waren damals wirklich im Umlauf.

4. Lassen sich Reinkarnationserlebnisse als bloße »Wunschvorstellungen« abtun? Dann müßte das frühere Selbst bedeutend, seine Lebensumstände annehmlich gewesen sein. Doch Wambach fand, »daß unter den Betroffenen kaum jemand war, der etwas darstellte. Der Gegensatz zum relativen Luxus und der Freiheit ihres gegenwärtigen Daseins war drastisch.« Die meisten erzählten von einem kärglichen Leben als einfache Bauern, oft in schwerster Not, die sich unablässig abrackerten, dürftig ernährten, Krankheiten und obrigkeitlicher Willkür wehrlos ausgeliefert waren. Vor begrenztem Horizont vollzog sich ihr Alltag oft in eintöniger Langeweile innerhalb kleiner Gemeinschaften und ohne große Bewegungsfreiheit.
5. Die Lebensverhältnisse, in denen sich Zurückgeführte wiederfanden, entsprachen verblüffend exakt, zum Teil auf Prozente genau, der tatsächlichen sozialen Klasseneinteilung der jeweiligen Zeit. Im Durchschnitt förderte nur jede zwanzigste Rückführung ein Oberschicht-Dasein zutage, in dem man von anderen bedient wurde, eine leitende Position innehatte, prächtige Gewänder trug und prunkvoll wohnte. 20 bis 35 Prozent der Beschreibungen paßten eher zu Angehörigen des Mittelstands: Handwerkern oder Angestellten in bescheidener Stellung. Die weitaus meisten, je nach Epoche 60 bis 80 Prozent, sahen sich in der Unterschicht: als einfache Soldaten, Bauern, Arbeiter, Sklaven.
6. Umfragen unter Nordamerikanern ergaben immer wieder: Wenn sie frei wählen könnten, wären die meisten am liebsten weiß und ein Mann. Falls Wiedergeburtserlebnisse lediglich

unerfüllte Sehnsüchte befriedigen sollten – müßten entsprechende Vorleben dann nicht deutlich überwiegen? Dem war nicht so. Rasse und Geschlecht ordneten sich Wambachs Versuchspersonen verblüffenderweise in einem Verhältnis zu, das sich mit der tatsächlichen Bevölkerungsstruktur der betreffenden Zeit weitgehend deckte. Im Durchschnitt waren 50,3 Prozent der »früheren Persönlichkeiten« Männer, 49,7 Prozent Frauen – und das, obwohl Dreiviertel aller Teilnehmer weiblich gewesen waren.

7. Vom ersten Jahrhundert nach Christus bis 1500, und dann nochmals bis Anfang des 19. Jahrhunderts, verdoppelte sich die Weltbevölkerung jeweils; bis heute hat sie sich vervierfacht. Die behaupteten »Wiedergeburten« lagen statistisch genau in diesem Trend. Wenn Wambachs Testpersonen wählen konnten, in verschiedene Epochen hineingeboren zu werden, so taten sie das mit einer Häufigkeit, die den geschätzten Bevölkerungsgrößen jener Zeit entsprach. Könnte das nicht einfach daran liegen, daß wir umso mehr über eine Periode wissen, je näher sic uns zeitlich liegt – daher unsere Neigung, in zunehmender Nähe zum 20. Jahrhundert »wiederzuerwachen«? Dies müßte sich aber auch in zunehmend ausführlicheren, genaueren und zutreffenderen Berichten widerspiegeln – was nicht geschah. Außerdem sollte ein entsprechender »Entfernungsfaktor« auch *räumlich* wirksam sein: Je weiter weg von unserem Land, unserem Kulturkreis eine frühere Existenz gelebt wurde, desto unstimmiger, lückenhafter und verschwommener hätten die Schilderungen auszufallen. Auch das traf nicht zu.

Doch welchen Sinn sollten solche Wiedergeburten haben – *wozu* kehrt die Seele überhaupt zurück? Wie hängen die vielen Leben in verschiedenen Leibern miteinander zusammen? Können wir sie beeinflussen – oder *widerfahren* sie uns, vollziehen sie sich unabhängig davon, wie wir wählen, uns entscheiden und handeln? Warum suchen wir uns gerade *diesen* Körper, *diese* Lebensumstände aus? Und was geschieht eigentlich mit uns *zwischen* Tod und Wiedergeburt, im Zeitraum zwischen zwei Verkörperungen?

Von 1978 an befragte Helen Wambach darüber weitere 750 Erwachsene in Trance.[5] Die wenigsten von ihnen glaubten an Reinkarnation, viele lehnten sie ausdrücklich ab, manche hatten sich nie damit beschäftigt. Umso verblüffter war Helen Wambach, als sie von ihnen in der Regel Antworten erhielt, die sich mit jahrtausendealten Glaubenslehren fernöstlicher Religionen atemberaubend deckten; darüber hinaus stimmen sie weitgehend mit Äußerungen Zurückgeführter überein, von denen Reinkarnationstherapeuten weltweit Zeugnis abgelegt haben.[6]

1. Liegt es an uns, ob wir wiedergeboren werden?
In der Regel ja. 81 Prozent von Wambachs Versuchspersonen gaben an: Sie selbst hätten sich bewußt dafür entschieden, nochmals zur Welt zu kommen – nicht zum Vergnügen, sondern um eine unerledigte Aufgabe zu vollenden. Zwei Drittel taten dies allerdings »recht widerstrebend«, viele erst auf das Drängen von »jenseitigen« Beratern hin: von weisen Lehrmeistern, oft auch von verstorbenen Angehörigen.

2. Wozu werden wir wiedergeboren?
Hauptsächlich, um unerledigte Aufgaben zu vollenden, Versäumnisse nachzuholen, eigene Fähigkeiten weiterzuentwickeln, hinzuzulernen – und Schwächen zu überwinden, vor allem charakterliche. Die größte Gruppe – 27 Prozent – nannte in Hypnose als Hauptzweck dieses Lebens, »geistig zu wachsen und andere zu lehren«. Ein Fünftel wollte wieder mit einem oder mehreren anderen Menschen zusammensein, die sie in vergangenen Leben gekannt hatten – um ihre Beziehungen zu vertiefen und zu vervollkommnen. Ein weiteres Fünftel kehrte wieder, um *lieben* zu lernen, ohne fordernd oder besitzergreifend zu sein. 12 Prozent gaben eine ganz konkrete Bestimmung an: »Um die Furcht zu überwinden«; »um mich von Materialismus freizumachen«; »um demütig zu werden«; »um meinen Vater lieben zu lernen«.

3. Warum leben wir ausgerechnet in dieser Zeit?
Weil unser Jahrhundert ein »neues Zeitalter« in der menschlichen Bewußtseinsentwicklung einleitet: In diesem Sinn äußerte sich jeder Zweite. Typische Antworten: Nie sei das »Potential für gei-

stiges Wachstum« größer gewesen. »Viele, viele Seelen werden eine neue Stufe der Identität erreichen« – »Ich wählte die zweite Hälfte des 20. Jahrhunderts, weil mehr fortgeschrittene Geister geboren werden und wir dem Ziel näher sind, Weltfrieden und einen Sinn für die völlige Einheit der Menschheit zu erreichen.«

4. Haben wir unser Geschlecht selbst gewählt?

Nur jeder Vierte verneinte dies oder erklärte, es sei für dieses Leben nicht von Bedeutung gewesen. Die übrigen entschieden sich bewußt dafür – »weil es für meine Aufgabe nützlich war«. Wambachs männliche Versuchspersonen betonten am häufigsten die dominierende Rolle, die unsere Gesellschaft dem Mann immer noch zuweist. Von den Frauen nannte jede Dritte als Hauptgrund, Kinder bekommen zu können. Daneben tauchten aber auch noch viele andere Gründe auf, zum Beispiel: »Weil die Frau liebevoller, ausdrucksvoller, mehr im Einklang mit sich selbst ist.« – »Weil die Rolle der Frau die einzige Gelegenheit bot, so zu sein, wie ich sein wollte.« – »Weil ich im vorausgegangenen Leben ein Mann war«.

5. Sind Begegnungen und Bindungen zufällig?

Nahezu 90 Prozent aller Versuchspersonen erklärten: Ihre jetzigen Eltern, Liebespartner, Verwandten und Freunde kannten sie bereits in früheren Leben. Allerdings fast immer mit vertauschten Rollen, wie Wambach staunend feststellte: »Väter in diesem Leben waren früher Geliebte, Mütter, Brüder, Schwestern, Freunde und Kinder. Mütter im gegenwärtigen Leben wurden als Freunde, Väter, Brüder, Schwestern, Kinder gesehen... Wir leben wieder, nicht nur mit jenen, die wir lieben, sondern auch mit jenen, die wir hassen und fürchten.« Am eigenen Leib holen viele verpaßte Lektionen nach: Der Weiße, der schwarze Sklaven quälte, kehrt als Neger zurück; der Nazi-Offizier, der in Konzentrationslagern mordete, findet sich als Jude wieder.

6. Wann verbindet sich die Seele mit einem neuen Körper?

»Abtreibung ist Mord, sie vernichtet Leben«: Zu Wambachs Versuchsgruppen gehörten viele praktizierende Christen, die davon fest überzeugt waren. Denn schon dem Fötus, so erklärten sie in vorausgehenden Diskussionen, wohne eine Seele inne – von der

Empfängnis an. Doch »zurückgeführt«, erlebten die meisten von ihnen ein vorgeburtliches Schicksal, das dazu nicht paßte. Fast ausnahmslos schilderten sie das Gefühl, daß der Fötus nicht wirklich zu ihnen gehört – daß sie getrennt von ihm existieren. Ihren künftigen Leib empfanden sie als begrenzend und beengend, erst spät und widerstrebend verbanden sie sich mit ihm. 89 Prozent gaben an, sie hätten sich nicht vor dem sechsten Schwangerschaftsmonat mit dem Ungeborenen vereint, ein Drittel sogar erst unmittelbar vor oder während des eigentlichen Geburtsvorgangs – und das, obwohl allen vor der Hypnose klar gewesen war, daß die ersten Bewegungen der Leibesfrucht, seine »Lebenszeichen«, schon im vierten Monat der Schwangerschaft auftreten. Jeder Fünfte berichtete von seltsamen »Mischzuständen«, ehe sich seine Seele endgültig verkörperte: Er erlebte sich manchmal schon innerhalb, dann wieder noch außerhalb seines künftigen Leibes.

7. Spürt die Seele eines Ungeborenen, was in der schwangeren Mutter vorgeht?
86 Prozent der »Zurückgeführten« wollen sich der Gefühle, Empfindungen und sogar der Gedanken ihrer Mutter deutlich bewußt gewesen sein, ehe sie zur Welt kamen: seien es Anspannung, Furcht, Ablehnung, Schmerz, Freude oder Sorge. Eine typische Schilderung: »Ich fühlte die Spannung des Körpers meiner Mutter und ihren nervösen, unglücklichen Zustand. Ich spürte ihre Abneigung dagegen, mich auszutragen, und ihre Angst vor der Geburt.«

8. Was bedeutet es für eine Seele, geboren zu werden?
Als vorherrschendes Gefühl wurde »tiefe Trauer« beschrieben: darüber, aus der warmen Geborgenheit des Mutterleibs ausgestoßen zu werden; auch darüber, nun endgültig in einem physischen Körper gefangen zu sein. Viele erschraken über die schlagartige Flut neuer Eindrücke, der sie sich wehrlos ausgesetzt fühlten: grelles Licht, Kälte, Stimmen. In der neuen Welt fühlten sie sich einsam und fremd.

9. Was erlebt die Seele, wenn ihr Körper stirbt?
Ihren eigenen Tod in früheren Leben »beurteilten fast alle sehr positiv«, so Wambach – selbst diejenigen, »die erhebliche Todes-

furcht hatten, ehe sie mit mir zusammenarbeiteten«. Jeden Zweiten erfüllte dabei tiefe Ruhe und Frieden; sein Ende nahm er gelassen hin, ohne sich dagegen zu sträuben. Weitere 30 Prozent waren sogar zutiefst erleichtert und froh darüber. Jeder Fünfte sah seinen Leichnam, schwebte darüber und beobachtete, was um ihn herum vorging: die verzweifelten Angehörigen, die hilflosen Ärzte, den segnenden Priester. »Der Tod war wie eine Erlösung, wie ein Nachhausekommen«, beschrieb ein Befragter. »Es war, als sei eine schwere Last von mir genommen, als ich meinen Körper verließ und in das Licht nach oben schwebte. Es war wunderbar, frei zu sein!«

Was Helen Wambach fand, paßt nicht nur zu den Schilderungen, die Reinkarnationstherapeuten bei »Rückführungen« fast immer erhalten – mehr und mehr bestätigen und ergänzen sie Forschungsergebnisse anderer Wissenschaftler von Rang. So führte der Kanadier Joel Whitton, Professor für Psychiatrie an der Universität Toronto, nach 1973 jahrelang Hypnosesitzungen mit 30 Erwachsenen durch, um den geheimnisvollen Zeitabschnitt *zwischen* zwei Leben zu ergründen:[7]

10. Was geschieht mit der körperlosen Seele zwischen Tod und Wiedergeburt?
Wozu braucht sie überhaupt diesen »Zwischenaufenthalt«, anstatt sofort wiederzukehren? »Im Jenseits, unserer natürlichen Heimat, wird unser Erinnerungsvermögen geweckt, und unsere Vergangenheit liegt klar vor uns«, faßt Whitton seine Ergebnisse zusammen. »Und wenn wir uns so sehen, wie wir wirklich sind, dann können wir aus unserer letzten Expedition in die irdische Wirklichkeit etwas lernen. Wir können sehen, welche Fortschritte wir gemacht haben – und die nächste Inkarnation entsprechend vorausplanen.«[8]

11. Kehrt die Seele ausschließlich in menschlichen Leibern zurück?
Oder inkarniert sie auch in Tieren, Pflanzen, vielleicht sogar in scheinbar »toter« Materie?
Axel Prédin, ein Bremer Finanzmakler, glaubt fest daran, seit er in Trance »regredierte«. Während der Hypnose »begann er plötzlich

hektisch zu atmen und schnüffelte erregt«, erlebte der Sachbuchautor Kurt Allgeier mit.[9] »Seine Zunge schnellte zwischen den Lippen hervor: ›Es ist heiß. Fürchterlich heiß. Der Boden klebt wie zäher Lehm an meinen Füßen. Ich kann mich kaum noch bewegen. Die Schuppen glühen. Ich habe seit Tagen nichts gefressen. Alles ist tot um mich herum. Wie ausgestorben. Ich muß hier weg, sonst gehe ich auch zugrunde...‹« War er vor Jahrmillionen ein Reptil? »Wenn ich jemanden nach der frühesten Ursache für ein bestimmtes Problem frage, beschreibt er fast immer die Verletzung oder den Tod eines *Tieres*«, faßt Morris Netherton seine jahrzehntelangen Erfahrungen mit Tausenden von Zurückgeführten zusammen.[10] Allerdings »habe ich nie gehört, daß jemand von einem menschlichen Leib *zurück* in einen tierischen gegangen wäre... Wir stellen stets fest, daß das tierische Leben *vor* dem ersten menschlichen lag.« (Wer solche Spekulationen absurd findet, sollte sich in parapsychologische Fachliteratur über Psi bei Tieren und Pflanzen einlesen.) Rückführungen in *vor*menschliche Zustände hat der Psychotherapeut Josef Gruber seit 1977 zu einer »Evolutionstherapie« ausgebaut, mit der er zu »Identitätserfahrungen als Urnebel, als Gesteinsform, als Pflanze und tierische Gestalt und schließlich als Mensch« vorzudringen glaubt.[11]

Gestalten »Zurückgeführte« einfach phantasievoll aus, was sie über ihre vermeintlichen Vorleben *glauben* – beeinflußt durch die gegenwärtige »New-Age«-Welle? Jüngste Meinungsumfragen in den USA halfen Helen Wambach, diesen Verdacht auszuräumen: Demnach zeigen sich Bewohner der amerikanischen Westküste viel aufgeschlossener gegenüber spirituellen Fragen als die Bevölkerung des Mittelwestens; sie glauben mehr an Übersinnliches, interessieren sich stärker für fernöstliche Religionen, wissen mehr darüber, besuchen häufiger esoterische Veranstaltungen. Um den möglichen Einfluß von Weltanschauungen zu kontrollieren, brauchte Helen Wambach nur zu vergleichen: Verliefen Gruppenrückführungen in Kalifornien anders als in Minnesota, Illinois oder Michigan, also US-Bundesstaaten des Mittleren Westens? Nein: »Die Ergebnisse waren die gleichen!«[12]

Bekommt sie von den Hypnotisierten womöglich nur zu hören, was sie hören will? »Beeinflusse ich irgendwie die Ergebnisse« – sei es mit unbeabsichtigten Suggestionen, sei es dadurch, »daß die Menschen meine Gedanken lesen? Erhalte ich deshalb ähnliche Antworten?« Doch in vielen Fragen dachte Helen Wambach von vornherein völlig anders als die Mehrheit der »Zurückgeführten«; viele Ergebnisse überraschten, ja schockierten sie. Selbst wenn also ihre Versuchspersonen Eingebungen und Gedanken aufnehmen konnten, »so nahmen sie diese zwar zur Kenntnis, gingen dann aber ihre eigenen Wege«.[13] Deutet all dies nicht darauf hin, daß »Rückführungen« tatsächlich echte Erinnerungen an frühere Leben wecken können? »Menschen reproduzieren die Vergangenheit – ich weiß nicht, wie sie das tun«, gab sich Helen Wambach in einem Fernsehinterview zurückhaltend.[14] Zumindest sei »die Theorie der Reinkarnation ... eine sehr brauchbare Hypothese«, schließt sie vorsichtig.[15]

Zu einer brauchbaren Hypothese gehört, eine Vielzahl von Phänomenen einfacher und einleuchtender zu erklären als jede Alternative. Je einschneidendere Korrekturen wir an unserem bisherigen Weltbild vornehmen müßten, falls wir sie annehmen, desto strengere Maßstäbe legen wir verständlicherweise an sie an. Wambachs Rückführungsstatistiken decken einen rätselhaften allgemeinen Zusammenhang auf – in jedem *Einzelfall* lassen sie trotzdem die Frage offen: »War diese Erinnerung wirklich *echt*?« (Kapitel 4) Und einmal abgesehen von derartigen Statistiken: Auf welche sonstigen Beobachtungen kann sich die Reinkarnationstheorie berufen (Kapitel 5)?

4 »Das soll ich gewesen sein?«

Ernst, aber nicht hoffnungslos: Das Problem der Echtheit von »Erinnerungen an frühere Leben«

Zu ihrer frühen Kindheit hat der englische Psychotherapeut Arnall Bloxham die hypnotisierte Frau auf seiner Couch schon zurückgeführt. »Gehen Sie weiter zurück!« weist er Jane Evans an – und stockend, stöhnend, mit gepreßter Stimme schildert die walisische Hausfrau, Jahrgang 1939, ihre eigene Geburt.
»Weiter zurück.« Jetzt findet sie sich wieder als Embryo in der warmen, engen Geborgenheit des Mutterleibs.
»Noch weiter.« Dunkel, Stille, berichtet Jane. Dann »sieht« sie wieder. Im englischen York lebe sie nun, murmelt sie, immer noch in tiefer Trance. Im Jahr 1189. Rebecca heiße sie, ihr Mann sei ein wohlhabender jüdischer Geldverleiher namens Josef.
Im York des ausgehenden 12. Jahrhunderts lebten Juden gefährlich: Der religiöse Fanatismus der Christen vor dem Dritten Kreuzzug gipfelte 1190 in antisemitischen Ausschreitungen, bei denen 150 Yorker Juden einen grauenvollen Tod fanden.
Dazu passen »Rebeccas« Erzählungen. Von Anfang an macht sie sich große Sorgen, wie der verbreitete Judenhaß sie und ihre Familie treffen könnte. Voller Bitterkeit schildert sie zahlreiche Demütigungen und Erniedrigungen, die sie ohnmächtig hinnehmen müssen.
Eines Abends dringt bewaffneter Pöbel in das Judenviertel ein, bringt mehrere Bewohner um und steckt Häuser in Brand. Als das Nachbarhaus in Flammen aufgeht, fliehen Rebecca, Josef, die Tochter Rachel und der Sohn. Den Mob dicht auf den Fersen, suchen sie erschöpft und verzweifelt Schutz »in einer christlichen Kirche außerhalb der Stadttore«. Den Priester, der sich ihnen ent-

gegenstellt, fesseln sie, verstecken sich »in der Krypta unter dem Altar« und kauern frierend, in Todesfurcht, aneinander. Doch ihre Verfolger stöbern sie auf – und töten sie bestialisch. Während Jane Evans »sich« nochmals sterben erlebt, stöhnt, schreit und weint sie herzzerreißend; zwischendurch krümmt sie sich wie im Todeskampf auf der Liege des Therapeuten; wild fuchteln ihre Arme, unsichtbare Feinde abwehrend.[1]

Sind Erlebnisse derartiger Intensität, wie »Rückführungen« sie häufig vermitteln, wirklich echt? Handelt es sich tatsächlich um *Erinnerungen* an frühere Leben?
Um klare Auskünfte darauf drücken sich die meisten Reinkarnationstherapeuten gerne herum. Am liebsten machen sie aus der Beweisnot eine Tugend – und flüchten in Pragmatismus. Auf die Tatsachen komme es nicht weiter an – Hauptsache, der feste Glaube an sie helfe und heile. Peter Blythe etwa, Berufshypnotiseur aus dem englischen Torquay in Devon, meint lapidar: »Meine Skepsis gegenüber hypnotischer Wiedergeburtsregression bedeutet nicht, daß sie nicht brauchbar ist, um Einstellungen bewußt zu machen, die der Patient zwanghaft unterdrückt.«[2] Was Rückgeführte schildern, »mag stimmen oder auch nicht, was weiß ich.« Mit solchen Äußerungen wird Wasser auf die Mühlen kritischer Parapsychologen wie Milan Ryzl gegossen, für die das Erfolgsgeheimnis von »Heilungen durch Wiedergeburt« auf der Hand liegt: Auch *falsche* Überzeugungen wirken bisweilen positiv; denn oft taugen sie »als psychologische Krücke, wie das Placebo in der Medizin«.[3]
Also verabreichen, Wahrheit hin oder her? Ich *bin* kein Vampir, selbst wenn die Unterstellung, in mir hätte sich einer reinkarniert, mich künftig davon abbrächte, beim Anblick von Blut wollüstig zu erschaudern. Ein Heilerfolg, der Lügen braucht, hält selten länger, als bis sie auffliegen. Überhaupt: Kann eine Therapie seriös sein, die vorsätzlich mit Mythen kuriert? Hilft sie kritischeren Patienten, die sich mit möglicherweise fiktiven, eingebildeten Ursachen als Diagnose nicht zufriedengeben – und es ganz genau wissen wollen? Sie fordern und brauchen klare Kriterien, nach denen sich eine

echte, tief verschüttete Erinnerung an einen dunklen Teil ihrer Biographie eindeutig und überprüfbar von Hirngespinsten unterscheiden läßt. Was gibt ihnen diese Sicherheit?

Begründete Zweifel

I. Wer eine Brücke ein Stück weit beschritten hat und merkt, daß sie trägt, der wird nicht zögern, auf ihr weiterzugehen – warum sollte er umkehren? Entsprechend schließen manche Rückkehrer: Die Überprüfung von Erinnerungen an frühere Leben können wir uns ersparen, weil wir schon wissen, daß »Rückführungen funktionieren«: nämlich zu den Anfängen des jetzigen Lebens, zu denen die meisten von uns ebensowenig bewußten Zugang haben. Erleben Erwachsene bei »Altersregressionen« nicht beeindruckend genau und lebhaft nach, was sie als Kleinkinder fühlten, wahrnahmen, dachten und taten?
Sie irren. Was an psychologischer Forschung über solche Regressionen vorliegt, belegt nahezu übereinstimmend: Die Betreffenden *werden* nicht nochmals zu Kindern – »sie verhalten sich so, wie sie *glauben*, daß Kinder es tun. Dabei verwerten sie alles, was sie über Kinder im allgemeinen und ihre persönliche Kindheit zu wissen *meinen*, sowie jegliche Hinweise aus der experimentellen Testsituation«, stellt Nicholas Spanos klar, Professor für Psychologie an der Universität von Ottawa (Kanada).[4] Immer dann, wenn diese Vorinformationen falsch sind, verhalten sie sich keineswegs kindgerecht. So überschätzen Erwachsene, im Wachzustand ebenso wie bei Rückführungen, häufig das geistige Leistungsvermögen von Kindern – entsprechend untypisches Verhalten legen sie an den Tag, wenn sie »zurückgeführt« werden.[5] Wenn auf ihre Erinnerung nicht einmal nach zwanzig, dreißig Jahren Verlaß ist – wieviel weniger dann nach zwei-, dreitausend?

II. Dafür bürge allein schon die außerordentliche *Intensität* des Erlebten, heißt es oft. »Daß es sich um Erlebtes, nicht um Gelesenes handelte«, merke man Dethlefsen zufolge allein schon »an den starken emotionalen Schwankungen«, denen Zurückgeführte häufig unterliegen.[6] Nach Helmut Kritzinger »wird die Authentizität der Bilder, die Echtheit sozusagen dadurch festgestellt, daß einzelne Bilder gefühlsmäßig durcherlebt werden... Alles, was emotionell erlebt wird, kann keine Einbildung sein!«[7] Auch Morris Netherton ist sich sicher: »Ich *spüre* die Echtheit der früheren Leben in den Stimmen meiner Patienten, wenn sie auf meiner Couch liegen.«[8]

Wie Träume und Halluzinationen indes lehren, ist die Eindrücklichkeit mentaler Produktionen ein trügerisches Indiz ihrer Echtheit. Mit Vorsicht zu genießen sind deshalb Auskünfte, wie etwa die von Petra Angelika Peick, daß nur Menschen, die sich nicht tief genug einlassen, die die aufsteigenden Bilder mit rationaler Distanz betrachten, ihrer eigenen Phantasie erliegen könnten.[9]

III. Besteht ein untrüglicher *phänomenologischer* Unterschied zwischen Bildern echter Erinnerungen und bloßer Vorstellungen? Werden »Zurückgeführte« seiner zweifelsfrei gewahr, wenn sie ihr geistiges Auge nach innen wenden? Daß sie wahrhaftig etwas »*sehen,* anstatt etwas zu erfinden«, sollen sie selbst »leicht fassen« können, wie Rhea Powers versichert. Beides auseinanderhalten lernen sie mit folgender simpler Vorübung: »Nimm dir eine Minute Zeit und überlege, was du gestern abend gegessen hast. Schließe deine Augen und gib dich ganz der Erinnerung hin; der Erinnerung an die Atmosphäre, den Geschmack, den Geruch und die Unterhaltung. Und stelle dir jetzt vor, was du morgen abend essen wirst. Gib dich genauso dieser Erfahrung hin. Kannst du den Geschmack, den Geruch und die Unterhaltung erleben? Achte jetzt auf den Unterschied zwischen den beiden Erfahrungen.«[10]

Aber ließe sich so nicht auch ein Betrunkener davon überzeugen, daß die rosa Mäuse, die er jetzt auf seiner Bettdecke herumhüpfen sieht, unmöglich mit Phantasiegebilden identisch sein können, weil sie dazu für ihn zu real sind? In Glaubensbekenntnissen wie den angeführten verraten Reinkarnationstherapeuten, wie spurlos neuere Entwicklungen der Philosophiegeschichte an ihnen vorübergegangen sind: insbesondere die Abkehr der Erkenntnistheorie vom

Cartesischen Mythos des »Gegebenen«, demzufolge das Subjekt, wenn es seine geistigen Zustände introspiziert, unantastbare, irrtumsfreie Autorität besitzt.[11]

IV. Wenn wir uns an Schicksale anderer Personen erinnern, stehen wir unseren Vorstellungen in der Regel unbeteiligt, distanziert gegenüber: Vor unserem geistigen Auge laufen sie in der Außenperspektive ab, wir bleiben Beobachter. »Rückgeführte« hingegen *identifizieren* sich oft voll und ganz mit einer früheren Person: Deutet dies nicht darauf hin, daß sie zu sich selbst gefunden haben? Mentale Bilder, in denen wir uns als Akteure erleben, produziert unser Gehirn aber beinahe Nacht für Nacht: Träumend schweben wir über Landschaften, durchleben sexuelle Abenteuer, ringen mit Kollegen und Vorgesetzten. In solchen Phantasien gehen wir oft ganz und gar auf, während sie in uns ablaufen. Macht sie das realer?

V. Fallen viele Reinkarnationserinnerungen nicht zu *präzise* aus, um bloß zurechtphantasiert zu sein?
Aber auch *Kryptomnesien* – unbewußte Verarbeitungen von Quellenkenntnissen – erzeugen manchmal verblüffend exakte Angaben, selbst wenn die dabei verwerteten Informationen schon vor Jahren und Jahrzehnten aufgenommen wurden, und das obendrein eher beiläufig. (Dazu mehr in Kapitel 6.)
Andererseits ist die Genauigkeit mancher »Reinkarnationserinnerungen« manchmal eher ein Grund, ihnen zu mißtrauen. Wie weitgehend sich mit fortschreitendem Alter allein schon das Bild verzerrt, das wir vom Verlauf unseres *jetzigen* Lebens zeichnen, finden Entwicklungs- und Kognitionspsychologen immer wieder bestätigt – und belegen Memoiren berühmter Zeitgenossen ständig aufs neue. Warum sollten Existenzen, die Jahrhunderte zurückliegen, deutlichere und zweifelsfreiere Abbilder in unserem Gedächtnis hinterlassen?

VI. »Wer heilt, hat recht«, oder? Beweisen »Erinnerungen an frühere Leben« denn nicht dadurch eindrucksvoll ihre Echtheit, daß ihr Bewußtwerden therapeutisch segensreich wirken kann? Etliche

Rückführer schließen kurzerhand: Wahr ist, was nützt. Wiedergeburt müsse eine Tatsache sein, weil das »Wiedergeburtserlebnis« Kranke kuriere. Allein schon »das Nachlassen der Symptome« reiche ihr als »ein fast schlüssiger Beweis« für die Reinkarnation, bekundet Edith Fiore.[12] Eine atemberaubende Logik: So als müßte es das Sandmännchen geben, weil der feste Glaube an es unseren Kleinen einschlafen hilft. Die psychoanalytische Literatur steckt voller lehrreicher Schilderungen von Fällen, in denen Symptome verschwanden, nachdem ein frühkindliches Trauma aufgedeckt und »abreagiert« wurde – bis sich hinterher herausstellte, daß das erinnerte Schreckenserlebnis gar nicht stattgefunden haben kann. Wie etwa der Psychiater William Sargant berichtet, konnte er »die Abfuhr starker Aggression oder Furcht *viel effektiver* anhand von Vorfällen auslösen, die vollkommen imaginär waren und dem Patienten überhaupt nie zustießen: ein derartiges Abreagieren konnte bemerkenswert heilsame Wirkungen zeitigen.«[13]

Wieso heilen dann aber ausgerechnet Rückführungen zu *früheren* Leben, mitunter rascher und tiefgreifender als jede andere therapeutische Maßnahme? Hätte Sargant recht – wäre dann vielen Neurotikern, die erst dank Reinkarnationstherapien wieder auf die Beine kamen, nicht ebensogut mit herkömmlichen psychoanalytischen Mitteln zu helfen gewesen: indem Traumata *dieses* Lebens aufgearbeitet werden, ein sexueller Mißbrauch durch den eigenen Vater etwa?

Selbst wenn eine solche Mißhandlung tatsächlich vorfiel und ihr Opfer seither jahrzehntelang belastet hat – daß deren Abreaktion ihm die meiste Erleichterung verschafft, wäre damit noch lange nicht gesagt. Therapieverläufe bestätigen häufig den Grundsatz: Je weiter sich ein Neurotiker von der Wirklichkeit entfernt, desto leichter fällt es ihm, Emotionen zu zeigen. Deshalb »*könnten* ›Rückführungen in frühere Leben‹ therapeutisch wirksam sein, nicht etwa weil sie *real* sind, sondern gerade weil sie es *nicht* sind«, vermutet der klinische Psychologe Jonathan Venn aus Green Mount Circle (US-Bundesstaat Columbia). »Sie schaffen Abstand von der Wirklichkeit und gestatten den Ausdruck von Gedanken und Gefühlen, die andernfalls tabu blieben.«[14]

Tatsächlich kenne ich nur ein einziges Kriterium, das die Echtheit von »Reinkarnationserinnerungen« halbwegs überzeugend nahelegt: Darin enthaltene Informationen über historische Tatsachen, die der Person unbekannt waren, lassen sich überprüfen und verifizieren, bestätigen. Keine Frage, entsprechende Nachforschungen sind mühsam, zeitaufwendig, oft kostspielig, manchmal auch schlicht undurchführbar – dann etwa, wenn die erinnerte frühere Persönlichkeit so unbedeutend war, daß sie in der Geschichte keine Spuren hinterlassen hat, die sich heute noch sichern ließen. Von seltenen Ausnahmen abgesehen, wird ein »Rückgeführter« also schwerlich herausfinden können, ob er sich wirklich erinnert hat.

Trotzdem hat er immerhin indirekte Anhaltspunkte, mit dieser Möglichkeit zu rechnen:

1. Auch außerhalb von »Rückführungen« kommen überzeugende »Erinnerungen an frühere Leben« vor (siehe dazu Kapitel 5).
2. Oft scheint keine andere Erklärung solcher Erlebnisse plausibler als Reinkarnation (siehe dazu Kapitel 6).
3. Die üblichen Argumente seitens Naturwissenschaftlern und Philosophen gegen die Möglichkeit von Reinkarnation überzeugen wenig (siehe dazu Kapitel 7).
4. Etliche Reinkarnationserinnerungen konnten im nachhinein recht eindrucksvoll bestätigt werden.
5. Auch wenn ein anscheinendes Reinkarnationserlebnis nie *vollständig* bestätigt werden kann – doch für welche historische Behauptung gilt dies überhaupt? –, so läßt es sich manchmal doch zumindest partiell erhärten. Weiß ein Zurückgeführter nachweislich ein paar Details, so macht dies den Rest seiner Schilderung, auch in den unüberprüfbaren Teilen, glaubwürdiger. Nach demselben Grundsatz verfahren in Zweifelsfällen Ermittlungsbehörden, Staatsanwälte und Richter, wenn sie über die Verläßlichkeit eines Augenzeugen zu befinden haben.

In seltenen Glücksfällen liefern mehrere Zurückgeführte unabhängig voneinander Informationen über ein früheres Leben, die übereinstimmen.[15] Besonders eindrucksvoll sind hier Fallberichte über Eheleute, die sich bei Reinkarnationstherapeuten an ein gemeinsames Leben in früheren Inkarnationen erinnern – und das in getrennten Sitzungen, ohne zu wissen, wie die Regression ihres Partners verlaufen ist. Haben sie diese Informationen womöglich im voraus abgesprochen – vielleicht auch telepathisch voneinander (oder vom Rückführer) aufgenommen und angeglichen? Solche Vermutungen leuchten nicht in jedem Fall eher ein als Reinkarnationstheorien selbst.
Reinkarnation als mögliche Erklärung zumindest einiger »Wiedergeburtserinnerungen« darf nicht von vornherein dogmatisch ausgeklammert werden, solange nicht jeder, wirklich *jeder* derartige Fall offen, vorurteilsfrei und mit langem Atem überprüft wurde. Zu den wenigen Akademikern, die diesen Grundsatz bislang beherzigten, gehört der britische Psychiater Dr. Arthur Guirdham. Er war Chefpsychiater einer namhaften Kinderklinik in Bath (einer Universitätsstadt 20 km südöstlich von Bristol), als ihm im Mai 1962 ein ortsansässiger Arzt eine besonders schwierige Patientin überwies: die damals 36jährige »Mrs. Smith« (ein Pseudonym, mit dem Guirdham sie schützte). »Jahrelang hatte sie an schrecklichen Träumen von Mord und Massaker gelitten«, berichtet Guirdham über ihre Vorgeschichte. »Ich untersuchte die Frau auf eine Neurose. Sie hatte keine, aber da sich die Träume seit ihrem zwölften Lebensjahr mit solcher Regelmäßigkeit wiederholt hatten, machte sie sich Sorgen darüber. Sie war eine völlig gesunde, normale Hausfrau. Mit ihren geistigen Fähigkeiten war mit Sicherheit alles in Ordnung.«[16]
Nach einigen Monaten eröffnete sie Guirdham eher beiläufig: Als Mädchen habe sie diese Träume aufgeschrieben. »Sie gab mir die Blätter, und ich fing an, sie zu prüfen.«[17] Ausführlich, mit Namen von Orten und beteiligten Personen, schilderte »Mrs. Smith« darin, wie sie im 13. Jahrhundert Mitopfer einer der abscheulichsten Greueltaten in der abendländischen Kirchengeschichte wurde: dem »Massaker von Toulouse« an den Katharern, der größten christli-

chen Sekte des Mittelalters, deren radikales Bekenntnis zu Armut, Enthaltsamkeit und Verzicht Rom für »ketzerisch« befand. In erschütternden Worten beschrieb sie, wie sie im Traum ihr damaliges Leben auf dem Scheiterhaufen enden sah: wie ihr Blut in die Flammen tropfte und zischte; wie das Feuer ihre Augen wegbrannte.[18]

»Ich schickte einen Bericht über ihre Geschichte an Professor Père Nellie an der Universität Toulouse und erbat seine Meinung.« Nellie schrieb sofort zurück: Die Darstellung treffe bis in kleinste Details zu.[19] Selbst Mrs. Smiths Zeichnungen von alten französischen Münzen, von Schmuck jener Zeit und der Anlage von Gebäuden stimmten.

Im Jahre 1967 entschloß sich Guirdham, selbst nach Südfrankreich zu reisen, um Frau Smiths Angaben vor Ort zu überprüfen. »Ich las Manuskripte aus dem 13. Jahrhundert, die nur Wissenschaftlern mit besonderer Genehmigung zur Verfügung stehen – sie zeigten, daß Smith recht hatte. Ihre Angaben über Namen und Merkmale von Personen, Orten und Ereignissen stellten sich samt und sonders als zutreffend heraus, oft bis in winzigste Details. Es gab keine Möglichkeit, wie sie von ihnen hätte erfahren haben können«[20] – weder im Unterricht noch aus Büchern.

Als Schulmädchen hatte Smith seltsame Liederverse niedergeschrieben – in mittelalterlichem Französisch und in Languedoc, der Sprache, die im Süden Frankreichs im 12. und 13. Jahrhundert weitverbreitet war. »Selbst von diesen Liedern... fand ich vier in den Archiven. Sie stimmten Wort für Wort.«[21]

Die »Katharerin« Smith gälte inzwischen wohl längst als überzeugendster lebender Beweis für Reinkarnation – wenn die weitere Entwicklung, die Guirdhams Leben nahm, ihren Fall nicht nachträglich ins Zwielicht gerückt hätte. Von den überprüften Enthüllungen seiner Patientin tief beeindruckt, verwandelte sich Guirdham, 1970 pensioniert, aus einem mißtrauischen Psychiater in einen inbrünstigen Reinkarnationsgläubigen. Wie besessen begann er nun, seinen eigenen »früheren Leben« nachzuforschen – bis er sich schließlich als Gesinnungs- und Leidensgenossen der Katharer im 13. Jahrhundert wiederfand, ja sogar als jenen Geliebten Rogier de Grisolles selbst, der 1242 ermordet wurde.[22] Auch störten sich

Erstaunliche Detailkenntnis

Mrs. Smiths Wissen um historische Einzelheiten, um die zur Zeit ihrer Traumprotokolle und noch während Guirdhams Sitzungen oft nicht einmal Experten der Katharer-Geschichte wußten, war geradezu atemberaubend:

- So »beharrte sie darauf, daß Katharer-Priester nicht immer Schwarz getragen hätten. Die Behauptung, *daß* sie es taten, wird man bis 1965 in jedem Buch zu diesem Thema in allen Sprachen finden ... (Doch) sie sagte, ihr Freund Rogier habe im 13. Jahrhundert *Dunkelblau* getragen.«[23] Erst 1966 veröffentlichte der französische Historiker Duvernoy einen 700 Jahre alten Bericht über eine Sitzung der Inquisition unter Vorsitz des Bischofs Jacques Fournier, in dem an zehn Stellen erwähnt wird, daß Katharer-Priester manchmal Dunkelgrün oder Dunkelblau trugen. Mrs. Smith »wußte dies schon im Jahre 1944«. Bis dahin hatte der Bericht, in Latein verfaßt, in Archiven gelegen.
- Wie Mrs. Smith angab, habe sie ihren einstigen Freund Rogier de Grisolles mit Zuckerbrot als Tonikum behandelt. Aber gab es denn Zucker zu jener Zeit überhaupt schon in Europa? Erst Nachforschungen ergaben: Zucker als Arzneimittel, aus der arabischen Medizin hergeleitet, war damals in Frankreich schon verbreitet.[24]
- Auch erzählte Mrs. Smith Guirdham, »daß sie in ihrem früheren Leben in der unterirdischen Grabkammer einer bestimmten Kirche eingesperrt worden war. Experten erklärten hingegen, jene Kammer sei niemals zu diesem Zweck benutzt worden. Weitere Nachforschungen ergaben jedoch: Einmal waren so viele Katharer festgenommen worden, daß in den Gefängnissen kein Platz für alle war; daraufhin wurden einige in eben diese Kammer eingeschlossen.«[25]

Skeptiker immer wieder an Guirdhams mangelnder Auskunftsfreudigkeit. (Aus seiner ärztlichen Schweigepflicht heraus hat er niemals die wahre Identität von »Mrs. Smith« preisgegeben.) Außerdem litt die Präsentation seines Materials an mancherlei Ungereimtheiten. (Obwohl kein Tonband mitlief, als Guirdham Mrs. Smith befragte, war er Jahre später imstande, seitenlang ihre Äußerungen wortwörtlich zu zitieren.) Doch täte ihm unrecht, wer seine Arbeit allein deshalb schon abqualifiziert und Schwindel unterstellt. Welcher in Fachkreisen hochangesehene Psychiater vo[...] radikale innere Kehrtwendung, die ihn zum Gesp[...] gen macht – wenn nicht aus aufrichtiger Überzeug[...] Geheimnis auf die Spur gekommen zu sein?

Auch tun Kritiker allzu rasch »Reinkarnations[...] Phantasien ab, sobald sie darin irgendwelche f[...] ben nachweisen können. Selbst wenn eine »Rückfü[...] weislich falsche Informationen erbracht hat, beweist das noch lange nicht, daß sie nicht wenigstens Elemente einer echten Erinnerung weckte. Wo Vorstellungen enden und Gedächtnisleistungen beginnen, ist nicht immer klar entscheidbar; im Reinkarnationsfall, nicht anders als bei alltäglichen Erinnerungen, sind beide manchmal schwer entwirrbar miteinander verwoben. Das Problem des »Rückgeführten«: »War das eine echte Erinnerung an ein früheres Leben?« hat insofern viel gemeinsam mit dem Problem jedes selbstkritischen »Hellsehers«: »War diese Intuition eine außersinnliche Wahrnehmung?«[26] Ebensowenig wie die Informationen, die Auge, Ohr und andere Sinnesorgane vermitteln, kommen Präkognitionen, telepathische Eindrücke oder Fernwahrnehmungen als *Wahrnehmungen*, als wahre Urteile über Ereignisse und Sachverhalte zu Bewußtsein. Dazu müssen sie interpretiert, gedeutet und, nach verschiedenen Kriterien von bloßen Vorstellungen, Traumbildern oder Halluzinationen unterschieden, aus Mischzuständen herausgefiltert werden; phänomenologisch betrachtet, braucht zwischen all diesen Eindrücken nicht der geringste Unterschied zu bestehen.

Woran erkennt ein Medium dann überhaupt einen Eindruck als außersinnliche Wahrnehmung (ASW) – und einen ASW-Eindruck eher als Hellsicht, Zukunftswissen oder Gedankenübertragung? Manche richten sich nach unterschiedlicher Stärke und Klarheit; andere berichten von charakteristischen Gefühlen, welche die jeweiligen Eindrücke begleiten und dadurch gewissermaßen »markieren«. In jedem Fall kann ihre Intuition trügen. Daran liegt es, daß es keine perfekten Medien geben kann – ebensowenig wie unfehlbare »Wiedergeburtszeugen«. Besonders glaubwürdig werden deren »Erinnerungen« allerdings, wenn sie Voraussagen über

…ntdeckungen bislang unbekannter historischer Tatsa- …thalten.[27]

…eit hatte Jane Evans Glück. BBC-Produzent Jeffrey Iverson, … die Tonbandaufzeichnungen ihres Therapeuten Arnall Bloxham zu einem Buch verarbeitete, übergab ihr Material Barrie Dobson, einem Professor für Geschichte an der Universität York. Ohne Zögern identifizierte Dobson die fragliche Kirche als »St. Mary's Castlegate«.[28] Bloß eines paßte nicht: Diese Kirche hatte gar keine Krypta, wie »Rebecca« erzählte. Weder Lokalchroniken noch Kirchenbücher oder kunsthistorische Aufzeichnungen enthielten den geringsten Hinweis darauf.

Im Frühjahr 1975 bauten Arbeiter die Kirche in ein Museum um. Während sie den Fußboden restaurierten, entdeckten sie unter dem Altar – den Zugang zu einer Krypta.[29]

5 Die Indizienkette schließt sich

Was außer bestätigten »Rückführungen« sonst noch für Wiedergeburt spricht

»Bei mir klappte schon die allererste Rückführung«, erzählte mir die Österreicherin Grete B. aus Rankweil, Vorarlberg, im Oktober 1988. »Ich erinnerte mich an ein Leben als Mann.« Also *war* sie einst ein Mann? Oder hat Grete bloß phantasievoll ausgelebt, was in jeder Frau steckt, sofern der Psychoanalytiker Carl Gustav Jung recht hatte:[1] den *Animus*, den Mann in sich, den sie im Alltag ihres Geschlechtsrollenspiels unterdrücken und leugnen muß?

Was macht Grete so sicher? Konnte sie ihren Erinnerungen nachforschen? Sie hätte gerne. Doch dazu waren »die Namens- und Jahresangaben nicht konkret genug«. Gelohnt habe sich die hypnotische Rückwärtsschau trotzdem für sie: »Zwischen meinen Leben hab' ich so etwas wie einen roten Faden herausgesehen, glaube ich. Der ist mir Hilfe und Leitlinie.« Und doch ist Gretes »Faden« womöglich nur aus dem Stoff, aus dem die Träume sind: Artefakt einer in Trance entfesselten, Angelerntes, Erwünschtes und Befürchtetes verarbeitenden Einbildungskraft.

Was berechtigt uns, vermeintliche Wiedergeburtserlebnisse manchmal auch dann beim Wort zu nehmen, wenn Nachforschungen unmöglich sind, unschlüssig oder ergebnislos verlaufen? Die umstrittene Praxis der »Rückführung« allein schafft eine zu dünne Basis dafür. Doch längst stützt sich die Reinkarnationstheorie nicht mehr allein auf regressiv beigebrachte »Erinnerungen«: Sie zapft neue Datenquellen an.

Wenn ein Dreijähriger seinen eigenen Mörder wiederfindet
Kinder erinnern sich an frühere Leben - die bahnbrechende Forschungsarbeit des Ian Stevenson

Anfang 1951 versetzt ein bestialischer Kindermord die Einwohner von Chhipatti, einem Bezirk der nordindischen Stadt Kanauj, in helle Empörung.[2] Am 19. Januar ist Munna Prasad, der sechsjährige Sohn des Friseurs Jageshwar, von zwei Männern von seinem Spiel fortgelockt worden. Mit einem Rasiermesser schneiden die Entführer dem kleinen Jungen die Kehle durch, enthaupten die Leiche, vergraben Kopf und Rumpf an verschiedenen Stellen. Als mutmaßliche Mörder werden zwei Nachbarn der Prasads festgenommen: darunter ein Verwandter, der das Kind möglicherweise aus dem Weg räumen wollte, um selbst zu erben. Der Verdächtige gesteht, widerruft dann aber wieder, nachdem offiziell Anklage gegen ihn erhoben worden ist. Mangels Beweisen wird er schließlich wieder auf freien Fuß gesetzt.
Drei Jahre später beginnt in einem anderen Stadtteil von Kanauj ein kleiner Junge, kaum daß er sprechen kann, von einem früheren Leben als Munna Prasad zu erzählen: Ravi Shankar. Hartnäckig behauptet er, sein »richtiger« Vater sei ein gewisser Jageshwar. Präzise schildert Ravi Einzelheiten »seiner«, Munnas Ermordung, nennt Mörder, Tatort und Umstände des Verbrechens. Die einstigen Lebensverhältnisse Munnas, mit dem er sich vollständig identifiziert, kennt Ravi bis ins Kleinste. Wiederholt verlangt er nach dem Spielzeug Munnas, das in seinem früheren Elternhaus sei, und will dorthin gebracht werden, denn dort sei sein wahres Zuhause. Die Familien Prasad und Shankar kennen einander nicht; als sie im Juli 1955 erstmals zusammenkommen, erkennt Ravi sofort »seine« früheren Eltern und Verwandten, Straßen und Häuser, »sein« damaliges Zimmer und persönliche Gegenstände wieder.
Die Wiedergeburt des Munna Prasad zählt zu den eindrucksvollsten aus einer Sammlung von mittlerweile rund 2500 Fällen, die der amerikanische Psychiater und Reinkarnationsforscher Ian Steven-

son seit 1961 zusammengetragen hat: *bewußte* Erinnerungen an frühere Leben. Der angesehene Professor für Psychiatrie an der Universität von Charlottesville (US-Bundesstaat Virginia) fand sie in allen Teilen der Welt: vor allem in Indien, Sri Lanka, Thailand, Burma und Vietnam; in Westasien, vornehmlich der südlichen Türkei, dem Libanon und Syrien; in Brasilien und Nordamerika, insbesondere unter den Indianerstämmen Alaskas; neuerdings auch in den Vereinigten Staaten und Westeuropa. In Buchform dokumentierte Stevenson erstmals 1966 zwanzig der überzeugendsten Fälle ausführlich;[3] 44 weitere stellte er zwischen 1975 und 1983 in einer mehrbändigen Reihe vor.[4]

Fast ausnahmslos handelt es sich dabei um Kinder, die sich spontan »zurückerinnern«, kaum daß sie zu sprechen beginnen: im Alter zwischen zwei und vier Jahren. Ihre Eltern und jedem, der ihnen sonst noch zuhören will, erzählen sie ausführlich und genau von einem anderen Leben vor ihrem jetzigen; nennen Namen und Merkmale ihrer früheren Angehörigen, Freunde und Nachbarn; beschreiben ihren damaligen Wohnort; wollen dorthin gebracht werden; erkennen ihre früheren Lebensverhältnisse wieder; verraten und finden sogar geheime Verstecke von Geld, Schmuck und Waffen. Meist entwickeln sie gleichzeitig sonderbare Verhaltensweisen, die ganz zu ihrer angeblichen letzten Inkarnation passen. Ihre Angaben »erweisen sich gewöhnlich zu 90 Prozent als richtig«, konnte Stevenson feststellen;[5] dabei erinnerten sich manche Kinder an über 50 bestätigte Punkte.

Am ausführlichsten und genauesten fallen diese »Erinnerungen« im Alter zwischen drei und fünf Jahren aus. Von wenigen Ausnahmen abgesehen, verblassen sie danach zunehmend, bis sie schließlich völlig verschwinden.

Fälle dieser Art haben seit Ende des 19. Jahrhunderts sporadisch in der Tagespresse immer wieder für Schlagzeilen gesorgt.[6] Doch erst Ian Stevensons Arbeiten genügen strengen wissenschaftlichen Maßstäben, wie ihnen Historiker, Anwälte oder Psychiater unterliegen, wenn sie Lebensläufe rekonstruieren. Jedem einzelnen Fall forscht Stevenson vor Ort mit geradezu kriminalistischem Spürsinn nach, meist über Monate und Jahre hinweg.[7] Allein in den elf Jahren zwischen 1966 und 1977 »reiste ich dafür im Durchschnitt 88.500 Kilometer im Jahr, insgesamt über 970.000 Kilometer«. Sorgfältig protokolliert er die Aussagen der Kinder, wobei möglichst ein Tonband mitläuft. Mit dem geschulten Blick des Psychiaters registriert er jede Verhaltensauffälligkeit. Soweit noch erreichbar, werden alle wichtigen Informanten – nicht selten 25 und mehr – wiederholt eingehenden Interviews unterzogen: Eltern und andere Familienmitglieder, Nachbarn, Freunde und Bekannte des Kindes, ebenso das weitere soziale Umfeld im jetzigen und dem behaupteten früheren Leben. Einheimische Wissenschaftler unterstützen ihn dabei. Verständigungsprobleme hat Stevenson keine: Französisch und Deutsch beherrscht er nahezu fließend, Spanisch und Portugiesisch spricht und versteht er leidlich, für asiatische Sprachen zieht er gewöhnlich zwei oder drei qualifizierte Dolmetscher hinzu.[8]

Was Stevenson an mündlichen Zeugnissen erhält, versucht er stets unabhängig zu bestätigen: anhand von schriftlichen Unterlagen aller Art, seien es amtliche Dokumente wie Geburts- und Sterbeurkunden, Tagebücher, Briefe, Pressenotizen, Lokalchroniken, Polizeiprotokolle, ärztliche Krankenberichte und Autopsiebefunde. Um Erinnerungsfehler oder bewußte Irreführungen herauszufiltern, analysiert er die Angaben jedes einzelnen Informanten Punkt für Punkt auf Unstimmigkeiten: Widersprechen sie Äußerungen anderer Interviewpartner oder früheren eigenen Behauptungen?

Wie vorbildlich selbstkritisch Stevenson mit seinem Material umgeht, belegen seine freimütigen Veröffentlichungen auch solcher Fälle, in denen er Gerüchten, Selbsttäuschungen oder Schwindeleien, kindlichem Rollenspiel, Projektionen und Nachahmungen erwachsener Vorbilder aufsaß.[9] Umso schwerer wiegt, daß Stevenson bis 1988 immerhin nicht weniger als 326 Fälle fand, die sämtlichen Prüfungen standhielten:[10] Sie »deuten auf Reinkarnation hin, keine Frage«.

Von Zeit zu Zeit wertet Stevenson das gesammelte Material statistisch aus, um Gemeinsamkeiten, aber auch Unterschiede zwischen den einzelnen Fällen und ihren Kulturkreisen herauszuarbeiten. Dabei machte er erstaunliche Entdeckungen wie diese: Wer gewaltsam ums Leben kommt, wird wahrscheinlich früher wiedergeboren als jemand, der eines natürlichen Todes stirbt.[11]

Einem Detail des Falls »Ravi Shankar« hatte Stevenson zunächst wenig Bedeutung beigemessen: Ravi war nur sechs Monate nach dem grauenvollen Mord an Munna geboren worden.
Immerhin sieben Jahre lagen dagegen zwischen dem Tod von Henry Despers senior, einem Fischer aus Dundas Bay im Südosten Alaskas, und der Geburt seines Enkels Norman Despers. Nach vierjähriger Erblindung war Henry 85jährig 1937 gestorben. Als Norman drei oder vier Jahre alt war, »erinnerte« er sich plötzlich an Einzelheiten aus dem Leben seines Großvaters, die ihm unmöglich bekannt sein konnten. Von da an identifizierte er sich völlig mit ihm.[12]
Zufälle? Oder steckt hinter derart unterschiedlichen Zeitabständen zwischen Tod und Wiedergeburt eine tiefere, geheimnisvolle Gesetzmäßigkeit? Um darüber Klarheit zu gewinnen, unterzog Stevenson 326 seiner überzeugendsten Fälle von Kindern, die sich an ein angebliches »früheres Leben« erinnern, einer sorgfältigen statistischen Analyse. Alle diese Kinder hatten ihm genau angeben können, wann und unter welchen Umständen sie in ihrer letzten Verkörperung umgekommen waren. Als Stevenson jetzt ihre Angaben mit ihren Geburtsdaten verglich, fielen ihm deutliche Unterschiede auf: Nach einem natürlichen Tod dauerte es durchschnittlich 73 Monate, bis die Kinder wiedergeboren wurden; diejenigen aber, die gewaltsam ums Leben gekommen waren – sei es durch ein Verbrechen oder einen Unfall, im Krieg oder bei einer Naturkatastrophe –, waren im Schnitt schon nach 47 Monaten »zurückgekehrt«.[13] »Dies entspricht genau der Lehre des Hinduismus«, stellt Stevenson fest. »Die Inder betrachten jeden gewaltsamen Tod als verfrüht, als vorzeitigen Schlußstrich unter ein Leben, dessen Aufgaben noch nicht erfüllt waren.« Entsprechend stärker soll es die Seele danach drängen, ihr Werk auf Erden fortzusetzen – in einem neuen Körper. (Der gleiche Glaube ist auch unter den Tlingit-Indianern Alaskas verbreitet.)[14]
Kinder, die einst eines gewaltsamen Todes gestorben sein wollen, erinnern sich außerdem meist viel *eher* an ein früheres Leben. Im Durchschnitt beginnen sie bereits 32 Monate nach ihrer Geburt darüber zu sprechen – ein »natürlich« gestorbenes Kind dagegen

erst nach 43 Monaten.[15] »Je kürzer das letzte Leben zurückliegt, desto leichter fällt es, Einzelheiten im Gedächtnis zu behalten. Die Erinnerung daran ist noch frisch«, erklärt Stevenson. »Außerdem prägen sich *außergewöhnliche* Todesumstände verständlicherweise stärker ein als ›normale‹.« Zudem behalten Opfer von Unfällen, Katastrophen, Kriegen oder Gewaltverbrechen fast immer traumatische, unbewältigte Erinnerungen zurück. Von solchen Erlebnissen mag ein stärkerer Mitteilungsdruck ausgehen als von Schicksalen, die sich absehen und akzeptieren lassen. Für einen gewaltsamen Tod sollte dies erst recht gelten: Vorzeitig, abrupt, unter Angst und Schmerzen zu sterben wie Ravi Shankar, dürfte weitaus stärker nachwirken als ein sanftes, friedvolles, angstfreies »Entschlafen« in hohem Alter, nach einem erfüllten Leben, wie bei Henry Despers. Womöglich erklärt dies auch, warum Kinder mit Reinkarnationserinnerungen viel häufiger gewaltsame Tode berichten, als statistisch zu erwarten wäre. (Bei zwei Stichproben in Indien waren es 46,8 und 35 Prozent, gegenüber 7,2 Prozent im Bevölkerungsdurchschnitt.)[16] Verständlicher wird dadurch auch, daß sich Kinder an einen gewaltsamen Tod viel häufiger erinnern als an einen natürlichen, wenn sie von früheren Leben erzählen:[17] Traumata bleiben eher im Gedächtnis haften.

Gerade solche statistischen Hinweise findet Stevenson besonders überzeugend, wenn es um die Echtheit der Reinkarnationserinnerungen geht. Selbst wenn jedes einzelne Kind gelogen und frei phantasiert hätte oder sich von seiner Umwelt eine fiktive Identität aufdrängen ließ – wäre das in *allen* Fällen so? Und das mit übereinstimmenden Grundzügen? Sollten sich etwa Tausende von Familien aus aller Welt insgeheim verschworen haben – zu dem einzigen Ziel, für einen amerikanischen Wissenschaftler einen statistisch bedeutsamen Zahlenwert zu produzieren? Die Wiedergeburt selbst ist da gewiß nicht unwahrscheinlicher.

Warum konzentriert sich Stevenson ausgerechnet auf Kinder? Zum einen »bieten sie in Gesprächen *spontan* Beweismaterial von ihrer früheren Persönlichkeit an«, nachweislich ohne Zugang zu irgendwelchen Quellen, aus denen sie bewußt oder unbewußt ihren Reinkarnationsfall aufbauen könnten. Dagegen sind die unzähligen Informationen, die Erwachsene aufgenommen und verarbeitet haben mögen, »nicht wirklich zu kontrollieren«.[18] Außerdem »neigen Erwachsene dazu, zu schnell zu *interpretieren*: Kaum haben sie einen flüchtigen Einblick in irgendein früheres Leben, schon stürzen sie sich auf Nachschlagewerke, versuchen das Bild stimmig zu machen und eigene Deutungen vorzunehmen. Oft stoßen sie auf irgendeinen berühmten Namen und entscheiden dann: ›Der paßt auf mich.‹ Das ist ein weiterer Grund, warum ich Kinder vorziehe: Denn sie interpretieren gewöhnlich nicht ihre Fälle. Sie sagen einfach: ›So ist es. Mein Name ist Soundso.‹«[19] Und diese Erinnerungen fallen meist viel klarer, lebendiger, genauer aus als bei Erwachsenen.

Die meisten Reinkarnationsfälle sammelte Stevenson in jenen Teilen der Welt, in denen der Glaube an eine Wiedergeburt weit verbreitet ist. Kritiker tun sie deshalb gerne kurzerhand als Mythen ab, die von den religiösen Erwartungen der jeweiligen Kultur geprägt werden.[20] Auf Kinder, die sich wiedergeboren glauben, stieß Stevenson inzwischen aber auch in den USA, Kanada und Westeuropa (insbesondere in Großbritannien),[21] wo Christentum und »aufgeklärte« Wissenschaft die Reinkarnation verketzern, als dummen Aberglauben lächerlich machen oder einfach totschweigen. Im übrigen reagieren gerade in wiedergeburtsgläubigen Kulturen betroffene Eltern eher entsetzt, wenn ihr Nachwuchs von früheren Leben zu erzählen beginnt, und bemühen sich (meist erfolglos), ihn davon abzubringen – oft, indem sie solche Erinnerungen mit brutaler Gewalt aus ihm herauszuprügeln versuchen: sei es aus Angst, ihr Kind an »seine« frühere Familie zu verlieren; sei es aus Standesdünkel, sofern das Kind von einer Inkarnation in einer verachteten niedrigeren Kaste berichtet; sei es im volkstümlichen Glauben, Reinkarnationserinnerungen seien unheilvoll, derartigen Kindern habe das Schicksal einen frühen Tod bestimmt.[22]

»Kulturelle Einflüsse erklären zugegebenermaßen *manche* Eigenheiten solcher Fälle – doch sie allein können diese Fälle nicht *weg*erklären«, meint Stevenson. »In meinen überzeugendsten Fäl-

len hat das betreffende Kind ein Wissen um einen Verstorbenen unter Beweis gestellt, das es unmöglich auf normalem Wege erworben haben kann. Wie es zu diesem Wissen kam, ist eine Frage, die wir nur lösen können, wenn wir den einzelnen Fall unter die Lupe nehmen – und nicht, indem wir vorschnell verallgemeinern.«[23] *Alle* Kinder, ob aus Delhi oder Darmstadt, aus Madras oder München, wissen insgeheim womöglich um eine frühere Existenz – bloß schafft eine reinkarnationsgläubige Kultur ihnen günstigere Anreize, Erinnerungen daran freizusetzen und auszuleben.
Woher rühren beispielsweise die teilweise enormen kulturellen Unterschiede, was die Zeiträume zwischen Tod und Wiedergeburt anbelangt? Warum beginnt ein indisches Kind im Durchschnitt schon nach 36 Monaten von einer früheren Inkarnation zu erzählen, ein amerikanisches dagegen erst nach 52 Monaten? In einer reinkarnationsgläubigen Kultur dürften Familien solchen Kindern eher Beachtung schenken, genau hinhören, nachfragen, bestärken und als selbstverständlich hinnehmen. In einer abendländischen Kultur hingegen wird ein solches Kind eher unbeachtet gelassen, eines anderen belehrt, belächelt oder gar besorgt zum Psychiater geschickt; was es beteuert, wird ihm als schiere »Einbildung« auszureden versucht. Außerdem wären die Unterschiede voraussichtlich weniger dramatisch ausgefallen, wenn Stevenson eine noch größere Zahl von Fällen untersucht hätte; kleine Stichproben neigen eher zu Extremwerten.
Viele »New-Age«-Propheten feiern Stevensons Pionierarbeit bereits als endgültigen, grandiosen »Beweis« für die uralte Lehre von der Wiedergeburt. Mit solchen Schlüssen hält sich Stevenson selbst zurück; immer erwägt er sorgsam auch andere Erklärungsmöglichkeiten. Doch seine überzeugendsten Fälle »*legen* Reinkarnation immerhin *nahe*«, formuliert er vorsichtig: Insbesondere deren paranormale Aspekte macht keine andere Theorie verständlicher. Im übrigen ist, anders als in Logik und Mathematik, absolute Gewißheit in der empirischen Forschung ohnehin nie zu haben: »Wissenschaft schreitet in der Regel dadurch fort, daß sie eine Interpretation eines bestimmten Phänomens *wahrscheinlicher* macht als andere.«[24]

Bewußte »Erinnerungen an frühere Leben« kommen überaus selten vor, auch in jungen Jahren. Können Behauptungen einiger hundert Kinder, größtenteils aus Ländern der Dritten Welt, überhaupt von Belang sein für über fünf Milliarden Menschen auf unserem Planeten, aus deren Gedächtnis zeitlebens niemals derartige Bilder aufsteigen? Stevenson zufolge spricht zweierlei dafür:[25]

- Oft hält das ungewöhnliche Verhalten der Kinder, das der »früheren Persönlichkeit« entspricht, noch jahre- und jahrzehntelang an, auch wenn jegliche bewußten Erinnerungen daran längst verblaßt sind.
- Bei manchen Kindern deutet *nur* außergewöhnliches Verhalten auf ein »früheres Leben« hin, während sie sich dessen zu keiner Zeit entsinnen können.

Beides zeigt, so Stevenson, daß »bildhafte« und »Verhaltens-Erinnerungen« (*imaged memories* und *behavioral memories*) nicht zwangsläufig miteinander einhergehen. Das »läßt vermuten, daß viele von uns aus früheren Leben bedeutende Verhaltensreste mitgenommen haben, obwohl wir uns an deren Ursprung überhaupt nicht erinnern können«. Darin ähneln wir einem Hypnotisierten, dem ein Auftrag suggeriert wurde, während er sich in Trance befand; er führt ihn aus, ohne zu ahnen, wo, wann und unter welchen Umständen er ihn erhielt.[26] »Wir alle wissen, wie man läuft«, zieht Stevenson einen weiteren Vergleich, »aber wie viele von uns entsinnen sich noch der frühen Kindheitstage, als wir laufen lernten?«[27]

Als Arzt, Chefpsychiater einer Universitätsklinik und Direktor eines Hochschulinstituts stand Ian Stevenson auf dem Höhepunkt seiner Karriere, als er sich im Alter von 48 Jahren der Reinkarnationsforschung verschrieb: Die medizinische Fachwelt kannte ihn bereits als Autor Hunderter von Beiträgen in Fachzeitschriften sowie zweier Standardbücher über psychiatrische Anamnese und Diagnose. Doch »stieß ich immer wieder auf Fälle, die wir mit Genetik, Umwelteinflüssen oder einer Kombination davon nicht zufriedenstellend erklären können«:[28] Erblasten aus Leben vor dem Leben? Stevensons unbeirrbarer Mut, einer weithin als »irrational« belächelten Glaubensrichtung empirisch auf den Grund zu gehen, machte ihn vorübergehend zum Außenseiter, dessen Anstrengungen viele Kollegen mit Kopfschütteln, Hohn und Spott quittierten. Erst im September 1977 erlebte er einen ersten Triumph: Die hochangesehene psychiatrische Fachzeitschrift *Journal of Nervous and Mental Disease* (»Zeitschrift für Nerven- und Geisteskrankheit«) widmete Stevenson nahezu ihre gesamte 165. Ausgabe. »Unsere Entscheidung, sein Material zu veröffentlichen, erkennt die wissenschaftliche und persönliche Integrität dieses Mannes an; seine Untersuchungen sind durchaus legitim, seine Argumentation stimmt mit den Regeln rationalen Denkens vollauf überein«, würdigte ihn der Herausgeber Dr. Eugene Brody in einem Vorwort.

Die Resonanz war überwältigend: Bis zu 400 Wissenschaftler aus allen Fachrichtungen wandten sich mit Bitten um Nachdrucke an die Redaktion.[29] Inzwischen »scheine ich recht gut rehabilitiert zu sein«, so Stevenson mit Genugtuung. »Wenn ich heute von Kollegen aus anderen Fachrichtungen eine Auskunft will, kann ich ziemlich sicher sein, daß ich freundlich empfangen werde.«[30] Für Professor Dr. Albert Stunkard, Leider der Psychiatrischen Abteilung der Universität Philadelphia, ist Stevenson »der kritischste Mann, den ich von Arbeiten auf diesem Gebiet her kenne, und vielleicht der nachdenklichste«.[31] Die Geschichtsschreibung des nächsten Jahrtausends wird Stevenson vielleicht als den Forscher würdigen, der als erster die Lehre von der Wiedergeburt aus einer jahrtausendelangen religiösen »Glaubenssache« in eine handfeste empirische Theorie verwandelt hat.

»Entweder beging Stevenson einen kolossalen Fehler, als er seiner Laufbahn eine andere Richtung gab«, meint der amerikanische Psychiater Dr. Harold Lief[32] – »oder er wird einmal als der ›Galileo des 20. Jahrhunderts‹ gelten.« Die zweite Möglichkeit scheint inzwischen die wahrscheinlichere: »Niemand«, so Lief, »scheint mir besser geeignet als er, die endlose Suche der Menschheit nach Sinn fortzusetzen.«

Ein Muttermal wie ein vernarbter Messerstich...
Male, Mißbildungen, Krankheiten: Wie unser Körper frühere Leben verrät

Als Derek Pitnov 1918 in Wrangell, einer 2000-Einwohner-Stadt auf der gleichnamigen Insel vor dem südöstlichen Alaska, zur Welt kam, erschraken mehrere Anwesende sofort über ein seltsames Mal auf seinem Unterleib, ungefähr zwei Zentimeter links und leicht unterhalb des Nabels. Seiner Form nach glich es einem Rhombus, einem gleichseitigen Parallelogramm mit schiefen Winkeln (◇). Vier Zentimeter lang, deutlich erhöht und viel dunkler als die umgebende Haut, sah es ganz nach einer frisch zugefügten Wunde aus: so als hätte den Säugling ein Speer durchbohrt. In der Mitte wies es eine leichte Vertiefung auf – wie der Punkt eines Einstichs. 44 Jahre später war dieses Mal, wenngleich kleiner und heller geworden, immer noch deutlich sichtbar, als Ian Stevenson 1962 den Fall »Derek Pitnov« eingehend zu untersuchen begann.[33] Woher stammte es?

Für einige ältere Frauen in Wrangell stand sofort fest: In Derek Pitnov war Chah-nik-kooh zurückgekehrt, ein legendärer Anführer der Wrangell-Indianer. 66 Jahre zuvor, um 1852, waren er und 40 Gefährten von einem feindlichen Stamm in einen Hinterhalt gelockt und meuchlings ermordet worden: aufgespießt mit Speeren. Chah-nik-koohs tödliche Verletzung und Derek Pitnovs Muttermal – sie sollen an identischen Stellen gelegen haben.

Zwar fehlte Derek Pitnov selbst jede bewußte Erinnerung an ein früheres Leben als Chah-nik-kooh und jenes Massaker – doch zahlreiche weitere körperlich gezeichnete Kinder, auf die Stevenson stieß, berichteten von einem einstigen Tod, der dazu paßte. Der kleine Inderjunge Ravi Shankar, dem im Leib des »Munna Prasad« die Kehle durchgeschnitten worden sein soll, kam mit einem sonderbaren länglichen Mal am Hals zur Welt;[34] es sieht »ganz nach einer alten Narbe einer verheilten Schnittwunde aus«, wie ein amerikanischer Arzt 1964 bei einer Untersuchung festhielt. (Ravi selbst beteuerte, es rühre von »seiner« Ermordung her.)

Solche Fälle rechnet Stevenson zu den überzeugendsten Hinweisen auf eine Wiedergeburt: eigenartige Male – nicht irgendwo auf der Haut, sondern an bedeutsamen Stellen. In mindestens 200 weiteren Fällen fand Stevenson solche Male an genau den Körperpartien, wo Kugeln oder Stichwaffen die frühere Persönlichkeit tödlich verwundet haben sollen. Allesamt waren sie eindeutig angeboren und nicht vererbt. In Dutzenden dieser Fälle konnte sich Stevenson ärztliche Aufzeichnungen wie Krankenblätter oder Autopsiebefunde beschaffen, die zweifelsfrei belegten, daß die Betreffenden tatsächlich einst Verletzungen an genau den gleichen Stellen erlegen waren. Oft auffallend größer als gewöhnliche Muttermale oder Leberflecken, sehen sie Narben verheilter Verletzungen tatsächlich zum Verwechseln ähnlich. Andere könnten für Spuren mißlungener chirurgischer Eingriffe gehalten werden: Ein Muttermal bei dem »wiedergeborenen« Alaska-Indianer Corliss Chotkin[35] etwa glich der Narbe einer Operationswunde mit seitlichen Nadelstichen. Manche bestehen einfach aus stärker pigmentierten Stellen; bei anderen ist die Haut seltsam erhöht, vertieft oder gefaltet.

Gewöhnliche Muttermale sind meist *nicht* erblich; sie beruhen auf einer embryonalen Entwicklungsstörung. Könnten jedoch nicht zumindest in den Reinkarnationsfällen genetische Einflüsse mitspielen? Diesen Einwand findet Stevenson nur in einem einzigen Fall halbwegs plausibel, zumindest auf den ersten Blick: Die letzte Inkarnation, mit der sich William George junior identifizierte, war sein eigener Großvater, ein berühmter Fischer in Alaska.[36] William George senior hatte seinem Lieblingssohn Reginald und seiner Schwiegertochter gegenüber mehrfach erklärt: »Wenn an der Wiedergeburt etwas Wahres dran ist, werde ich wiederkommen und euer Sohn sein. Und *ihr werdet mich wiedererkennen, weil ich Muttermale haben werde, wie ich sie jetzt besitze.«* Tatsächlich trug er zwei stark pigmentierte Muttermale, jedes etwa einen Zentimeter im Durchmesser: das eine auf seiner linken Schulter außen, das andere auf der Innenfläche des linken Unterarms, ungefähr fünf Zentimeter unterhalb der Ellbogenfalte. Am 5. Mai 1950, gerade neun Monate nach seinem Tod, brachte seine Schwiegertochter ein Kind zur Welt, das neunte von zehn; sofort nach seiner Geburt fielen die beiden

Muttermale auf – an genau den Stellen, die der Großvater des Jungen erwähnt hatte. »Selbst wenn dafür ein genetischer Faktor verantwortlich wäre«, so Stevenson,[37] »würde dies nicht das Rätsel lösen, warum ausgerechnet *dieses* eine Kind an *diesen* Stellen *diese* Male aufwies – hingegen keines seiner neun Geschwister.«

Könnten solche Male nicht *nach* der Geburt irgendwie zustandegekommen sein – durch eine Verletzung in *diesem* Leben? Dies kann sich Stevenson »schwerlich vorstellen«: Denn derartige Verletzungen hätten tödlich enden müssen. Wäre in Derek Pitnovs Unterleib an der Stelle des Muttermals rechtwinklig ein Speer eingedrungen, so hätte er eine Hauptschlagader durchtrennt – Derek wäre sofort daran verblutet. Bei einem anderen Fall aus Alaska – dem 1899 in Angoon geborenen Henry Elkin[38] – fielen zwei Muttermale auf dem Brustkorb auf: eines rechts vorne, das andere hinten links. Beide sahen aus wie Ein- und Austrittstellen einer Schußpatrone; sie lagen auf einer geraden und nahezu waagrechten Linie, auf der ein Geschoß die Brust durchdrungen hätte. Wäre Henry Elkin jedoch in *diesem* Leben derart getroffen worden – er hätte es unmöglich überlebt: »Es ist kaum vorstellbar, daß ein Geschoß alle die großen Gefäße in seiner Brust verfehlt haben sollte; schon die Verletzung eines einzigen führt fast augenblicklich zum Tod durch Verbluten«, stellt Stevenson klar.[39]

Und selbst wenn die Betreffenden eine solche schwerwiegende Verletzung wie durch ein Wunder überstanden hätten: Müßte sich dann nicht irgendein Angehöriger an das Geschehene erinnern können – erst recht die Verletzten selbst? Stevenson fand niemals Zeugen dafür, trotz sorgfältigster Nachforschungen.

Könnten sich die Betreffenden diese Male selbst beigebracht haben – in betrügerischer Absicht? Solche Unterstellungen muten absurd an: Welch höllische Schmerzen hätten sie dafür zu ertragen gehabt! Und woher nahmen sie die beträchtliche Kunstfertigkeit, die erforderlich wäre, um Stich- und Schußwunden zum Verwechseln nachzuahmen? Vor allem: Was hätten die Leute eigentlich davon? »Weit davon entfernt, eine Geschichte vom Heldentod in einer Schlacht auszuspinnen«, gaben die meisten Stevenson nur widerstrebend Auskunft; kaum einer machte viel Aufhebens darüber.[40]

Oder sind es die Eltern, die ihren Kindern nachträglich eine Identifikation mit einem Verstorbenen aufdrängen, dessen Todesumstände zu einem Muttermal passen? Wer so argumentiert, verkennt den kulturellen Hintergrund: Gerade in Indien und Alaska, wo Stevenson Dutzende solcher Fälle aufspürte, herrscht der weitverbreitete Glaube: Erinnerungen an ein früheres Leben sind unheilvoll – sie kündigen einen frühen Tod an.

1973 bekam Stevenson wichtige Schützenhilfe aus der Türkei: Auf einem parapsychologischen Kongreß in den USA stellte der türkische Arzt Rezat Bayer erstmals öffentlich über 150 weitere Fälle von Personen mit »Wiedergeburtsmalen« vor, die er selbst mit beispielhafter Gründlichkeit nachgeprüft hatte.[41] Wie Stevenson fand Bayer, daß derartige Male vorwiegend bei Menschen auftreten, die sich eines gewaltsamen Todes erinnern. Wer unter dramatischen Umständen sterbe, der speichere offenbar irgendwie »im Geist« – das heißt, in jenem Teil seiner Persönlichkeit, die das Ende seines physischen Leibs überdauert – die Erinnerung an das schreckliche Geschehen; als Narben oder Muttermale übertrage sich dies dann auf seinen neuen Körper.

Psychiater tun solche »Reinkarnationsmale« allzu rasch als rein psychosomatisches Phänomen ab. Sie verweisen auf umstrittene »Stigmatisierungen«: Die Kirchengeschichte verzeichnet über 500 Fälle, in denen bei tiefreligiösen Menschen die Wundmale Jesu auftreten, gelegentlich blutende. Beim heiligen Franz von Assisi (1181-1226) simulierten schwärzliche Hautknoten sogar die Kreuznägel. Auf der Brust der stigmatisierten »Nonne von Dülmen«, Anna Katharina Emmerich (1774-1824), zeigte sich ein Y-förmiges Kreuz; ein solches hing in der St.-Lambert-Kirche in Coesfeld, vor dem sie oft betete. Die 1962 verstorbene Therese von Konnersreuth blutete zuweilen aus den Augen und oft genau an den Stellen der Hände und Füße, an denen Jesus einst ans Kreuz genagelt wurde; um diese Wunden zu bestaunen, reisten an manchen Karfreitagen bis zu 15.000 Neugierige an.

Ähnliche Stigmatisationen kennen Nervenärzte als gelegentliche Folgen von heftigen hysterischen Anfällen. Die Fähigkeit zur Autosuggestion sei gerade bei Hysterikern hochentwickelt, so geben sie zu bedenken; dies könne zu Stigmen führen. Von »Dermographismen« (von griech. *derma*: Haut, und *graphein*: schreiben) ist die Rede: Vorstellungen oder unbewußte psychische Inhalte können bisweilen eine sichtbare Hautreaktion hervorrufen, so als würden sie sich selbst zu »be-schreiben« versuchen. Manchmal treten sie aber auch bei psychisch unauffälligen, allem Anschein nach gefestigten Persönlichkeiten auf. So sorgt bis heute der 1908 geborene frühere Blumenhändler Antonio Ruffini aus Rom für Schlagzeilen: An beiden Händen klaffen seit 1951 zweieinhalb Zentimeter große Stigmata; an hohen christlichen Feiertagen bluten und schmerzen sie.[42] Auch mittels Hypnose konnten schon Stigmata hervorgerufen werden: Brandblasen etwa, mittels der Eingebung: »Ein glühendes Eisen versengt Ihre Haut!«

Zurückhaltend äußern sich auch die meisten Parapsychologen. Die seltsamen Muttermale aus Stevensons Datensammlung behandeln sie als Sonderfälle von *Psychokinese*: einer paranormalen Fähigkeit des Geistes, unmittelbar physische Veränderungen zustandezubringen – in diesem Fall auf der Oberfläche des eigenen Körpers. Sie verweisen auf das berühmte amerikanische Medium Charles Foster (1838-1888), der bei Auftritten in England um 1869 willentlich einzelne Wörter auf seiner Haut erscheinen lassen konnte. Besonders gut belegt hat der französische Arzt und Parapsychologe Eugène Osty (1874-1938) diese Fähigkeit 1927/28 bei Olga Kahl, einer russischen Emigrantin in Paris: Beliebige gedachte Zeichen oder Bilder, die ihr Anwesende vorgaben, ließ Olga Kahl binnen 15 bis 60 Sekunden auf ihrer Haut erscheinen. Sollten die Kinder aus Stevensons Untersuchungen ebenfalls dazu fähig gewesen sein – nachdem sie sich in Phantasien und Rollenspielen in eine andere Identität hineingesteigert hatten? So abwegig dies zunächst klingt: Dazu scheinen zumindest jene indischen Kinder fähig, die von früheren Existenzen als Gottheiten oder legendäre Helden berichten; gelegentlich weisen sie Muttermale auf, die denen auf Gemälden und öffentlichen Statuen genau entsprechen.[43]

Stevenson widerspricht beiden, Psyichatern ebenso wie Parapsychologen. In all seinen Fällen waren die körperlichen Male ja längst vorhanden, *ehe* eine »Rückerinnerung« einsetzte, die dazu paßte.

Schon bei der Geburt fielen sie auf – zu einem Zeitpunkt also, wo die geistigen Fähigkeiten, die jede Identifikation mit einer anderen Person erfordert, noch nicht einmal ansatzweise vorhanden sein konnten. Nachträglich »herbeigewünscht«, mit welchen Seelenkräften auch immer, konnte keines der Male sein.

Waren es womöglich die Mütter, die den Embryos noch im Mutterleib »psychokinetisch« das Mal einer Person aufprägten, welche sie für die letzte Inkarnation hielten (oder wünschten)? Schon im Altertum, in China ebenso wie in Indien und Ägypten, besagte ja ein weitverbreiteter Glaube: Intensive Eindrücke der werdenden Mutter können sich auf den Fötus auswirken, vor allem während der Empfängnis und des ersten Stadiums der Schwangerschaft. In Griechenland hatten Frauen, die guter Hoffnung waren, innig die formvollendeten Gestalten von Statuen und auf Gemälden anzublicken. Diese Betrachtung, verbunden mit dem Wunsch, ein ähnlich makellos gebautes Kind zu gebären, sollte sich günstig auf die Entwicklung der Leibesfrucht auswirken. Stevenson selbst wirft die Frage auf: Könnte sich bei mancher Mutter »der Wunsch nach der Rückkehr (eines Verstorbenen) in Gestalt ihres Kindes mit der Fähigkeit verknüpft (haben), dessen Körper bis hin zu seinen Narben zu reproduzieren«?[44]

Doch wie hätten sich die Mütter zutreffende Detailkenntnisse über einen Verstorbenen beschaffen können, dem sie meist nie zuvor begegnet waren?[45] Selbst wenn sie dazu hellsichtig oder telepathisch irgendwie imstande gewesen wären: Welches Motiv hätte sie denn dazu bewegen sollen, ihr ungeborenes Kind derart zu »zeichnen« – insbesondere dann, wenn die »frühere Persönlichkeit« aus einer verachteten niederen Kaste stammte oder ihre Lebensgeschichte sonstige schwarze Flecken aufwies: darunter Überfälle, Raube, Folterungen, Morde, Erbschleichereien oder Drogensucht?

Rätsel gaben Stevenson manchmal auch eigenartige *angeborene Mißbildungen* bei Kindern auf: Gliedmaßen waren verkrüppelt; Finger, Zehen, ganze Hände fehlten – und das, obwohl ähnliche Defekte in ihren Familien nie zuvor aufgetreten waren. Statt dessen »paßten« sie durchweg zum Schicksal der »früheren Persönlichkeit«: An genau der gleichen Stelle, so »erinnerten« si habe ihr Mörder sie einst verstümmelt, ehe er s Gewöhnlich ist es das Opfer, das mit der sonderbare reinkarniert – und nicht der Täter, wie das karmisc ausgleichenden Gerechtigkeit eigentlich vermuten Nur H.A. Wijeratne, ein 1947 in einem ceylonesisch rener Junge, »büßte« anscheinend nun mit stark deformierter rechter Brust und Arm für ein Verbrechen an einem jüngeren Bruder, für das er 1928 hingerichtet worden sein soll.[46]

Auch *innere Krankheiten* mancher Kinder passen verblüffend genau zu Verletzungen und chronischen Leiden der früheren Persönlichkeiten, während sie in den jetzigen Familien selten oder gar nie aufgetreten sind. Bei der kleinen Sukla Gupta aus Westbengalen waren es hartnäckige, zeitweise geradezu pockennarbige Pickel auf der Nase,[47] bei der Brasilianerin Marta Lorenz chronische Heiserheit, Kehlkopfentzündung und Bronchitis,[48] bei Norman Despers aus Alaska eine ausgeprägte Kurzsichtigkeit,[49] bei Derek Pitnov Unterleibsschmerzen.[50]

Unerklärliche Ängste und Abneigungen

Die »Phobie«, ein angstvolles, scheinbar grundloses Vermeiden bestimmter Objekte, Orte oder Situationen, gehört zu den meistverbreiteten seelischen Störungen überhaupt: sei es panische Furcht vor großen Höhen, vor geschlossenen Räumen, vor Menschenansammlungen, vor bestimmten Tieren oder Gegenständen. Nach manchen Schätzungen leiden sechs bis acht Prozent der Bevölkerung daran;[51] jeden Fünfhundertsten beeinträchtigt dies so schwer, daß er therapeutische Behandlung bräuchte.[52] Woher rühren solche scheinbar irrationalen Ängste?

Oft können Psychologen sie zurückführen auf ein erschreckendes Erlebnis (oder damit verbundene Assoziationen), auf unbewußte Konflikte, elterliche Eingebungen oder Nachahmungen. Doch alle derartigen Erklärungen scheinen Ian Stevenson gerade in Reinkarallen zu versagen: Da zeigen Kinder bereits in frühesten rätselhafte Phobien, denen keinerlei traumatisches Erlebnis möglicher Auslöser vorangegangen ist. Den übrigen Familienmitgliedern sind diese Ängste fremd. Auch Lernvorgänge scheiden aus. Statt dessen passen sie zu Ursachen und Umständen eines gewaltsamen Todes, den die Kinder, ihren Angaben zufolge, in einer früheren Inkarnation erlitten.

Ängste aus vergangenen Leben?

- Der bloße Anblick von Stichwaffen erschrickt manche Kinder zu Tode – wie Derek Pitnov, den in seinem vorherigen Leben ein Speer durchbohrt haben soll: Schon als Kind hatte er ausgesprochene Angst vor Messern, Bajonetten und Speeren, während seine Altersgefährten unbekümmert damit spielten und ihn auslachten. Seltsamerweise beschränkte sich diese Furcht ausschließlich auf Gegenstände mit Spitzen und Klingen – andere gefährliche Waffen, wie Pistolen, Revolver oder Gewehre, ließen Pitnov kalt.[53]
- Sie ängstigen sich vor Wasser – wie Shamlinie Premsa, die einst ertrunken sein will.[54]
- Sie nehmen vor Autos reißaus, als würden sie von wilden Tieren angefallen – wie der kleine Libanese Sleimann Bouhamzy; einst will er nach einem Lastwagenunfall gestorben sein, bei dem sein Körper zermalmt und beide Beine gebrochen wurden.[55]
- Sie verabscheuen ein bestimmtes Nahrungsmittel – wie der kleine Inder Parmod Sharma, der ausgerechnet Quark nie essen wollte und selbst seine Eltern davor warnte: das sei »gefährlich«. In seinem früheren Leben soll er an vergiftetem Quark gestorben sein.[56]
- Sie entwickeln eine panische Angst an bestimmten Orten – wie Ravi Shankar in der Nähe jenes Tempels, bei dem der abgeschnittene Kopf seines früheren Selbst, Munna Prasad, gefunden worden war.[57]

Selbst wenn Psychiater Ereignisse in diesem Leben ausfindig machen, die mit derartigen Phobien in zeitlichem Zusammenhang stehen, haben sie das Symptom damit noch längst nicht erklärt. Wer sich vor geschlossenen Räumen fürchtet, mag als Kleinkind vielleicht stundenlang in einem dunklen Zimmer eingesperrt gewesen sein – doch war das die *Ursache* dafür? »Eine wichtige Tatsache wird in diesen Fällen oft übersehen«, gibt die amerikanische Psychologin Gina Cerminara zu bedenken:[58] »Zahllose Menschen haben doch ähnliche emotionelle Erfahrungen durchgemacht, die bei anderen jene Zwangssymptome hervorgerufen haben. Weshalb, fragt man sich, werden nur einige wenige Menschen davon befallen?« Müßte aus uns denn nicht längst »ein Volk von Zwangsneurotikern« geworden sein, »und Telefonzellen, Einzelschlafzimmer und Einzimmerwohnungen müßten als Gefahr für die öffentliche Gesundheit abgeschafft werden«?

Liegt da nicht nahe, was Stevenson annimmt: »Zumindest *einige* Phobien der frühen Kindheit könnten von schlimmen Erlebnissen *vergangener* Leben herrühren – auch wenn jegliche Erinnerung daran fehlt«?

Sonderbare Neigungen, Vorlieben und Interessen: Eigenarten des »früheren Selbst«?

Wie Phobien, so entwickeln Kinder bisweilen auch früh besondere Vorlieben und Interessen, die andere Familienmitglieder weder vorgemacht noch gefördert oder sonstwie angeregt haben können; dagegen zählten sie nachweislich zu den Eigenheiten der früheren Persönlichkeit, als die sich die Kinder wiedergeboren glauben: sei es eine übersteigerte religiöse Frömmigkeit, außerordentliche Begeisterung für die Seefahrt oder eine unfaßbare zärtliche Zuneigung zu Schlangen. Zu den weniger löblichen Übernahmen aus »früheren Leben«, die Stevenson mehrfach fand, scheinen der Griff zu Alkohol und Zigaretten zu zählen.[59]

Häufig drücken die Kinder im Spiel aus, was sie in ihrer »vorherigen Inkarnation« anscheinend ebenso faszinierte wie jetzt: Als Sukla, ein 1954 in Westbengalen geborenes Mädchen, gerade anderthalb Jahre alt war, wiegte sie immer wieder einen Holzklotz oder ein Kissen – und sprach den Gegenstand als »Minu« an. Befragt, wer »Minu« sei, antwortete Sukla: »Meine Tochter!« Zögernd erzählte sie, daß sie einst als »Mana« in einem 15 Kilometer entfernten Dorf gelebt habe; dort sei sie im Januar 1948 verstorben – und habe ein kleines Mädchen namens Minu hinterlassen. Dieser Minu begegnete sie 1959, als Fünfjährige, erstmals (wieder), erkannte sie sofort unter Tränen – und übernahm ihr gegenüber von da an eine mütterliche Rolle, in rührendem Mißverhältnis zur Körpergröße und dem höheren Alter »ihrer« Tochter.[60] – Oder der 1964 geborene Libanese Sleimann: Beinahe die ersten Wörter, die er sprechen konnte, waren fünf Männer- und zwei Frauennamen, mit denen seine Eltern zunächst nichts anfangen konnten. Mit diesen Namen benannte er fünf Auberginen und zwei Kartoffeln, die er auf dem Acker gefunden hatte – so hießen die fünf Söhne und zwei Töchter von Said Bouhamzy, als der Sleimann 1943 umgekommen zu sein beteuerte.[61]

Sicherlich müsse nicht jedes starke Interesse, mit dem ein Kind seine Umgebung in Erstaunen versetzt, gleich auf Reinkarnation hindeuten, so räumt Stevenson ein. Zweifellos können elterliche Vorbilder entscheidend anregen, ausrichten und fördern, was ihre Kleinen schon in jungen Jahren fasziniert. Wirklich zu denken geben erst Fälle von Kindern, die mit ihren Neigungen offenbar gänzlich »aus der Art schlagen« und ihnen, wie unter einem unwiderstehlichen Drang, gegen alle Widerstände von außen beharrlich nachgehen. Zahlreiche Beispiele dafür finden sich in den Biographien bekannter Persönlichkeiten.

Auf Reinkarnation hindeuten kann auch die eigenartige Faszination, die bestimmte Orte auf manche Menschen ausüben: Von fremden Landschaften, Plätzen, Gebäuden, Völkern und ihren Kulturen fühlen sie sich wie magisch angezogen. So ergeht es einer Figur in Siegfried Rolands Buch *Das große Warum. Roman um eine Weltanschauung*:[62] Immer wieder fühlt sie sich zu einem Berg hingezogen, auf dem in früheren Jahrhunderten eine Burg stand, die später in Flammen aufging. Eine »Rückführung« öffnet ihr die Augen: Einst entschied sich dort ihr eigenes Schicksal.

Kannten sie ihre Bestimmung?

- Der große deutsche Komponist Georg Friedrich Händel (1685-1759): Sein Vater, ein Chirurg, widersetzte sich heftig seinen frühen musikalischen Ambitionen.[63]
- Ebenfalls gegen erbitterte Widerstände seitens ihrer Eltern behaupten mußte sich Elizabeth Fry (1780-1846), die englische Sozialreformerin.[64]
- Noch mehr gilt dies für ihre Landsfrau Florence Nightingale (1820-1910), die Begründerin der modernen Krankenpflege; ihr selbstloser Einsatz für Mitmenschen, von Kindesbeinen an, steht in schreiendem Gegensatz zur Vergnügungssucht und dem Standesdünkel ihrer großbürgerlichen Eltern.[65]
- Wie kam der britische Architekt und Schriftforscher Michael Ventris (1922-1956) dazu, schon als Siebenjähriger ein deutsches Buch über ägyptische Hieroglyphen zu studieren – und als 14-jähriger feierlich zu schwören, »die kretischen Schriften zu entschlüsseln«?[66] – »Mir sind keinerlei familiäre Einflüsse bekannt, die für Ventris' frühe Hinwendung zur Philologie von Bedeutung hätten sein können«, meint Stevenson.[67]
- Mit elf Jahren schloß der französische Philosoph, Mathematiker und Physiker Blaise Pascal (1623-1662) seine erste Forschungsarbeit über Akustik ab – sein Vater war ein einfacher Steuerbeamter in Paris.
- Heinrich Schliemann (1822-1890), deutscher Kaufmann und Altertumsforscher, war noch keine acht Jahre alt, als er ankündigte, was ihm 46jährig schließlich gelingen sollte: die Ausgrabung Trojas.[68]
- Der Franzose Jean-Francoise Champollion (1790-1832), der Begründer der Ägyptologie, nahm sich schon mit elf Jahren vor, die Hieroglyphen zu entziffern. (Das schaffte er 32jährig, nachdem er erkannt hatte, daß die Hieroglyphen nicht Symbol-, sondern Lautwert haben.[69]

Äußerstenfalls kann eine solche Faszination einen tiefgreifenden Persönlichkeitswandel anstoßen – bis hin zur völligen Identifikation mit dem »früheren Selbst«. So hat der kanadische Indianerstamm der Ojibway 1983 in feierlichem Ritual den Deutschen Reinhard Schiefcr als einen der ihren »adoptiert«: einen gelernten

Elektriker aus Köln, Jahrgang 1957. »Ich *bin* ein Indianer«, erklärt Schiefer, der sich inzwischen »Jackson Bear« nennt; sein pechschwarzes Haar trägt er schulterlang, zum Pferdeschwanz zusammengebunden. Schon als Kind hatte er jedes Buch über Rothäute verschlungen, das er in die Finger kriegen konnte. 1978 zog es ihn als Tourist in die USA, von dort weiter nach Kanada, ins »Roseau-River«-Reservat südlich von Winnipeg. Dort lebt er allein: im Sommer in einem Tipi-Zelt, in kalten Wintermonaten in einem selbstgebauten Blockhaus. Zunächst versuchte die Bürokratie der »Bleichgesichter«, Schiefer als illegalen Einwanderer abzuschieben – nach Einspruch des Ojibway-Häuptlings läßt sie ihn inzwischen gewähren: »Der Mann glaubt wirklich, Indianer zu sein.«[70]

Über »Genies in Windeln« und andere Wunderkinder
Frühe Höchstbegabung: Mitbringsel aus früheren Leben?

Mitten in der Nacht schreckt Lynn, eine Hausfrau aus Evanston im US-Bundesstaat Illinois, aus dem Schlaf hoch. In heller Aufregung rüttelt sie ihren Ehemann Roger wach, der für eine Großbank in Chicago arbeitet: Soeben habe eine fremde Stimme sie geweckt – die aus dem Zimmer ihrer sechsjährigen Tochter drang. Beide springen auf, stürmen nach nebenan, ans Bett ihres Kindes. Doch die Kleine schläft, tief und ruhig.

»Wir waren verblüfft und wollten gerade wieder in unser Zimmer zurückgehen«, berichtete das Ehepaar später dem amerikanischen Psychologen Dr. Frederick Lenz aus San Diego, »da fing sie an, im Schlaf zu sprechen: sehr schnell, mit ungewohnter Stimme – auf französisch. Dabei ist unsere Tochter niemals außer Landes gewesen. Auch hatte sie noch nie Kontakt mit jemandem, der Französisch kann. Und weder ich noch mein Mann hatten auf der Schule jemals mehr als einen Grundkurs in Französisch besucht; so hatten wir größte Mühe, dem zu folgen, was sie sagte.«

Dieser seltsame Vorfall wiederholte sich mehrere Nächte hintereinander. Schließlich borgte sich der Vater ein tragbares Tonbandgerät

aus dem Büro; damit zeichnete er eines der kindlichen Selbstgespräche auf. »Wir brachten die Aufnahme zu der Französisch-Lehrerin an unserer städtischen Oberschule. Die Dame hörte sie sich an. Daraufhin eröffnete sie uns: Das kleine Mädchen suche auf dem Band verzweifelt nach seiner Mutter, von der es getrennt worden war, als ihr Dorf von den Deutschen im Krieg angegriffen wurde.« Seither steht für die Eltern fest: »Unsere Tochter lebte einst in Frankreich. Sie kam wahrscheinlich in einem der Weltkriege um.« (Lenz berichtet darüber in seinem 1979 erschienenen Buch *Lifetimes.*)[71]
So selten solche verblüffenden Fälle bislang auch belegt sind: Sie zählen zu den überzeugendsten Anhaltspunkten für Reinkarnation. Fachleute sprechen von »Xenoglossie« (von griech. *xenos*: fremd, ausländisch; *glossa*: Zunge), wie der französische Physiologe und Parapsychologe Charles Richet (1850-1935), Nobelpreisträger 1913, dieses Phänomen als erster nannte: die Fähigkeit, eine fremde, zeitlebens nie erlernte Fremdsprache zu sprechen, zu lesen und / oder zu verstehen. Der früheste bekannte Fall dieser Art geht auf das Jahr 1862 zurück:[72] Von dem hessischen Prinzen Galitzen in Hypnose »zurückgeführt«, erzählte eine arme, ungebildete Deutsche in ausgezeichnetem Französisch, das sie nirgends erworben haben konnte, von einem früheren Leben im 18. Jahrhundert – in der Bretagne, wo sie ihren lästigen Ehemann eine Klippe hinunterstieß, nachdem sie einen neuen Liebhaber gefunden hatte. (Ihre erbärmlichen jetzigen Lebensumstände empfand sie als Strafe für den einstigen Mord.) Prinz Galitzen fuhr in die Bretagne, forschte nach – und fand zahlreiche Angaben der Frau bestätigt.
Gründlicher als jeder andere hat Ian Stevenson seit den sechziger Jahren »Xenoglossie« erforscht. Seine wohl überzeugendste Fallgeschichte reicht zurück ins Jahr 1955:[73] Damals begann ein Arzt aus Philadelphia, seine Gattin »T.E.«, eine 37jährige amerikanische Hausfrau jüdischer Abstammung, in Hypnose »zurückzuführen«. In acht solcher Sitzungen schilderte »T.E.« in Trance, wie sie im 17. Jahrhundert als der einfache Bauer Jensen Jacoby im Südwesten Schwedens lebte, nahe der Grenze zu Norwegen. Dabei verfiel sie in einen archaischen, längst ausgestorbenen Dialekt. Zehn Sprachwissenschaftler für Schwedisch bescheinigten »T.E.«, diesen Dia-

lekt erstaunlich gut zu beherrschen, nachdem sie Tonbandmitschnitte analysiert hatten. In Gesprächen mit gebürtigen Schweden konnte die Frau beinahe mühelos mithalten. Nach 16jähriger Untersuchung schloß Stevenson 1974 in seinem 200seitigen Abschlußbericht mit Sicherheit aus, daß T.E. sich zu Lebzeiten jemals irgendwelche Kenntnisse einer skandinavischen Sprache angeeignet haben konnte – geschweige denn eines ländlichen schwedischen Dialekts, der seit 200 Jahren ausgestorben ist.

Selbst wenn bewußte Täuschung ausscheidet, bleiben voreilige Schlüsse allerdings gefährlich. Überschäumende Phantasie kann nicht nur gutgläubigen Wissenschaftlern, sondern auch den Betroffenen selbst manch kuriosen Streich spielen. Das mußte schon der Schweizer Psychologie-Professor Theodore Flournoy (1854-1920) aus Genf erfahren, nachdem er sich zwischen 1894 und 1898 intensiv mit seiner Landsfrau Catherine Elise Müller (1861-1929) beschäftigt hatte: In Trance beschrieb dieses Medium eine Inkarnation (ihres verstorbenen Sohnes) auf dem Planeten Mars – und produzierte, passend dazu, eine »Mars-Sprache«, die sie in Wort und Schrift anscheinend fließend beherrschte. Schließlich gelang Flournoy der Nachweis: Hinter diesem »Marsisch« steckte ein geschickt und regelhaft abgewandeltes Französisch.[74] (Unter dem Pseudonym »Hélène Smith« erlangte die »Seherin von Genf« um die Jahrhundertwende in spiritistischen Kreisen ziemliche Berühmtheit; auch andere namhafte Parapsychologen befaßten sich mit ihr.[75])

Wie schwer unbewußte Verarbeitungen von Informationen aus dem *jetzigen* Leben auszuschließen sind, machen auch zwei andere, recht umstrittene Fälle von »Xenoglossie« klar, denen Stevenson 1984 ein weiteres Buch gewidmet hat[76]: »Sharada« und »Gretchen«.

Die Inderin Uttara Huddar, 1941 in Nagpur geboren, sprach als wiedergeborene »Sharada« nahezu fließend, mit einem erstaunlichen Wortschatz und grammatikalischen Feinheiten, ein längst ausgestorbenes Alt-Bengali. Ein klarer Fall von Xenoglossie? Immerhin war jenes Indisch, mit dem Sharada aufwuchs, mit Bengali engstens verwandt: so sehr, daß »vier Fünftel des grundlegenden

Vokabulars und ein beträchtlicher Anteil der Grammatik ähnlich oder identisch sind«, wie die Stevenson-Kritikerin Sarah Thomason zu bedenken gibt, Professorin für Linguistik an der Universität Pittsburgh.[77] Außerdem hatte Sharada Sanskrit studiert, das der Urform aller modernen indischen Sprachen, einschließlich Bengali, sehr nahekommt.

Weitaus berühmter wurde »Gretchen«. Einen »Fall« für Stevenson machte daraus eine Hypnosebehandlung, mittels derer der methodistische Geistliche Carroll E. Jay aus Greenbush (US- Bundesstaat Ohio) am 21. April 1970 versuchte, die immer unerträglicheren Rückenschmerzen seiner Frau Dolores Jay zu lindern. Dabei erlebte die Frau erstmals Visionen von einem früheren Leben im 19. Jahrhundert: als Gretchen Gottlieb in Deutschland. Nach und nach nahm ihr »früheres Selbst« Konturen an: Gretchen soll die hübsche Tochter Hermann Gottliebs gewesen sein, des Bürgermeisters von Eberswalde. 14jährig sei sie ermordet worden. (Pfarrer Jay schrieb darüber ein bewegendes, wenn auch wissenschaftlich kaum brauchbares Buch *Gretchen, I am*:[78] »Gretchen, das bin ich«.) Zwar blieben Bemühungen der Jays erfolglos, in Deutschland selbst Näheres über »Gretchens Wurzeln« herauszufinden. (Mehrere Städtenamen klangen ähnlich wie »Eberswalde«, aber in keiner Einwohnermeldeliste fanden sie einen Bürgermeister Gottlieb verzeichnet.) Doch immerhin bescheinigte Stevenson der Frau ein relativ gutes Deutsch, in dem sie gestellte Fragen zu verstehen und sinnvoll zu beantworten schien – und das, obwohl die Frau nie Deutsch gelernt hatte.[79]

War womöglich *Kryptomnesie* im Spiel: die unbewußte Verarbeitung früher aufgenommener, längst vergessener Quellen? (Wie Stevenson selbst im nachhinein herausfand, war Dolores Jay durchaus ab und zu deutscher Sprache ausgesetzt gewesen: in einem deutschen Buch, in Filmen über den Zweiten Weltkrieg.) Auf diesen Verdacht gründen Stevenson-Kritiker wie die amerikanischen Psychologen Leonarde Zusne und Warren Jones von der Universität Tulsa ihre pauschale Skepsis gegenüber vermeintlichen Xenoglossie-Fällen: »Nachweislich kann eine Person Teile einer fremden Sprache lernen, ohne sie wirklich zu beherrschen – und sich lange Zeit später noch daran erinnern, ohne im geringsten zu begreifen, *was* sie lernte, und ohne sich zu entsinnen, wo und wann.«

So lüften Zusne und Jones[80] auch das Geheimnis der Therese Neumann (1898-1962), der stigmatisierten »Seherin von Konnersreuth« in der Oberpfalz. Obgleich ein ungebildetes Bauernmädchen, »konnte« Therese angeblich Französisch und Griechisch, verblüffenderweise sogar Aramäisch, die Sprache Jesu Christi. Der wahre Kern der Legende: Im Französischen beschränkte sich ihr Vokabular auf wenige Wörter, die sie irgendwo beim Zuhören aufgeschnappt haben könnte. Ihr Griechisch ließ sich auf kürzlich übersetzte Bibelstellen zurückverfolgen. Und ihr Aramäisch klang eher nach einem verfremdeten bayerischen Dialekt. Immerhin soll Therese nach Einschätzung mancher Experten eigentümliche Klangmuster des Aramäischen erstaunlich gut beherrscht haben. Wie war das möglich? Ein Priester und Hochschullehrer hatte es ihr einst vorgesprochen.

Kryptomnesie war wohl auch an einem anderen Fall beteiligt, der in den fünfziger Jahren in den USA für Schlagzeilen sorgte[81]: In Trance gab ein junger Mann brillant Oskisch von sich – eine altitalische Sprache, die vor über 2300 Jahren bis kurz nach Christi Geburt in Westitalien weitverbreitet war, ehe Latein sie verdrängte. Erst Hypnose lüftete das Geheimnis: Jahre zuvor hatte der Betreffende in einer Bibliothek neben einem Herrn gesessen, der im »Fluch der Vibia« las, einer oskischen Schrift aus dem fünften Jahrhundert vor Christus; ein kurzer Blick darauf hatte offenbar genügt, sich die aufgeschlagene Seite einzuprägen – denn sie war es, die der Mann Wort für Wort wiedergab.

Stevensons überzeugendste Fälle betreffen denn auch eher *Kinder*, die in einer nie gelernten fremden Sprache zu reden beginnen – zumal dann, wenn dies die Sprache ihres angeblichen früheren Lebens war und sich ihre Angaben hierüber unabhängig bestätigen lassen. Kryptomnesien und Einflüsse von außen sind hier viel leichter auszuschließen. Stevenson fand etliche Beispiele: darunter den kleinen Wijanama, einen singhalesischen Jungen aus einem abgelegenen Dorf auf Sri Lanka, dem ehemaligen Ceylon an der

Südspitze des indischen Subkontinents.[82] Hier gab es keinen Strom, keine befestigten Wege, Wasser wurde noch aus einem Brunnen oder dem Fluß geholt. Die tamilische Familie seines »früheren Lebens« hingegen, an die er sich zuerst als Vierjähriger erinnerte, hatte Elektrizität und Leitungswasser im Haus, fuhr auf asphaltierten Straßen. (Die Volksgruppe der Tamilen, zu der eine kleine Minderheit von Moslems zählt, liegt mit den Singhalesen auf Sri Lanka bis heute in erbittertem Streit.) Als Buddhisten aßen sämtliche Mitbewohner von Wijanamas Dorf keinerlei Fleisch – seine frühere Familie hingegen sehr wohl. Buddhistische Gebetsräume stehen voller Idole und Statuen; doch Wijanamas frühere Familie soll Gott in einem Raum verehrt haben, in dem Idole verboten waren – geradeso wie in moslemischen Moscheen.
Schon als Dreijähriger hatte Wijanama ein sonderbares Verhaltensmuster entwickelt, das zu seiner angeblichen Moslem- Vergangenheit paßte (acht Jahre lang behielt er es bei): Jede Nacht erwachte das Kind zu einer bestimmten Zeit, setzte sich mit gekreuzten Beinen aufrecht auf sein Bett – und sang fünf Minuten lang Worte in einer fremden Sprache. Einen Tonbandmitschnitt davon spielte Stevenson einem moslemischen Gelehrten vor: Dieser identifizierte Worte wie »umma«, »vappa« und »allaha«, leicht verfremdete tamilische Wörter für »Mutter«, »Vater« und »Gott«, die seiner Auffassung nach nur ein moslemisches Kind so perfekt aussprechen konnte. In Wijanamas Gebet erkannte er einen Aufruf an Gott und die einstigen Eltern des Knaben. Daneben benutzte Wijanama auch im Alltag anstelle der gebräuchlichen singhalesischen Wörter tamilische, die seine Eltern nicht verstanden: beispielsweise »podung« statt »hari«, wenn er gefragt wurde, ob er genug zu essen bekommen habe.
Erstaunliche Fähigkeiten unbekannter Herkunft, wie Kinder sie bisweilen spontan unter Beweis stellen, beschränken sich übrigens keineswegs nur auf Sprache. Gelegentlich führen sie Tänze, Rituale oder hochkomplexe künstlerisch-handwerkliche Fertigkeiten vor, die seit Jahrhunderten ausgestorben sind. Nachweislich konnten sie nichts davon in ihrem jetzigen Leben erworben haben – weder durch Anleitung noch durch Nachahmung.

Fähigkeiten aus früheren Inkarnationen?

- Schon als Fünfjährige führte die Inderin Swarnlata unbekannte bengalische Tänze auf und sang Lieder in einer ihren Eltern unverständlichen Sprache.[83]
- Noch jünger war der Brasilianer Paulo Lorenz, als er seine Familie durch seine ausgesprochene Geschicklichkeit im Nähen verblüffte: Keine gelernte Schneiderin hätte mit Nadel und Faden besser umgehen können.[84]
- Ein Knirps aus Angoon (Alaska), Corliss Chotkin junior, hantierte wie selbstverständlich mit Booten, deren Motoren und anderen Maschinen. Mühelos reparierte er sie – und das mit zwei, drei Jahren, just zur selben Zeit, als er sich eines früheren Lebens als Fischer zu entsinnen begann.[85]
- Der kleine Ceylonese Bishen Chand Kapoor trommelte meisterhaft die *tablas*; Disna Samarasinghe flocht Kokosblätter zu Dachmatten, als hätte sie damit schon jahrelang ihren Lebensunterhalt verdient.[86]
- Als der kleine Robert aus Knokke (Belgien) gerade dreieinhalb Jahre alt war, sah er zum erstenmal in seinem Leben einen Swimmingpool. Im Nu kletterte er zum meterhohen Sprungbrett hoch und hechtete kopfüber hinein – in der eleganten Haltung eines Turmspringers; beim Eintauchen hinterließ er kaum die kleinsten Wellen. Seine körperliche Koordination dabei war so perfekt, wie es Spitzensportlern erst nach jahrelangem Training gelingt. Wenn ein Kind ansonsten erstmals ins Wasser springt – ob nun unter Anleitung oder indem es Vorbilder nachzuahmen versucht –, wird daraus unweigerlich ein tollpatschiger Platscher. Woher er das konnte, war für Robert selbst klar: Er *sei* sein verstorbener Onkel Albert, der 1915 im Ersten Weltkrieg gefallen war – der hatte als großartiger Kunstspringer gegolten.[87]

Einen der wohl verblüffendsten Fälle dieser Art konnten die englischen Psychologinnen Elizabeth Newson und Lorna Seife von der Universität Nottingham ab 1974 jahrelang verfolgen: das Maltalent der kleinen Nadia aus London, eines autistischen Kinds polnischer Einwanderer.[88] Obwohl ansonsten unbeholfen und insbesondere in ihrer sprachlichen Entwicklung weit zurückgeblieben, brachte Nadia seit ihrem dritten Lebensjahr Zeichnungen von einer maltechnischen Perfektion zu Papier, die gewöhnlich erst ein reifer Künstler erreicht. Atemberaubend schnell, sicher und fehlerfrei malte sie dreidimensionale, perspektivische Bilder – ohne Vorlage. Ihr Lieblingsmotiv war ein Ritter aus dem 18. Jahrhundert zu Pferd; darin flocht sie surreale Elemente ein wie ein kleines Tier, das am Sattel hinunterrennt, oder ein grotesk verzerrtes Gesicht unmittelbar am Fuß des Reiters. Dabei setzte das Mädchen nicht etwa beim Kopf des Tieres an, wie alle Kinder und die meisten ungeschulten Erwachsenen, sondern – professionell – beim Hals. Währenddessen fiel sie jedesmal in einen Dämmerzustand, in dem sie den beiden Psychologinnen »eine andere Person zu werden schien«. Sobald Nadia fertig war, führte sie gelegentlich Selbstgespräche – in einer unverständlichen Sprache. Wie in Stevensons typischen Fällen, so schwand Nadias Talent nach ihrem sechsten Lebensjahr mehr und mehr. Ein Reiter zu Pferd, den sie mit achteinhalb entwarf, unterschied sich in nichts mehr von Zeichnungen Altersgleicher. Kam in Nadia ein begnadeter Meister früherer Jahrhunderte zurück?

Erklärt Reinkarnation womöglich auch, woran sich Entwicklungs- und Lernpsychologen nach wie vor die Zähne ausbeißen: das Phänomen der *»Wunderkinder«*, die in frühen Jahren durch ungewöhnliche Gedächtnisleistungen, künstlerische Fähigkeiten, logisch-mathematische oder sprachliche Begabungen auffallen?

Auf solche begnadeten »Genies in Windeln« angesprochen, äußert sich Ian Stevenson allerdings zurückhaltend, warnt vor übereilten Schlüssen. In zahlreichen Fällen lag frühe Genialität offenkundig »in der Familie«, wobei genetische und erzieherische Einflüsse vermutlich zusammenspielten: Mozart, aber auch andere frühreife Komponisten wie Bach, Beethoven und Brahms hatten allesamt Musiker zu Vätern. Wie schwer insbesondere soziale Förderung als Hauptgrund der Genialität auszuschließen ist, macht der Fall des »Wunderkinds« Karl Witte deutlich[89]: 1800 in Lochau (Preußen) bei Halle an der Saale geboren, las Witte bereits als Achtjähriger mit sichtlichem Vergnügen Originaltexte großer Dichter und Denker, darunter von Homer, Plutarch, Virgil, Cicero und Schiller. Mit neun Jahren wurde er von der Universität Leipzig als ordentlicher

»Wunderkinder« – Wiedergeborene? (I)

- Im Oktober 1989 promovierte die 18jährige Engländerin Ruth Lawrence an der weltberühmten Universität Oxford zum jüngsten Doktor der Philosophie. Ihre Note: »summa cum laude« (mit höchster Auszeichnung). Als jüngste Studentin Oxfords durfte sie sich schon mit elf Jahren an der Elite-Hochschule einschreiben. Zwei Jahre später erreichte sie bereits den Titel eines »Magisters« in Mathematik. Jetzt lehrt sie in Harvard – als jüngste Dozentin der US-Geschichte.[90]
- Schon mit 16 Monaten begann der 1986 geborene Ejal Assor, ein Israeli aus Naharia, spontan das hebräische Alphabet zu buchstabieren. Mit eineinhalb Jahren las er Auto- und Reklameschilder vor. Kurz darauf begann er mühelos Kinderbücher zu lesen – und fließend Englisch zu sprechen. Mit zwei Jahren wurde Ejal an der Universität Haifa von einem Forscherteam um den Pädagogik-Professor Azriel Avitar umfangreichen Sprach- und Rechentests unterzogen – er bestand sie allesamt. Seit 1989 soll er an der Universität Haifa als Student für das Fach Physik immatrikuliert sein – unter ständiger Aufsicht und Kontrolle sprachloser Erziehungswissenschaftler und Psychologen.[91]
- Als wohl berühmtestes »Wunderkind« gilt nach wie vor Wolfgang Amadeus Mozart (1756-1791): Schon als Fünfjähriger schrieb er sein erstes Menuett; mit neun Jahren hatte er violinbegleitete Klaviersonaten, Sinfonien und Arien für Tenöre komponiert – und mit zwölf seine erste Oper.

Student aufgenommen. Noch keine 15 war er, als ihm der Grad eines Doktors der Philosophie verliehen wurde; zwei Jahre später war er auch Doktor der Rechte, gleichzeitig ernannte ihn die Universität Berlin zum Mitglied des Lehrkörpers. Ein wiedergeborenes Genie vergangener Jahrhunderte – womöglich Dante, dessen Werke Witte übersetzte und über den er zahlreiche Schriften verfaßte? Wittes Vater sah darin eher einen Erfolg früher Unterweisung: Dem Kind wurde nie eine »Babysprache« beigebracht, all seine Spiele waren Wissensspiele. Doch *kann* solche Förderung ausreichen, ein Genie zu produzieren – oder bedarf es erst des reifen Geistes eines Wiedergeborenen, um diese Anstöße aufzugreifen und umzusetzen? Zumindest im Fall Witte bleibt dies unentscheidbar.

Nicht unterschätzt werden darf freilich der Leistungsschub, den die bloße *Identifikation* mit einem Verstorbenen auslösen kann – selbst wenn sie bloß eingebildet, rein fiktiv ist. Dies lehren aufsehenerregende Lernexperimente des sowjetischen Parapsychologen Dr. Wladimir Raikow 1966 in Moskau[92]. Im Atelier einer Kunstakademie versetzte er zwanzig künstlerisch unbegabte Studenten in Hypnose – und suggerierte ihnen dann, sie seien Wiedergeburten großer Meister. Alle Versuchspersonen zeichneten danach bedeutend besser – im festen Glauben, ein neues Selbst in sich entdeckt zu haben. Der jungen Physik-Studentin Alla etwa war Malerei bislang gleichgültig gewesen; entsprechend stümperhaft fielen ihre Skizzen aus. Nun gab Raikow ihr ein, sie sei Raffael; in zehn weiteren Sitzungen suggerierte er ihr: »Du bist Ilja Repin«, der bedeutendste russische Maler um die Wende zum 20. Jahrhundert. Drei Monate später zeichnete Alla wie ein Profi; ihre förmliche Leistungsexplosion hätte sie beinahe dazu veranlaßt, ihr Physikstudium aufzugeben, um künftig hauptberuflich mit Stift und Pinsel zu arbeiten. Verbergen sich hinter scheinbar »wiedergeborenen« Genies womöglich bloß solche eingebildeten, »*künstlichen* Reinkarnationen«, wie Raikow sie nennt?

Doch gerade frühkindliche Genialität läßt sich durch eingebildete Identität schwerlich erklären – über die dazu erforderlichen Kenntnisse der Biographie eines Verstorbenen kann ein Zwei- bis Dreijähriger gewöhnlich noch gar nicht verfügen, allein schon deshalb, weil ihn nachweislich niemand darüber belehrt hat. Am stärksten überzeugen solche Höchstbegabungen, wenn sie »familienuntypisch« und offenbar ohne jegliche Vorbilder oder Förderer auftreten; denn damit werden genetische und erzieherische Einflüsse reichlich unwahrscheinlich.

»Frühvollendete?«, fragt sich da der deutsche Studiendirektor und Reinkarnationsforscher Werner Trautmann aus Kaufbeuren.[93] »Oder *Spät*vollendete, die unter dem Zwang der Reinkarnationsrückkehr standen, um eine durch den Tod unterbrochene Entwicklung abzuschließen?« Die »Wunderkinder« selbst können meist wenig dazu beitragen, ihr Geheimnis zu lüften. An frühere Leben, in denen sie ihre Genialität entwickelt haben könnten, erinnern sie sich kaum je, jedenfalls nicht bewußt. Nur ihr Verhalten bezeugt, woher ihr phänomenales Leistungsvermögen stammen könnte.

»Wunderkinder« – Wiedergeborene? (II)

- Schon als Fünfjähriger blamierte Samuel Reshevsky (Jahrgang 1911), ein US-Amerikaner polnischer Herkunft, in einer Simultanpartie drei der besten Schachspieler Europas.
- Mit sieben erreichte der Geigenvirtuose Yehudi Menuhin bereits Konzertreife. Diesem Genie sei nichts mehr beizubringen, erklärten seine Lehrmeister schon damals.
- Besonders ausführlich und genau belegt ist einer der frühesten bekannten Fälle dieser Art: Christian Heinrich Heineken, 1721 in Lübeck geboren, lernte Geschichten aus dem Alten und Neuen Testament auswendig, als er gerade 14 Monate alt war. Mit drei bis vier Jahren sprach und las der Kleine fließend Französisch und Latein, beherrschte grundlegende arithmetische Rechenvorgänge, bewies atemberaubende historische und geographische Sachkenntnisse; speziell für dänische Geschichte galt er geradezu als Experte – und diktierte ein Buch darüber. Sein Ruhm verbreitete sich in ganz Europa; selbst der König von Dänemark lud ihn zu sich ein. Mit vier Jahren und vier Monaten, als es gerade zu schreiben begann, starb das kränkelnde Kind.

Doch es gibt Ausnahmen: Wie war Robert »Bobby« Fischer imstande, sich die Schachmeisterschaft der Vereinigten Staaten zu erkämpfen, als er gerade erst 14 Jahre alt war? Er selbst hält sich für eine Reinkarnation des kubanischen Schachweltmeisters José Raoul Capablanca, der ebenfalls frühe Genialität bewies: Mit elf errang er bereits die Landesmeisterschaft Kubas. (Capablanca starb am 8. März 1942 – Fischer kam am 9. März 1943 zur Welt.) Schachexperten, die beide kannten, äußern sich bestürzt über ihre Ähnlichkeit: nicht nur im genialen Stil ihres Spiels, sondern auch in ihrer äußerlichen Erscheinung, ihrem Charakter, ihren Weltanschauungen, ihrem luxuriösen Lebenswandel.
Der weltberühmte amerikanische Dirigent und Komponist Leonard Bernstein ist fest davon überzeugt: »In mir ist Gustav Mahler wiedergeboren worden«, jener große österreichische Komponist,

der am 18. Mai 1911 in Wien starb – rund sieben Jahre vor Bernsteins Geburt. Als Bernstein vor Jahren in Wien zufällig auf eine Originalpartitur von Mahlers Neunter Symphonie stieß, packte ihn plötzlich eine seltsame Verwirrung: Jede Note, jeden Strich, jedes Zeichen glaubte er wiederzuerkennen, als hätte er dieses Stück selbst geschrieben.

Mahler selbst hatte entschieden an Reinkarnation geglaubt: »Wir kehren alle wieder, das ganze Leben hat nur Sinn durch diese Bestimmtheit, und es ist vollkommen gleichgültig, ob wir uns in einem späteren Stadium der Wiederkunft an ein früheres erinnern«, erklärte er 1895 einem engen Freund.[94] »Denn es kommt nicht auf den einzelnen und sein Erinnern und Behagen an, sondern nur auf den großen Zug zum Vollendeten, zu der Läuterung, die in jeder Inkarnation fortschreitet.«

Wenn Kinder ihre »wahren« Eltern suchen
»Karmische« Altlasten in Familien

Im August 1951 kam in Chhatta, einer Stadt im indischen Bundesstaat Uttar Pradesh, Prakash zur Welt. Mit viereinhalb Jahren wachte der Knabe mitten in der Nacht auf und rannte aus dem Elternhaus auf die Straße. Als seine Familie ihn aufhielt, erklärte der Kleine, er stamme aus Kosi Kolan, einem neun Kilometer entfernten Ort, in dem der Kleine nie zuvor gewesen war; dorthin wolle er »heimkehren«. In Wahrheit heiße er »Nirmal«, sein Vater sei »Bholanath«.

Dieses sonderbare Geschehen wiederholte sich vier oder fünf Nächte hintereinander – in größeren Abständen sogar noch bis 1961, als Stevenson den mittlerweile zehnjährigen Prakash erstmals kennenlernte. Von Anfang an hatte der aufgebrachte Vater versucht, dieses »Heimweh« aus dem ständig drängelnden Jungen regelrecht herauszuprügeln – es half nichts[95]. Ein mißhandeltes Kind mag seinen Vater hassen und verachten – aber ihn spontan verleugnen, *ehe* es mißhandelt wird?

Auf ähnlich abnorme Eltern-Kind-Beziehungen stieß Stevenson häufig: Da lehnen Kinder ihre Eltern ohne ersichtlichen Grund massiv ab, behandeln sie gleichgültig, ja feindselig. Zur Begründung führen sie an, das seien gar nicht ihre »wirklichen« Eltern, die würden nämlich woanders leben. Dorthin wollen sie »heimgebracht« werden, andernfalls würden sie davonlaufen, so drohen sie. Tatsächlich nehmen manche reißaus, kaum daß sie laufen können. In anderen Fällen fühlen sich Kinder eher zu »ihren« Liebespartnern, Söhnen und Töchtern in früheren Leben hingezogen – entsprechend unfaßbar benehmen sie sich. Nicht immer erinnern sie sich bewußt; manchmal *verhalten* sie sich auch bloß so, als würden sie gar nicht zu ihren Familien gehören.

Westliche Psychiater führen eine derartige Entfremdung gewöhnlich darauf zurück, daß das Kind früh ein schweres Trauma erlitten hat. Ist nichts dergleichen aufzufinden, spekulieren sie darüber, ob die Eltern das Kind womöglich schon unbewußt abgelehnt haben, als es noch gar nicht geboren war. Forschungen über gestörte Eltern-Kind-Beziehungen setzen in der Regel bei den Eltern an – unter der scheinbar einleuchtenden Voraussetzung, Eltern müßten die emotionale Bindung ihrer Kinder von vornherein stärker beeinflussen können als umgekehrt – und folglich auch die Verantwortung tragen, wenn sie zerreißt. Selten werden Beobachtungen ernstgenommen wie die, daß Kinder, die später Autismus entwickelten, schon als Säuglinge ihre Arme nicht nach den Eltern ausstrecken, wenn diese sie aufzunehmen versuchen.[96] Könnten dahinter nicht Erlebnisse und Bindungen aus einem früheren Leben stecken?

Dafür sprechen auch seltsame Allianzen innerhalb einer Familie, mit denen Psychotherapeuten und Psychiater des öfteren zu tun bekommen: Da hängen Geschwister weitaus stärker aneinander als an ihren Eltern. Kinder benehmen sich gegenüber Vater und Mutter so, als wären *sie* die Eltern. Daß darin manchmal Verwandtschaftsverhältnisse in früheren Inkarnationen zum Ausdruck kommen könnten, erwägen im Westen allenfalls Reinkarnationstherapeuten ernsthaft. In anderen Kulturen ist diese Überzeugung dagegen weitverbreitet. Die Tlingit-Indianer Alaskas beispielsweise glauben sogar, daß »verstorbene Menschen *nur unter ihren Angehörigen* wiederkehren«, wie dem russischen Priester Wenjaminow, dem späteren Bischof von Alaska, schon im frühen 19. Jahrhundert auffiel.[97] »Deshalb erhalten Neugeborene auch den Namen eines Verstorbenen.« Unter Eskimo-Eltern gilt jegliche Gewaltanwendung gegenüber ihrem Nachwuchs als verpönt: Denn nach ihrer Überzeugung waren ihre Kinder in früheren Leben ihre Eltern (oder andere nahe Verwandte, die inzwischen verstorben sind); sie selbst werden eines Tages von ihren Kindern wiedergeboren werden.

Familiengeschichten, die diesen Glauben bestätigten, fand Stevenson in sieben von 15 Reinkarnationsfällen bei den Eskimos – und gar bei 38 von 43 Tlingit-Kindern.[98]

Oft belasten Kinder mit Reinkarnationserinnerungen auch durch sonderbare *Manieriertheiten* die Beziehungen zu ihren Eltern: Von ihrer letzten Inkarnation her fühlen sie sich einer anderen Kaste zugehörig – entsprechend »daneben« benehmen sie sich. Wähnen sie sich einst »höher« geboren, so stoßen sie ihre Eltern mit ausgesprochen »snobistischen«, verwöhnten, exzentrischen Eigenarten vor den Kopf: Sie verschmähen bestimmte Mahlzeiten, wollen keine schmutzige und armselige Kleidung anziehen, ekeln sich bei mangelnder Hygiene.[99] Nachdem sich beispielsweise der Inder Jasbir Singh mit dreieinhalb Jahren an sein früheres Leben als Brahmane erinnert hatte, verweigerte er hartnäkkig jede weitere Nahrungsaufnahme: Im Haus seiner Eltern dürfe er kein Essen mehr zu sich nehmen, weil er einer höheren Kaste angehöre. Jasbir wäre verhungert, wenn sich nicht eine mitfühlende Brahmanenfrau bereiterklärt hätte, ihm fortan regelmäßig ein »standesgemäßes«, streng diätetisches Essen zuzubereiten.[100] Von Anfang an pflegte Jasbir für »Haus« »haveli« statt »hilli« zu sagen, Kleider nannte er »kapra« anstelle von »latta«: »aristokratische« Wörter, die nur in den höheren sozialen Schichten der Brahmanen gebräuchlich sind.

Vom anderen Ufer: »Abnorme« Sexualentwicklungen

Daß schon Kleinkinder psychosexuelle Wesen sind, gehört zu den bahnbrechenden Einsichten, die wir der Psychoanalyse Sigmund Freuds verdanken. In vielen Reinkarnationsfällen Stevensons sucht sich die frühkindliche Lust allerdings Objekte, die aus Freuds Entwicklungsschema kraß herausfallen, obwohl die Eltern-Kind-Beziehung allem Anschein nach frei von jeglichen neuroseträchtigen Störungen ist: Das libidinöse Verlangen des Kindes richtet sich nicht etwa auf einen Elternteil, sondern auf Menschen beliebigen Alters und Geschlechts aus wildfremden Familien – und das unverhüllt schon bei der allerersten Begegnung. Dazu passen seine »Reinkarnations«erinnerungen: Einst war dieselbe Person seine Ehefrau, Freundin oder Mätresse. Wie Stevenson auffiel, starb in all diesen Fällen die »frühere Persönlichkeit« schon als junger Erwachsener – »also in den Jahren stärkster sexueller Aktivität«.[101]

Diese seltsame Ausrichtung libidinöser Energie verliert sich allmählich, wenn die Kinder fünf bis acht Jahre alt geworden sind: also genau dann, wenn auch ihre Erinnerungen an frühere Leben verblassen. Freud sah Kinder in diesem Alter in eine *»latente* Phase« eintreten, in der sie sexuelle Impulse bis zur Pubertät weitgehend unterdrücken und sexuell stimulierende Objekte meiden, ja regelrecht fürchten.[102] Diese Entwicklung vollzieht sich nach Freud mit einer inneren, biologisch festgelegten Notwendigkeit, die wechselnde soziale Umstände kaum beeinflussen können. Hier hakt Stevenson ein: »Zwischen fünf und acht Jahren beginnt das Alter, in dem ein Kind den engen Kreis seiner Familie verläßt; nun beginnt es an einem erweiterten Leben außerhalb teilzunehmen, in der Schule und anderswo. *Diese neuen Erfahrungen legen sich im kindlichen Gedächtnis möglicherweise wie eine Schicht über seine Erinnerungen an frühere Existenzen«* – einschließlich der Erinnerungen an damalige sexuelle Beziehungen – *»und machen sie zunehmend unzugänglich.«*[103]

Verständlicher wird damit auch eine andere Form von sexueller Abweichung, die Psychiatern nach wie vor Rätsel aufgibt: sogenannte »Störungen der Geschlechtsidentität« *(gender identity confusions).* Beim *Transvestismus* wird eine Person sexuell erregt, wenn sie Kleider des anderen Geschlechts anzieht – auch wenn sie sich im übrigen weiterhin für ein Mitglied des eigenen Geschlechts hält. Beim *Transsexualismus* hingegen kleidet sich ein Mann als Frau (oder umgekehrt), weil er tatsächlich glaubt, sein wahres Geschlecht entspreche nicht seinem physiologischen; die Natur habe ihm einen bösen Streich gespielt, indem sie ihn mit dem »falschen« Körper ausgestattet hat. In ihrer Not lassen sich manche sogar auf eine operative Geschlechtsumwandlung ein; allein in den USA haben sich bis 1977 rund 2500 Menschen einem solchen Eingriff unterzogen.[104]

Fachleute führen solche Abweichungen gewöhnlich auf elterliches Fehlverhalten in früher Kindheit zurück – obwohl in vielen Fällen nicht das geringste derartige Versagen festzustellen ist.[105] Gelegentlich wird auch über die Beteiligung eines biologischen Faktors spekuliert: so etwa das »Klinefelter-Syndrom«, bei dem ein zusätzliches X-Chromosom vorhanden ist. Dessen Symptome werden gewöhnlich erst in der Pubertät bemerkt: Bei Jungen bleiben die Hoden klein, dafür entwickeln sich weibliche sekundäre Geschlechtsmerkmale, zum Beispiel breite Hüften. Doch auch dieser Faktor blieb in vielen Fällen unauffindbar.[106]

Stevensons Material schließt mehrere Fallbeispiele ein, die eine andere Erklärung nahelegen: Bei vielen »wiedergeborenen« Kindern fielen ihm Störungen der Geschlechtsidentität auf, die zu ihren »früheren Leben« paßten: Damals waren sie anderen Geschlechts. (Solche Geschlechtswechsel von einer Inkarnation zur nächsten stellte Stevenson in fünf Prozent der untersuchten Fälle fest.)

Liegt darin auch der Schlüssel zum Geheimnis der *Homosexualität:* der erotischen Liebe zu Menschen gleichen Geschlechts?

… ein Ei dem anderen«
…ge geben Rätsel auf

Eineiige Zwillinge haben identisches Erbgut. Sofern sie nicht getrennt werden, wachsen sie darüber hinaus in einer nahezu identischen Umgebung auf. Trotzdem weisen sie mitunter ausgeprägte Persönlichkeitsunterschiede auf. Gängige Erklärungen rechnen mit unterschiedlich verteilten Rollen schon im Mutterleib, mit ungleicher Behandlung seitens der Eltern und anderer Bezugspersonen, mit prägenden Erfahrungen an verschiedenen Orten – doch keine befriedigt in jedem Fall. Die Reinkarnationstheorie legt eine andere Erklärung nahe: Zumindest einige Gegensätzlichkeiten rühren von unterschiedlichen Biographien in früheren Leben her.

Erstaunliche Unterschiede fallen mitunter selbst bei *»siamesischen Zwillingen«* auf, die durch Gewebsbrücken an Brust, Rücken oder Kopf zusammengewachsen sind und deshalb zwangsläufig in identischen Umwelten aufwachsen. Sie operativ zu trennen, ist nur in jenen seltenen Fällen möglich, in denen sie keine lebenswichtigen Organe gemeinsam haben. Ausgeprägt traten Persönlichkeitsunterschiede bereits bei dem Paar auf, dem »siamesische Zwillinge« ihren Namen verdanken: bei den Brüdern Chang und Eng Bunkes (1811-1874) aus Thailand, die zeitlebens am Brustbein und über einen Lebergewebestrang miteinander verwachsen waren.[107] Wie der amerikanische Psychiater H.H. Newman in einem Forschungsüberblick zusammenfassend bemerkt, »unterscheiden sich siamesische Zwillinge beinahe ausnahmslos *noch deutlicher* voneinander als Paare eineiiger Zwillinge. Diese Unähnlichkeit zu erklären, ist eines der vertracktesten Probleme des Zwillingsforschers.«[108] In über einem Dutzend solcher Fälle fand Stevenson Anhaltspunkte dafür – in früheren Leben.

Andererseits weisen Zwillinge, die früh voneinander *getrennt* wurden, mitunter geradezu unglaubliche Ähnlichkeiten auf – oft zeitlebens. Seit 1979 untersucht ein amerikanisches Psychologenteam in Minneapolis/St. Paul, an der Universität von Minnesota, deren Lebensläufe.[109] Bis Ende 1987 spürte es fast hundert Zwillingspaare auf – sechzig eineiige und über dreißig zweieiige –, die in verschie-

denen Familien aufwuchsen und erst spät im Leben wieder zusammenfanden. Trotzdem gingen ihre Gemeinsamkeiten vielfach so weit, daß manche Presseleute schon mutmaßten, da müßten wohl übernatürliche Kräfte im Spiel gewesen sein: Die Brüder Jim Lewis und Jim Springer aus Ohio waren gleich nach ihrer Geburt voneinander getrennt worden. Erst als 39jährige fanden sie einander wieder. Beide litten an den gleichen Krankheiten, beide hatten gleichzeitig stark zugenommen. Beide waren Kettenraucher und bevorzugten dieselbe Marke. Beide waren zum zweiten Mal verheiratet – mit einer Frau gleichen Namens. Beide hatten jahrelang ihre Ferien am selben Strand verbracht (ohne einander je zu begegnen). Beide hatten ähnliche Hobbies. Beide besaßen ein Haus mit großem Rasen, auf dem eine weiße Bank einen Baumstamm umgab.
1954 im New Yorker Stadtteil Manhattan geboren, waren Gerald Levy und Mark Newman schon fünf Tage nach der Geburt getrennt worden. Hundert Kilometer entfernt voneinander wuchsen sie bei Adoptivfamilien auf, die sich nie kennenlernten. Im September 1985 begegneten sich Gerald und Mark zufällig in einem Restaurant. Sie erkannten sich sofort, als würden sie in einen Spiegel blikken. Sprachlos stellten sie fest: Beide waren begeisterte Feuerwehrleute, hatten eine Schwäche für schlanke, langhaarige Frauen, jagten und angelten leidenschaftlich, mochten John-Wayne-Filme und chinesische Restaurants. Selbst in unscheinbaren Gesten und Bemerkungen schien jeder eine nahezu perfekte Kopie des anderen.
Jede einzelne Übereinstimmung könnte zufällig zustandegekommen sein – aber so viele auf einmal? Biologisten schließen aus derartigen Fällen gerne, also überwiege die Macht der Gene die Einflüsse der Umwelt doch bei weitem; das »Minneapolis«- Zwillingsprojekt beweise, wie weitreichend wir Produkte unserer genetischen Mitgift sind. Mit einem anderen Faktor rechnen sie nicht: Die Persönlichkeiten dieser Zwillinge könnten in *früheren* Körpern aufs engste miteinander verbunden gewesen sein. Stevenson fand und prüfte mehrere Fälle dieser Art: darunter die Brüder Ramoo und Rajoo Sharma, die sich übereinstimmend an ein früheres Leben erinnerten, in welchem sie ebenfalls ein Bruderpaar waren; in einem 14 Kilometer entfernten Dorf seien sie ermordet worden. Auch die

Zwillinge Khin Ma Gyi und Khin Ma Nge aus Burma entsannen sich eines früheren Lebens – als ihre eigenen Großeltern.[110]

Fünf Schritte vorwärts
Ein indirektes Argument für Wiedergeburt

Reinkarnationstheorien stützt zusätzlich ein *indirektes* Argument, das in fünf Schritten die fünf tragenden Säulen stützt, auf denen sie stehen.[111] Der Ertrag von einem Jahrhundert parapsychologischer Forschung fließt darin ein:

1. *Menschen weisen Fähigkeiten auf, die sie nicht haben könnten*, wenn das Bild stimmt, das Biologie, Chemie und Physik gegenwärtig von ihnen zeichnen. Kein Teil des menschlichen Körpers scheint in der Lage, diese Fähigkeiten zu realisieren, insbesondere nicht das Gehirn. Das legt den Schluß auf einen anderen, in seiner Struktur heute noch unbekannten Träger nahe: ein unkörperliches »Selbst«, eine »Seele«, einen »Geist«.[112]
   Fälle von außersinnlicher Wahrnehmung – Telepathie, Hellsehen, Präkognition – sind mittlerweile ebenso sauber dokumentiert und experimentell erhärtet wie »Psychokinese« – die Fähigkeit, ohne Einsatz des eigenen Körpers, willentlich oder unbewußt, in die materielle Welt einzugreifen: Objekte zu bewegen, zu verformen oder gar zu teleportieren, schweben zu lassen, in andere Aggregatzustände überzuführen, auftreten und wieder verschwinden zu lassen; im weitesten Sinn gehören auch »Geistheilen« und »Psychochirurgie« dazu.

2. *Dieses unkörperliche Selbst scheint nicht unbedingt an den Körper gebunden.* Dafür sprechen »außerkörperliche Erfahrungen« (»OBEs«, von engl. *o*ut-of-the-*b*ody *e*xperiences«): Personen schildern Wahrnehmungen, die sie unmöglich hätten machen können, wenn sie sich dort aufgehalten hätten, wo sich ihr Körper befand.

3. *Insbesondere im Augenblick des Todes kann sich dieses Selbst offenbar vom Körper lösen,* statt mit ihm abzusterben. Entsprechende »Nahtodeserlebnisse« (NDEs, von engl.: *n*ear-*d*eath *e*xperiences) Sterbender und Wiederbelebter (Reanimierter) haben Thanatologen wie Raymond Moody, Kenneth Ring, Michael Sabom und Elisabeth Kübler-Ross längst vom Ruch des Aberglaubens befreit.[113]

4. *Auch ohne Körper kann dieses Selbst offenbar weiterexistieren, ohne seine Identität dabei zu verlieren.* Wenige überzeugende Medien demonstrieren unter strengen experimentellen Bedingungen Fähigkeiten, die schwerlich anders als durch »Jenseitskontakte« zu Totengeistern zu erklären sind. Merkwürdige Botschaften von Stimmen Verstorbener auf nachweislich leeren Ton- und Videobändern,[114] rätselhafte Begebenheiten im Verlauf von spiritistischen Sitzungen,[115] Spukphänomene und Erscheinungen Toter haben sich nicht immer als Sinnestäuschung, Halluzination, Betrug oder Psi-Effekt eines menschlichen Subjekts abtun lassen.

5. *Ein solches Selbst scheint fähig, sich mit einem neuen Körper zu verbinden.* Neben überprüften Reinkarnationserinnerungen, die sich jeder anderen Erklärung entziehen, sprechen dafür etliche dramatische Fälle von »Besessenheit«, die »aufgeklärte« Psychiater ins Grübeln bringen[116] – Fälle, die sich Diagnosen wie »Schizophrenie«, »Hysterie« oder »multiple Persönlichkeit« hartnäckig widersetzen. Denn sie gehen einher mit der Übernahme der charakteristischen Vorlieben, gestischen, mimischen und stimmlichen Eigenheiten, Einstellungen, Fähigkeiten, Gewohnheiten und vor allem der persönlichen Kenntnisse und Erlebnisse eines Verstorbenen, zu dem der »Besessene« oft zeitlebens nie Kontakt hatte. Handelt es sich dabei vielleicht um Sonderfälle von »Inkarnationen«: Ein Geist bemächtigt sich eines menschlichen Körpers, den bereits ein anderer besetzt hatte?

6 Wiedergeburt – was sonst?

Warum andere Erklärungen wenig überzeugen

Betrug?

Führt die Aussicht auf Publizität, Profit und Prestige einen Therapeuten nicht arg in Versuchung, den Verlauf seiner »Regressionen« zu schönen? Verschweigt ein »Zurückgeführter«, daß er sich vorweg eingehend über die Epoche kundig gemacht hat, die er dem Therapeuten ausmalt?

Persönlichen Begegnungen mit den meisten Reinkarnationstherapeuten und ihrer Klientel hält solch ein pauschal vorgebrachter Betrugsverdacht allerdings nicht stand; ehrenwerte, selbstkritische, ernsthafte Zeitgenossen kommen unter ihnen auch nicht seltener vor als in anderen Berufsgruppen. Viele, die ihre therapeutische Laufbahn mit herkömmlichen Verfahren begannen, stießen eher zufällig, manchmal wider Willen und zur eigenen Überraschung auf »frühere Leben«, in die ihre Klienten spontan »hineinrutschten«, während sie sich auf ihre Vorgeschichte besannen. Oftmals sind die »erinnerten« früheren Selbste so unbedeutend, Ort und Zeit ihrer Existenz so wenig erforscht, daß entweder überhaupt kein Quellenmaterial darüber vorliegt, in dem man sich insgeheim hätte kundig machen können; oder dieses Material war den Beteiligten nachweislich nicht zugänglich – erst mühsame Recherchen bringen es nachträglich ans Tageslicht. Im Nu für Tausende von Verstorbenen aus allen Epochen detailgetreue Biographien aus dem Stegreif zurechtzuspinnen, würde selbst einen Kongreß von Geschichtsprofessoren hoffnungslos überfordern.

Im übrigen fehlt für Betrügereien im allgemeinen jegliches Motiv. Finanzielle Anreize dafür scheiden vielfach aus: Gerade die angesehensten, erfolgreichsten Rückführer brauchen keine Schlagzeilen mehr, die ihnen Kundschaft zutreibt. Weiteres Aufsehen fürchten sie eher – die »Okkultismuswelle« hat auch ihren Terminkalender gefüllt, bis an die Grenze ihrer psychischen Belastbarkeit; viele sind auf Monate hinaus ausgebucht.

Und ihre Klienten? Die meisten scheuen es eher, von sich reden zu machen. Pressevertretern stellen sie sich durchweg mit großer Zurückhaltung, oftmals nur unter der Bedingung, allenfalls pseudonym zitiert zu werden – sie fürchten Unverständnis und Spott ihrer Umwelt. An Lügenmärchen zu »verdienen« gibt es für sie ohnehin nichts, im Gegenteil: Wer läßt sich den witzlosen Jux, einen Psychotherapeuten an der Nase herumzuführen, schon einige hundert, ja oft sogar Tausende von Mark kosten? Entlohnt werden Zurückgeführte allenfalls zu Forschungszwecken: wenn sie sich Hochschulinstituten als Versuchspersonen für experimentelle Untersuchungen zur Verfügung stellen. Über ihren Stundenlohn würde noch die unterbezahlteste Putzhilfe lächeln. Teilnehmer an Helen Wambachs berühmt gewordenen Sitzungen mußten sogar draufzahlen: Um dabeizusein, hatte jeder 20 Dollar zu berappen.[1]

»Mitgespielt« haben konnten viele schon deshalb nicht, weil sie vor Beginn ihrer Rückführung gar nicht wußten, was ihr Therapeut mit ihnen vorhatte. Andere waren anfangs hochmotiviert gewesen, ihren Rückführer zu *blamieren*: wie jener *Bild*- Redakteur, der dem Hypnotherapeuten Peter Thienel aus Nürnberg vorweg gedroht hatte: »Wenn es nicht klappt, dann zerreißen wir Sie in unserer Zeitung.« – »Es wurde die schnellste Rückführung, die ich je gemacht habe«: Binnen fünf Minuten brach aus dem Journalisten »Toby« hervor, ein kleiner Junge, der mit seinem Vater in einer nordamerikanischen Poststation lebt.[2]

Suggestion?

Wie weitgehend »Regredierte« für Eingebungen, gezielte wie unbeabsichtigte, empfänglich sind, wird in Kapitel 8 über Grenzen und Gefahren von Rückführungen deutlich werden. Rechtfertigt dies den pauschalen Verdacht, *jegliche* Reinkarnationserinnerung sei suggestiv erzeugt? Geben Rückführer der Phantasie möglicherweise einen verführerischen Interpretationsrahmen vor – »Du hast früher schon einmal gelebt«, »Du kannst dich daran erinnern«, »Du gehst in eine frühere Zeit«, »...an einen anderen Ort« –, den die Geführten dann assoziativ ausfüllen?
Aber erstens läuft, was Regredierte kundtun, bisweilen kraß den Erwartungen, Kenntnissen, Absichten und Überzeugungen ihres Rückführers zuwider, ja »schockiert« ihn manchmal geradezu.[3] Zweitens stellen sich derartige Erinnerungen vielfach auch *spontan* ein: in Träumen, Visionen, Déjà-vu-Erlebnissen, selbst bei Menschen, die zuvor nicht im entferntesten an eine Wiedergeburt glaubten; ebenso wie im Verlauf herkömmlicher Psychoanalysen, während derer weder Therapeut noch Klient im entferntesten erwarten, geschweige denn darauf abzielen, aus dem Gedächtnis weiter Zurückliegendes hervorzuholen als Erlebnisse der frühen Kindheit. Zum dritten lassen sich suggestiv gestellte Fragen anhand der Sitzungsprotokolle leicht erkennen – und ausmerzen. Und viertens läßt dieser Einwand unbegreiflich, wie Zurückgeführte bisweilen nachweislich *zutreffende* geschichtliche Begebenheiten schildern – mit einer Genauigkeit, welche die historischen Kenntnisse ihres Therapeuten bei weitem übersteigt.

Freie Phantasien?

»Bleich und gespenstisch hell« scheint der Mond über dem Nil. Lange Schatten wirft er auf die unglückselige »Akire«, die lebendig eingemauert worden ist, weil sie der verbotenen Liebe zu »Kirenai« frönte.

Diesen rührseligen Ägyptenroman trug Erika Hanussen aus Mera, »Medium« und Tochter des legendären Hellsehers Erik Jan Hanussen, in einem von 68 Workshops auf den »6. Basler Psi-Tagen« im November 1988 vor. (Einziges Thema dieses Kongresses: Reinkarnation.) Nach wenigen Minuten stand der ältere Herr neben mir, ein Psychoanalytiker, kopfschüttelnd auf und verabschiedete sich mit einem resignierten Lächeln. Rückwärts gelesen, ergeben die Namen der vermeintlichen Reinkarnationserinnerung *e-r-i-k-a* und *J-a-n E-r-i-k*, Tochter und Vater – eine dürftig verschlüsselte ödipale Phantasie, was sonst?
Wie weit menschliche Einbildungskraft dem Gehalt von Erfahrungen vorauseilen kann, verdeutlichte ein Jahr später, auf der gleichen Veranstaltung, Matthias Güldenstein aus Riehen, Vizepräsident der Basler »Psi-Tage«.[4] (1989 ging es um »Transkommunikation« mit »Jenseitigen«.) Anschauungsmaterial war ein klassischer »Drudel«, eine einfache, mehrdeutige Zeichnung, die zu Projektionen einlädt. »Was ist das?«

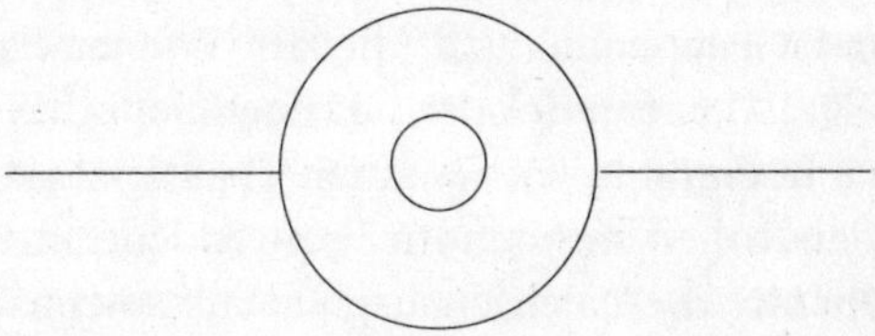

Die Lösung: ein Radfahrer mit Sombrero, von oben betrachtet.
»Und jetzt zeigen Sie mir durch Handzeichen, was Sie dabei weiter sehen«, bat Güldenstein seine 500 amüsierten Zuhörer. Für eine Dreiviertelmehrheit steckte ein Mann unter dem Hut, der von rechts nach links radelt. Nur wenige enthielten sich; fast alle sahen etwas, das über das vorgegebene Sinnesdatum weit hinausging: zwei konzentrische Kreise, wobei am äußeren Kreis an zwei gegenüberliegenden Punkten jeweils eine kurze Gerade angefügt ist. Solche projektiven Tests lehren auf simple Weise: Die Fähigkeit des menschlichen Geistes, Erlebnisinhalte zu *interpretieren*, ist schier unbegrenzt – wie mit »Drudeln«, so verfährt er grundsätzlich bei jeglicher Wahrnehmung der Außenwelt: Indem er Sinnesdaten

griffe bringt, *konstruiert* er Wirklichkeit. Verfährt er nicht mit Objekten seiner Innenwelt?[5] Entstehen so Reinkarna- nnerungen?

Welches Motiv sie befriedigen könnten, liegt für Psychoanalytiker auf der Hand. Die Grenzen des eigenen Körpers zu sprengen, sein Ende zu überleben, Gutes belohnt und Böses bestraft zu wissen, irgendwann in den Schoß eines göttlichen Urgrunds zurückzukehren – all dies kommt archaischen Ängsten und Sehnsüchten entgegen, die vielen Analytikern zur psychischen Grundausstattung des Menschen zu gehören scheinen. »Machen wir uns nichts vor«, sagt der bedeutende Freud-Schüler Erik Erikson. »›Im tiefsten Inneren‹ kann sich niemand ein Bild von seiner eigenen Existenz machen, ohne anzunehmen, daß er immer gelebt hat und immer weiterleben wird. Die uralten religiösen Weltanschauungen haben diesen Instinkt lediglich mit Bildern und Ideen ausgestattet, die miteinander geteilt, übermittelt und ritualisiert werden konnten.«[6]

Wie weitgehend Menschen in ihrer Phantasie neue Identitäten annehmen können, verdeutlicht das »Psychodrama« eindrucksvoll: eine Form der Gruppentherapie, die der Wiener Psychiater J.L. Moreno (1889-1974) entwickelte.[7] Teilnehmer eines »Psychodramas« haben ihre Gefühle wie in einem Theaterstück darzustellen: in wechselnden Rollen, meistens in denen bedeutsamer Bezugspersonen. Je mehr sich die Laienschauspieler auf solche Rollen einlassen, desto stärker verschmelzen sie damit; mit allem, was sie denken, äußern, fühlen, erleben und tun, gehen sie in dieser eingebildeten Identität auf, als träte aus ihnen ein neues Ich hervor. Stiften »Rückführungen« lediglich zu mentalen Psychodramen an?

Kein Teilnehmer beendet ein »Psychodrama« in der Überzeugung, soeben entdeckt zu haben, er sei mit der inszenierten Rolle identisch – doch eben dies empfinden Rückgeführte zutiefst. Sehr wohl wissen sie, wie es ist, sich vorzustellen, man sei ein anderer – doch diesen anderen, der ihnen soeben begegnete, erkennen sie unwillkürlich als Teil ihrer selbst wieder. Kein »Psychodrama« fördert unbekannte historische Tatsachen zutage – »Rückführungen« gelegentlich durchaus. Auf welche Weise eine Vorstellung entsteht, hat im übrigen nichts mit der Frage zu tun, ob sie wahr ist: Daß vor

Ihnen ein Buch liegt, kann durchaus stimmen, auch wenn dieses Urteil weit über die Sinneseindrücke hinausgeht, aus denen Sie es »konstruieren«. Das gleiche gilt für Erinnerungen – warum also nicht auch für Erinnerungen an frühere Leben?

Identifikation?

Entstehen »frühere Inkarnationen« durch einen unbewußten Prozeß, für den Psychologen den Begriff *Identifikation* geprägt haben? Menschen sind imstande, mit anderen Personen imaginär »eins« zu werden – zu denken, zu fühlen, zu wollen, zu handeln, als *wären* sie diese anderen. Entsprechend gestimmt erleben wir manche Kinogänger, die ihr Filmheld faszinierte. Bei Wahnkranken werden solche Identifizierungen vollständig und dauerhaft. Das übernommene Vorbild kann real oder fiktiv sein. Die Identifikation gilt als innerer Abwehrmechanismus: Durch ihn werden Motive befriedigt, deren Erfüllung gewöhnlich versagt bleibt – darin besteht der subjektive Gewinn. Wer sich mit einem strahlenden Helden, einem überlegenen Angreifer oder Unterdrücker gleichsetzt, hat teil an seiner Macht und Stärke – und verringert seine Angst. Wer den Reichen, Mutigen und Schönen in sich hineinnimmt, verschafft sich dadurch eingebildete Eigenschaften, die anders für ihn unerreichbar blieben. Sind die ägyptische Prinzessin, der mittelalterliche Mönch oder der Frontsoldat im Ersten Weltkrieg, die sich bei Reinkarnationstherapeuten anscheinend wieder ihrer selbst bewußt werden, letztlich nicht Produkte desselben inneren Vorgangs?
Aber: Würden die Schilderungen von Vorleben im allgemeinen auf Identifikation beruhen, dann müßten sie überwiegend von berühmten, hervorragenden Persönlichkeiten handeln; vor allem diese sind in allgemein zugänglichen Quellen festgehalten und bieten sich als Identifikationsvorbild an. In der Regel kommen bei »Rückführungen« aber eher durchschnittliche, unscheinbare, ja bemitleidenswerte Leben zum Vorschein. Welche Motive sollten sie befriedigen können?

Lägen »Identifikationen« vor, so müßte sich außerdem durch die zahlreichen Vorleben eines Rückgeführten ein roter Faden ziehen: Ihrem Symbolgehalt nach würde sich in jeder »früheren Inkarnation« das jetzige Leben spiegeln, samt seiner unbewußten Wünsche, Ängste und Vorstellungen. Auch müßte sich ein »Zurückgeführter« dann mit verschiedenen Personen identifizieren können, die gleichzeitig gelebt haben. Doch wer Protokolle von Reinkarnationssitzungen darauf prüft, sucht vergeblich danach: Was er findet, ist eine Kette von symbolisch meist recht unterschiedlichen Leben – ohne entscheidende Gemeinsamkeiten.

Ein weiteres Gegenargument: Wie Ian Stevensons Forschungen belegen, stoßen schon Kinder, kaum daß sie zu sprechen beginnen, spontan zu Präexistenzen vor, die sich erwachsene Abendländer erst mittels Psychotechniken aufschließen. Es gibt keinen Grund zu zweifeln, daß es sich in beiden Fällen um das gleiche psychologische Phänomen handelt. Gerade bei Kindern, so stellt Stevenson klar, »kommen eingebildete Fehlidentifikationen mit einer anderen Person äußerst selten vor. Ich habe diese Frage mit zwei Kinderpsychiatern erörtert... Keiner hatte je von einem Fall gehört, in dem ein Kind behauptete, jemand anders zu sein. Im Spiel identifizieren sich Kinder manchmal kurzfristig mit anderen Menschen oder Tieren, und manche psychotischen Kinder haben sich mit Maschinen identifiziert. Doch in der psychiatrischen Literatur habe ich keinen einzigen Fall einer solchen anhaltenden Identifizierung entdeckt« – mit Ausnahme der Reinkarnationsfälle. In diese diagnostische Schublade passen sie also schwerlich.

Persönlichkeitsspaltung?

Sind die neuen »alten Ichs«, die Zurückgeführte in sich aufzuspüren meinen, nicht einfach Ausdruck einer zeitweiligen Bewußtseinsspaltung? Dahinter verbergen sich »multiple Persönlichkeiten«, meint der englische Sachbuchautor Ian Wilson in seinem Buch *Mind Out Of Time*[8]: Sonderformen einer »dissoziativen Reaktion«, bei der innerhalb desselben Individuums mehrere in sich geschlossene Erlebnis-, Bewußtseins- und Verhaltenssysteme auftreten, welche anscheinend autonom denken, empfinden und handeln, oft im Widerspruch, ja im Konflikt miteinander. Wie bei »Regredierten«, so kommt es auch bei »Multiplen« zu oft dramatischen Persönlichkeitsveränderungen, bis hin zu veränderter Stimme, Sprache und Handschrift. Gesichtsausdruck, Körperhaltung, Gestik, Selbstbild, Erinnerungen, Überzeugungen, Werthaltungen, Fähigkeiten und Fertigkeiten, Gefühle und Motive – alles paßt sich dem *alter ego* an. Wilson verdeutlicht dies an einem Dutzend klassischer Fälle: darunter dem von Billy Milligan, einem jungen Mann aus Columbus, Ohio, der 1977 unter dem Verdacht inhaftiert wurde, eine junge Frau vergewaltigt und bestialisch ermordet zu haben. Im Laufe der Gerichtsverhandlung kamen in Milligan nicht weniger als 23 verschiedene Identitäten zum Vorschein – eine davon hatte es, von den übrigen unkontrollierbar, zu dem Gewaltverbrechen getrieben. »Dissoziieren« Rückgeführte nicht ähnlich?

Doch anders als »multiple Persönlichkeiten« halten die Regressions-Ichs nicht *chronisch* an: Sie kommen und gehen mit der Rückführung. Auch erlebt sie der Rückgeführte nicht als fremdes Gegenüber, sondern als neuentdeckten Teil seiner selbst, als wiedergefundenen Abschnitt seiner eigenen Entwicklung; entsprechend mühelos integriert er ihn gewöhnlich in sein Selbstbild.

Spaltungsirre drücken in der Regel verdrängte, »böse« Ich-Anteile aus; daher weist die abgespaltene Persönlichkeit meist einen ausgeprägt aggressiven, einseitigen Charakter auf. Als »frühere Inkarnationen« werden dagegen üblicherweise durchschnittliche, kaum je krankhafte Persönlichkeiten geschildert, die sich größtenteils an den Normen und Werten ihrer jeweiligen Gesellschaft und Kultur ausrichten.

Kryptomnesie?

Verarbeiten »Zurückgeführte« nicht einfach Informationen, die sie durchaus in diesem Leben aufgenommen, deren Herkunft sie inzwischen aber vergessen haben? Mit solchen »Quellenamnesien« (griech. *krypto-*: geheim, verborgen; *mneme*: Gedächtnis) kämpfen wir Tag für Tag. Daß sie Wiedergeburtserlebnisse erzeugen *können*, fand der amerikanische Psychiater Edwin S. Zolik schon 1958.[9] Hypnotisch »zurückversetzt«, fand sich eine seiner Versuchspersonen im Jahr 1875 als ein gewisser Dick Wonchalk wieder, der ohne Freunde allein am Fluß lebte, mit einem Kleinkalibergewehr jagte und gelegentlich, wenn es kalt war, in Kneipen saß. In seiner »früheren Existenz« starb er 1876, 26jährig, nachdem er zuvor einen Monat lang schwer krank gewesen war und sich niemand um ihn gekümmert hatte.

Sorgfältig recherchierte Zolik, daß diese Angaben tatsächlich aus einem Film stammten, den der »Rückgeführte« gesehen hatte. »Die Misere der Hauptperson des Films«, die ihre Eltern bei einem Überfall von Indianern verloren hatte, »führte zu einer starken emotionalen Identifizierung.« Denn Zoliks Proband hatte sich selber seit seiner Kindheit von seinen Eltern isoliert gefühlt; seither quälten ihn Ängste, »allein zu sein, von den Menschen nicht akzeptiert« und »irgendwie vergessen« zu werden. Die Reinkarnationsphantasie setzte er als Mittel ein, um darzustellen, wie er sein jetziges Leben empfand.

Zoliks Untersuchungen decken sich mit denen des finnischen Psychiaters Reima Kampman von der Universität Oulu.[10] Hunderte von finnischen Schulkindern und erwachsenen Patienten führte er in Trance zu »früheren Leben« zurück; von zwei Fünfteln seiner Versuchspersonen erhielt er daraufhin Auskünfte, die Wiedergeburts-»Erinnerungen« entsprachen. Als Kampman dieselben Versuchspersonen später – abermals unter Hypnose – befragte, woher die Einzelheiten ihres vermeintlichen »Vorlebens« stammten, erlebte er eine Überraschung nach der anderen: Kunstvoll hatten viele »Zurückgeführte« Informationsfetzen aus Büchern, Filmen und Begebenheiten ihres jetzigen Lebens zusammengebaut. So vermochte eine 19jährige Studentin in chronologischer Abfolge nicht weniger als acht »Vorleben« zu schildern: darunter als eine englische Gastwirtstochter im 13. Jahrhundert, wobei sie sogar ein Volkslied im damaligen Mittelenglisch vortrug; und als eine gewisse Kaarin Bergström, die 1939, im finnischen Winterkrieg, während eines Luftangriffs umkam. Nach der Quelle ihres »vorgeburtlichen« Wissens befragt, entsann sie sich jedoch, daß sie als 13jährige in einer Bibliothek einschlägige Literatur durchgeblättert hatte. Die Namen der Verfasser fielen ihr ein (Benjamin Britten und Imogene Holst), ja sogar die genaue Stelle, an der das mittelenglische Lied abgedruckt war. Kampman konnte die betreffenden Bücher ausfindig machen, ebenso wie Textvorlagen zum »finnischen Winterkrieg«.

Daß »Kryptomnesien« gelegentlich vorkommen, beweist freilich noch lange nicht, daß sie *stets* beteiligt sind. Für die meisten »Regressionserlebnisse« existieren überhaupt keine Quellen – oder sie waren dem »Rückgeführten« nachweislich zeitlebens unzugänglich.

Selbst wenn eine solche Quelle auffindbar ist: Folgt daraus zwingend, daß die geschilderte Vorinkarnation nicht echt sein kann? In frappierender Übereinstimmung deuten Rückführungen darauf hin, daß jedes Leben in »karmischen« Beziehungen zu den Vorleben steht. Könnten sie nicht Anlaß zu Vorlieben, Interessen und Neigungen im jetzigen Leben sein? Die seltsame Faszination durch eine bestimmte Landschaft, Musik, Sprache oder Literatur – drückt sich darin womöglich die frühere Identität aus? So hatte sich etwa der Münchner Völkerkundler Piet Bogner irgendwie immer schon wie magisch von Neuguinea angezogen gefühlt. Seit 1972 führte er nicht weniger als neun Feldforschungen in beiden Teilen der riesigen Pazifikinsel durch. 1977, als er 33jährig zum drittenmal dorthin reiste, »erkannte« ihn ein Papua-Stamm als »Wiedergeborenen« – und nahm Bogner in seinen Sippenverband auf.[11] Könnten es nicht solche rätselhaften Anziehungen sein, die zu bestimmten Quellen überhaupt erst hinführen und sie bedeutsam machen? »Selbst wenn die Erlebnisse einer Rückführung aus einem Buch oder einem Film stammen würden – warum ist es gerade *dieses* Buch oder *dieser*

spezielle Film unter all den Büchern, die du gelesen, und all den Filmen, die du gesehen hast?« gibt die Reinkarnationstherapeutin Rhea Powers zu bedenken.[12] »Wir werden von denjenigen Episoden der Geschichte angezogen, an denen wir teilgenommen haben.« Nicht die Quellen wären es dann, die über »Kryptomnesien« ein früheres Selbst erzeugen – das frühere Selbst ist es, das es ausgerechnet zu diesen Quellen hinzieht.
Erwachsenen lassen sich stets leicht Kryptomnesien unterstellen – doch Kleinkindern? Ian Stevenson stieß auf Zwei- bis Dreijährige, die über ihr letztes Leben und Sterben zu plappern begannen – und dazu passende Verhaltensweisen entwickelten –, kaum daß sie sprechen konnten. Häufig wußten sie Einzelheiten, die ihrer Umgebung unbekannt waren. Aus welchen Quellen hätten sie schöpfen sollen?

Ererbtes Gedächtnis?

Entsteigen »frühere Leben« vielleicht *ererbten* Erinnerungen: einem »Ahnengedächtnis«? Könnten unsere Vorfahren irgendwie im Erbgut gespeichert haben, was sie einst erlebten, und diese genetische Information auf ihre Nachkommen übertragen haben, die sie nun mit eigenen Erlebnissen verwechseln?
Mit dieser Möglichkeit rechnet allen Ernstes der deutsche Mediziner Claus H. Bick, Leiter der Europäischen Akademie für Hypnose und Autogenes Training und Generalsekretär der Europäischen Gesellschaft für ärztliche Hypnose.[13] In seiner Felsenland-Klinik im rheinland-pfälzischen Städtchen Dahn, dem einzigen Hypnose-Krankenhaus der Welt, führte er innerhalb von zwanzig Jahren über 100.000 Hypnosen und mehr als 2000 Hypnoanalysen durch. Im Verlauf von hypnotischen Rückführungen in frühere Leben stieß Bick immer wieder auf »Familienketten« wie diese: Dreißig Jahre vor seine Zeugung »geführt«, fühlt sich Heinz K. in die Kindheit seines eigenen Vaters zurückversetzt. Noch weiter zurückversetzt, erblickt er seinen Großvater als Dorfschulzen in einer Art Büro,

während die Großmutter Bier ausschenkt. Um 1750 sieht er einen Mann, mit einem Dreispitz auf dem Kopf, auf einem Planwagen sitzen: »Das muß mein Urururgroßvater sein!« – »väterlicherseits«. Den Werbern Friedrichs des Großen folgend, sei er auf dem Weg von Hessen nach Schlesien.
In den Archiven der Felsenland-Klinik lagern Hunderte von Tonbändern, Filmen und Videobändern über derartige Rückführungen. Dieses Material scheint Bick nur einen Schluß zuzulassen: Die scheinbaren Reinkarnations-Erinnerungen seiner Patienten »mußten ein Wiedererleben von Ereignissen aus dem Leben eines ihrer Vorfahren gewesen sein«. Wie ist das möglich? »Vermutlich wird alles, was ein Mensch in seinem Leben erfährt, unauslöschlich in sein Gedächtnis eingeprägt. So unauslöschlich, daß es auch dann noch vorhanden ist, wenn wir meinen, es längst vergessen zu haben. Dieses komplette Gedächtnis könnte nun aber möglicherweise als Erbanlage an die Nachkommen weitergegeben werden. Ohne daß ein Kind davon weiß, daß es diesen riesigen Erfahrungsschatz von Eltern, Großeltern und unendlich vielen Vorfahren besitzt, handelt es in vielen Situationen richtig, weil eben unbewußt diese ererbte Erinnerung, ein bestimmtes Wissen vorhanden ist.«
Etliche Hypnotherapeuten teilen Bicks Ansicht, unter ihnen der Brite Derek Crüssell: »Nach meiner Überzeugung sind wir in der Lage, Erinnerungen an unsere Nachkommen weiterzugeben – geradeso wie wir auch Charaktereigenschaften und Persönlichkeitsmerkmale durch unsere Gene weitergeben können.«[14]
Worauf Bick hypnotisch stieß, hatte bereits der 1966 in die USA ausgewanderte tschechoslowakische Psychiater Stanislav Grof entdeckt, als er mit LSD experimentierte und damit ebenfalls »Reinkarnations-Erinnerungen« hervorrufen konnte.[15] Sein spektakulärster Fall fällt noch in seine Prager Zeit: die drogeninduzierte Rückführung der 32jährigen Hausfrau Renata. In vier aufeinanderfolgenden LSD-Sitzungen »erinnerte« sich Renata, wie sie als einer von 27 tschechischen Adligen im Jahre 1620 von Habsburger Söldnern auf dem Alten Markt in Prag hingerichtet wurde. »Im Widerspruch zu ihren Überzeugungen und ihrer Weltanschauung«, berichtet Grof, »kam sie zuletzt zu dem Schluß, daß sie...Ereignisse

aus dem Leben eines ihrer Vorfahren wiedererlebt haben mußte.« Als Beleg schickte sie Grof zwei Jahre später einen Familienstammbaum, aus dem hervorging, daß sie tatsächlich ein Nachkomme jenes Adligen war.

Liegen solche Vererbungslinien auch dem »Kollektiven Unbewußten« zugrunde, das der große Schweizer Psychoanalytiker Carl Gustav Jung (1875-1961) annahm? Neben den aus dem Bewußtsein verbannten, »verdrängten« Teilen der Persönlichkeit speichert dieses Unbewußte, nach Jung, alle einschneidenden Erfahrungen und Konflikte, welche die Menschen im Laufe ihrer Entwicklungsgeschichte durchgemacht haben, all ihre Weisheit, ihr Kämpfen und Scheitern, ihre grundlegenden Ängste und Sehnsüchte. Die Inhalte dieses »Kollektiven Unbewußten«, die »Archetypen«, sollen genetisch angelegt sein. Unser Bewußtsein repräsentiert sie durch Symbole, die sich unter anderem in Träumen, Märchen und Mythen, in Kunst und Religion äußern: die Sintflut, der große Führer, die Urmutter beispielsweise. Wie könnten diese Symbole derart universell verbreitet sein, von je her selbst weit auseinanderliegende Kulturkreise verbinden, wenn nicht kraft eines solchen »Kollektiven Unbewußten«? Gestalten »Rückerinnerungen an frühere Leben« womöglich bloß diese ererbten Urmuster aus?[16] Der Psychiater Lipod Szondi erweitert diesen Ansatz um den Begriff des »Familiären Unbewußten«, das sich nach seiner Auffassung zwischen das Persönliche und das Kollektive Unbewußte schiebt. In diesem sollen »die schon bei der Befruchtung, also vorpersönlich verdrängten familiären Ahnenansprüche dynamisch weiterleben und das Schicksal der Person gefährden können.«[17] Mit einem darauf abgestimmten therapeutischen Verfahren, der »Schicksals-Analyse«, will Szondi »die Person mit diesen Ahnenansprüchen konfrontieren...und mit den in ihr verdrängten Ahnen aussöhnen.«

Entsprängen Reinkarnationserinnerungen hauptsächlich dem genetisch verankerten Erfahrungsschatz der Ahnen, dann müßten sie bei Menschen mit gleichem Erbgut ähnlicher ausfallen als sonst. So begann Claus Bick, mit *eineiigen Zwillingen* zu arbeiten. Würden die Angaben, die sie bei hypnotischen Regressionen über

frühere Existenzen machten, einander ähneln? »Die Ergebnisse dieser Experimente, die immer noch laufen, übertreffen bei weitem unsere Erwartungen«, berichtet Bick[18]: »Wir konnten eine erstaunlich hohe Übereinstimmung nicht nur während der Geburt und der pränatalen Zeit, sondern auch vom Zeugungspunkt an rückwärts in eine völlig unbewußte Vergangenheit in direkter Erbfolgenlinie feststellen.« So machten zwei 52jährige eineiige Zwillinge »identische Aussagen über Erlebnisse der Urgroßmutter mütterlicherseits«, »wobei nachweislich jegliche vorherige Information der Probanden auszuschließen war«. Ahnenforscher der Universität Homburg überprüften die Angaben anhand der Ahnentafel.
Die Gebrüder J., beide 57 Jahre alt und ebenfalls eineiige Zwillinge, schilderten »das Leben und die Ereignisse in einem Ort namens Schwarzholz, etwa 130 Jahre vor ihrer Zeugung. Beide erzählten von Soldaten und beschrieben die Uniformen in nahezu gleicher Weise. Beide berichteten von einem Kirchenbrand und einem Mann, der bei den Löscharbeiten eine Rolle spielte. Dieser Mann, so stellte sich später heraus, *war ein Vorfahre der Zwillinge.*« – »320 Jahre vor der eigenen Zeugung« entsannen sich beide einer Hexenverbrennung, »bei der sogar die Beschreibung der Frau, die da verbrannt wurde, und der Handlungsort völlig übereinstimmten. Beide beobachteten diese Ereignisse als zehnjährige Jungen. – »Auf besonderen Wunsch eines der Zwillinge gingen wir etwa 600 Jahre zurück. Nun schilderten sie übereinstimmend die Gestalt eines Ritters. Burg und Landschaftsbeschreibungen waren ebenfalls identisch.[19]
Stützen solche Befunde die Theorie des »ererbten Gedächtnisses« nicht eindrucksvoll? – Ein zweiter Blick gibt zu Zweifeln Anlaß:

1. Ob die Zurückgeführten nicht auf normalem Wege wichtige Einzelheiten über ihre Vorfahren erfahren haben können, ist schwer auszuschließen. Innerhalb ein und derselben Familie hinterlassen frühere Generationen genügend Spuren dafür: im Gedächtnis ihrer Nachkommen, auf Bildern, in Aufzeichnungen.

2. Daß eineiige Zwillinge sich an die gleichen Inkarnationen erinnern, konnten andere Forscher in keiner Weise bestätigen. Ein Paar eineiiger Zwillinge, das Helen Wambach zurückführte, »hatte ganz verschiedene frühere Leben«.[20]
3. Bick rechnet nicht mit zwei anderen Erklärungshypothesen: Könnten die Zwillinge voneinander nicht *telepathisch* aufgenommen (und angeglichen) haben, was ihnen über ferne Vergangenheiten einfiel? (Nachweislich kommen ASW-Kontakte zwischen engen Verwandten häufiger und intensiver zustande als zwischen Fremden.) Helen Wambachs Zwillinge etwa berichteten »bei der Geburtserfahrung, sie hätten das Gefühl, in telepathischer Verbindung miteinander zu stehen«.[21]
   Die meisten Zwillinge wachsen zudem in gleichen Umgebungen auf. Mit großer Wahrscheinlichkeit verarbeiten sie dabei die gleichen historischen Bilder, Bücher, Filme und mündlichen Überlieferungen. Warum sollten gleiche Quellen *kryptomnestisch* nicht gleiche Reinkarnationserinnerungen erzeugen können?
4. Schleierhaft bleibt, wie denn die Übertragung von derart detaillierten Informationen von einer Generation zur nächsten genetisch überhaupt zustandekommen soll. Nach allem, was wir über den Mechanismus der Vererbung wissen, werden über dic cltcrliche DNS nie Lerninhalte weitergegeben, sondern immer nur Lern*potenzen*, offene Programme der Informationsverarbeitung.
5. Außerdem identifizieren sich Rückgeführte, die Ahnenerlebnisse erinnern, nur ganz selten mit deren Schicksal. (Grofs »Renata« bleibt insofern ein überbewerteter Ausnahmefall.) Was sie »sehen«, schildern sie gewöhnlich »mit Abstand«, aus der Perspektive eines Zuschauers. Kaum je äußern sie: »Das bin ich!«, im Gegensatz zu sonstigen Regressionen. So wollte Bick von Heinz K. über den Mann auf dem Planwagen wissen: »Sind Sie es selbst?« Heinz verneinte ausdrücklich.[22]
6. Anhänger einer Theorie des »Ahnengedächtnisses« erliegen gerne dem Kurzschluß vom einzelnen aufs Allgemeine: Selbst wenn diese Theorie in seltenen Fällen plausibel klingt, kann sie

nicht die Regel erklären. So beschränken sich Rückerinnerungen an Vorleben nicht auf das Leben von Vorfahren – sie »umfassen meist das gesamte Spektrum menschlicher Existenz«, stellt der amerikanische Reinkarnationstherapeut Morris Netherton klar. »Weiße erinnern sich, schwarz gewesen zu sein, Amerikaner mexikanischer Abstammung erinnern sich, im Zweiten Weltkrieg als britische Soldaten gekämpft zu haben usw.« Insofern »stützen die Erfahrungen meiner Patienten... (die Theorie des genetischen Gedächtnisses) in keiner Weise.«[23] Auch Helen Wambach widerspricht:[24] »Falls die Hypothese vom genetischen Gedächtnis zuträfe, ...hätte ich unter meinen Versuchspersonen einen größeren Prozentsatz von Angehörigen der weißen Rasse finden müssen, als es nach den geschichtlich bekannten Daten zu erwarten war.« (Die meisten waren weiße Kalifornier.) Doch in Weißhäutige sah sich nur eine Minderheit zurückgeführt.

In den meisten Reinkarnationsfällen will der Betreffende kurze Zeit nach dem Tod seiner angeblichen früheren Verkörperung geboren worden sein – als Kind von Eltern, die *keinerlei* verwandtschaftliche Verhältnisse mit seiner vorherigen Familie verbinden. Außerdem, so berichtet Morris Netherton, »erinnern sich manche Patienten an frühere Existenzen zu *Lebzeiten* ihrer Eltern«. Schon deshalb konnten sie »unmöglich in den elterlichen Genen gespeichert sein.«[25]

Müßte ein »Ahnengedächtnis« nicht in erster Linie die Erlebnisse der *unmittelbaren* Vorfahren speichern: der eigenen Eltern? Aber selbst wenn sich Zurückgeführte ausnahmsweise einmal mit einem Vorfahren identifizieren, überspringen sie dabei oft mehrere Generationen.

Logischerweise können Eltern an ihren Nachwuchs genetisch nur solche Erlebnisse weitergeben, die sie *vor* der Zeugung gemacht haben. Daraus folgt aber, daß niemand die Erinnerung an seinen Tod »vererben« kann. Was hätte Renatas adliger Vorfahr von seiner Hinrichtung noch genetisch an sie weitergeben können? Wer stirbt, zeugt nicht mehr. Gerade Sterbeerlebnisse tauchen in den Schilderungen Zurückgeführter aber sehr häufig auf.

Außersinnliche Wahrnehmung (ASW)?

Angebliche Reinkarnationserlebnisse, mutmaßen Parapsychologen wie Milan Ryzl, »lassen sich viel leichter mit ASW als durch Wiedergeburt erklären«.[26] Zapft der »Rückgeführte« vielleicht per *Telepathie* den Wissensschatz des Therapeuten oder anderer Mitmenschen an? Verschafft er sich *hellsichtig* Zugang zu historischen Quellen, vielleicht sogar zu irgendeinem rätselhaften »Weltgedächtnis«, in dem alles, was jemals geschieht, unauslöschlich seinen unverwechselbaren Abdruck hinterläßt? (Dem entspricht die sagenhafte »Akasha- Chronik«, von der Theosophen raunen.) Sieht er womöglich *präkognitiv* künftige Entdeckungen über Schicksale Verstorbener voraus? Oder gelingen ihm unmittelbare *Retrokognitionen*, Rückschauen, in die Vergangenheit?

Verblüffende Hinweise auf ASW in Psychotherapien ergab immerhin eine 1984 veröffentlichte Umfrage der »Australischen Gesellschaft für Hypnose« unter ihren sämtlichen Vollmitgliedern. Unter 201 Therapeuten, die antworteten, gab jeder Vierte an: Zwischen ihm und seinen Klienten hätte gelegentlich eine außersinnliche Kommunikation stattgefunden; dabei kam es anscheinend umso häufiger und massiger zu ASW-Verbindungen, je länger die hypnotische Behandlung dauerte.[27] Auf dasselbe Phänomen stieß der amerikanische Psychologe Lee Edward Levinson zwischen 1952 und 1961 in einem neunjährigen Experiment mit acht Männern und einer Frau zwischen 16 und 23 Jahren: Unter Hypnose entwickelten sie nach und nach telepathische oder hellseherische Fähigkeiten, vereinzelt sogar beides; ihre Trefferrate lag weit über der Zufallswahrscheinlichkeit – und stieg weiter an, je stärker sie dem Versuchsleiter vertrauten und ihn respektierten.[28]

Bei Erinnerungen an frühere Leben mag ASW in seltenen Fällen mitspielen – meist aber klingt diese Erklärung schlicht an den Haaren herbeigezogen. Sie allein erklärt weder, warum sich ein Mensch gerade mit *dieser* Person identifiziert, noch warum so *intensiv*, noch warum derart *dauerhaft*.

Ebenso im dunkeln läßt ASW, warum »Rückgeführte« biographische Details zu einem Muster verarbeiten, das für die verstorbene

Persönlichkeit charakteristisch war. Vor allem bringt sie, *ad hoc*, eine ansonsten nirgendwo manifeste, geradezu phantastische Psi-Fähigkeit ins Spiel, die ihrerseits mindestens ebenso erklärungsbedürftig wäre wie »Rückerinnerung« selbst. Ein Wunder, fand selbst der englische Empirist David Hume (1711-1776), sollten wir spätestens dann »als eines gelten lassen, wenn die Tatsache, daß es keines sei, noch viel wunderbarer wäre.«

Besessenheit?

Im Frühjahr 1954 schien der kleine Jasbir, ein dreieinhalbjähriger Junge aus Rasalpur im indischen Staat Uttar Pradesh, einer Pockenerkrankung erlegen zu sein: Regungslos, wie tot, fanden die verzweifelten Eltern seinen narbenübersäten Körper. Jasbirs Beisetzung war bereits auf den nächsten Morgen festgesetzt – da begann sich Jasbir plötzlich wieder zu bewegen, allmählich kehrte er vollständig zum Leben zurück. Als er nach einigen Tagen wieder sprechen konnte, erschraken die Eltern über seltsame Veränderungen in seinem Benehmen: Jasbir erklärte jetzt, er sei der Sohn eines gewissen Shankar aus dem Dorf Vehedi; dorthin wolle er zurückkehren. Wie Nachforschungen bestätigten, kannte er Einzelheiten »seines« angeblichen letzten Lebens ganz genau. Ein »Wiedergeborener«? Doch jene »frühe Persönlichkeit« war nachweislich erst *nach* Jasbirs Geburt gestorben: just zu der Zeit, als Jasbir aus dem Koma erwachte.[29]
Fälle dieser Art, in denen die frühere Persönlichkeit erst nach der Geburt der jetzigen starb, sprechen für eine spiritistische Theorie, die der schwedische Naturforscher und Philosoph Emanuel Swedenborg (1688-1772) vortrug: Vermeintliche Reinkarnationsfälle gingen in Wirklichkeit auf den Einfluß entkörperter Geistwesen zurück. In seinem 1768 lateinisch in London erschienenen Werk *Himmel und Hölle* erklärt Swedenborg: »Einem Engel oder Geist ist es nicht gestattet, mit einem Menschen aus seiner eigenen Erinnerung heraus zu reden, sondern nur aus der des Menschen.«

So komme es zu Erinnerungen »an eine Sache, die der Mensch in Wirklichkeit noch niemals gehört oder gesehen hat… Aus diesem Grunde waren einige von den Alten der Meinung, sie würden nach ein paar tausend Jahren in ihr früheres Leben und zu all seinen Handlungen wieder zurückkehren und sie seien auch schon zurückgekehrt. Sie schlossen das aus dem Umstand, daß sie sich manchmal an Dinge erinnerten, die sie niemals gesehen oder gehört hatten; *das geschah aber, weil Geister aus ihrer eigenen Erinnerung etwas in deren Ideen und Gedanken hatten einfließen lassen.*«[30]

Dies sei so »ähnlich wie bei irdischer Telepathie«, erklärt der Swedenborg-Anhänger Dr. Friedemann Horn:[31] »Selbst wenn man dem Empfänger sagt, woher der Gedanke kommt, der ihm da gerade ›eingefallen‹ ist, kann er es kaum glauben. Seine Empfindung spricht dagegen.«

Was der große deutsche Aufklärer Immanuel Kant 1766 noch als »Träume eines Geistersehers« belächelte, nehmen Psychiater des 20. Jahrhunderts wieder ernster. Bemächtigen sich womöglich jenseitige Geistwesen eines »Rückgeführten«, um durch ihn kundzutun, was ihr einstiges Erdenleben betrifft? Zwingen sie ihm telepathisch ihre Erinnerungen auf? Der amerikanische Psychiater Prof. Carl Wickland, praktizierender Arzt in Chicago und Los Angeles und jahrelang Leiter einer Nervenheilanstalt, rechnete ernsthaft damit: Vermeintliche Erinnerungen an »frühere Leben« zeigten in Wahrheit eine zeitweilige Besessenheit durch »Desinkarnierte« an.[32] Jahrzehnte später zog sein Fachkollege John Björkhem nach über 3000 Hypnoseexperimenten denselben Schluß: Rückführungen seien samt und sonders durch die Besessenheitshypothese erklärbar.[33] An ihr halten namhafte Außenseiter wie der Züricher Psychiater Dr. Hans Naegeli-Osjord bis heute allen Ernstes fest.[34] Reinkarnationstherapeuten wie Rhea Powers sehen in der »Gegenwart einer anderen Wesenheit« sogar »die größte Blockade« bei Rückführungen.[35]

Aber selbst wenn derart heimtückische Eingriffe Verstorbener denkbar wären und gelegentlich vorkommen, bliebe vieles im dunkeln: Sollten sie telepathische »Einflüsterungen« vornehmen – wie kommt es dann, daß in den meisten »Regredierten« zu verschie-

denen Zeitpunkten bei verschiedenen Therapeuten die gleichen »Erinnerungen« hochsteigen? Dazu müßte ein und derselbe Jenseitige stets just zum selben Termin anwesend sein und sich bemerkbar machen – und niemals sonst, denn außerhalb ihrer Sitzungen machen »Rückgeführte« auf niemanden den Eindruck, für einen Exorzismus oder Weiße Magie reif zu sein.
»Wenn der besitzergreifende Geist auf eine Persönlichkeit einen derart starken Einfluß ausübt, daß diese behauptet, jemand anderes zu sein«, wundert sich der amerikanische Psychiater und Reinkarnationsforscher Ian Stevenson außerdem, »warum erinnert sich die besitzergreifende Persönlichkeit dann anscheinend nicht an *alles* aus dem früheren Leben?«[36]
Überdies bleibt oft der Grund unerfindlich, aus dem ein Jenseitiger unsereinem derart mitspielt; bei den klassischen Fällen von »Besessenheit«, stellt Stevenson klar, »können wir gewöhnlich irgendein Motiv ... erkennen, und zwar entweder auf seiten der Primärpersönlichkeit – die z.B. den Wunsch haben mag, sonst verborgene Impulse zu äußern – oder auf seiten der vermuteten besitzergreifenden Persönlichkeit – die z.B. das Bedürfnis hat, Rache zu üben oder auf ihr Grab aufmerksam zu machen«.[37] Nur wenige »Rückgeführte« passen in dieses Schema.

Was folgt aus dieser Diskussion für jemanden, der sich unschlüssig ist, ob er »Erinnerungen an frühere Leben« trauen kann? Was hat er von den Erlebnissen zu halten, die Reinkarnationstherapeuten in ihm freisetzen können? – Manchmal *können* alternative Deutungen naheliegen – im allgemeinen sind sie unplausibel. Damit erfüllt Wiedergeburt eines der wichtigsten Kriterien einer brauchbaren wissenschaftlichen Hypothese: An Erklärungskraft übertrifft sie, alles in allem, jeden Konkurrenten.

7 Wiedergeburt – unmöglich?

Gängige Einwände: Warum sie leerlaufen

Eine aufsehenerregende Erklärung mit dem Titel »Einwände gegen die Astrologie« veröffentlichte die amerikanische Zeitschrift *The Humanist* in ihrer Ausgabe vom September 1975. Unterzeichnet hatten sie »186 führende Wissenschaftler«, darunter 18 Nobelpreisträger. Darin finden sie es »an der Zeit, die anmaßenden Behauptungen astrologischer Scharlatane direkt und nachdrücklich in Zweifel zu ziehen. Es sollte offenkundig sein, daß jene Personen, die weiterhin Vertrauen in die Astrologie setzen, dies der Tatsache zum Trotz tun, daß es keine bewiesene wissenschaftliche Grundlage für ihre Überzeugungen gibt und daß in Wirklichkeit starke Beweise für das Gegenteil vorliegen.«
Die geharnischte Astrologenschelte entspricht in vielerlei Hinsicht den rhetorischen Breitseiten, die der akademische Forschungsbetrieb auch gegen Vertreter von Wiedergeburtslehren abfeuert. In beiden Fällen sind es theoretische Voreingenommenheiten, deretwegen es sich Wissenschaftler leisten zu können glauben, die Fakten gar nicht erst zur Kenntnis zu nehmen: An bestätigten astrologischen Deutungen und Reinkarnationserinnerungen *müsse* etwas faul sein, weil andernfalls Hypothesen fallen würden, die bislang als schier unumstößliche Naturgesetze galten. Hier wie dort wirkt ein »Bellarmin-Komplex«:[1] die gleichen Motive, Werthaltungen und emotional besetzten Vor-Urteile, die einst Roms Kardinal Robert Bellarmin daran hinderten, durch Galileis Fernrohr zu schauen, ehe die Inquisition am 5. März 1616 ihr historisches Edikt »gegen die Ansicht« veröffentlichte, »die Erde sei nicht das Zentrum des Alls und drehe sich sogar einmal im Tag um sich selbst«. Beinahe wörtlich decken sich die Einwände damals und heute:

»närrisch, philosophisch falsch und zum mindesten ein Irrglaube«. Es kann nicht sein, was nicht sein darf.
Doch diese Lage hat, angesichts von Anomalien, bisher noch vor jedem Paradigmenwechsel in der Forschungsgeschichte bestanden, wie der Wissenschaftshistoriker Thomas S. Kuhn an Beispielen aus Physik, Chemie und Astronomie nachgewiesen hat.[2] Betrachten wir im folgenden wenigstens kurz einige der gewichtigsten *theoretischen* Einwände, die gegen die bloße Möglichkeit von Wiedergeburt vorgetragen werden. Wie stichhaltig sind sie wirklich?

»Kein Geist ohne Gehirn«
Das Problem der psychophysischen Abhängigkeit

Werden bestimmte Teile unseres Gehirns verletzt oder chirurgisch lahmgelegt, dann setzen entsprechende Wahrnehmungs-, Gedächtnis- und Denkvermögen aus, verschwinden Charakterzüge. Werden sie über eingesetzte Elektroden mit leichten Stromstößen gereizt, so erzeugt dies künstlich Gefühle, Stimmungen, Eindrücke, Erinnerungen. Wird die Sauerstoffzufuhr zum Gehirn nur kurz unterbunden, so treten irreparable Schäden auf, von denen offenbar nichts ausgenommen bleibt, was wir einem Menschen an seelischen und geistigen Merkmalen zuschreiben; wird sie ganz unterbrochen, so stirbt das Gehirn – und mit ihm alles, was eine Person ausmacht, so scheint es. Beweist all dies nicht: Bewußtsein ist untrennbar an Hirntätigkeit gebunden – und erlischt mit dieser?
Doch dieses herkömmliche Bild des Menschen als einer vom Gehirn zentral gesteuerten Biomaschine gerät mehr und mehr ins Wanken. Etliche gut belegte Anomalien sprengen es: von Nahtodeserlebnissen über außerkörperliche Erfahrungen Sterbender und Reanimierter bis hin zu Erscheinungen und Spukphänomenen. Immerhin: Der »Funktionalismus«, wie ihn Hilary Putnam, Jerry Fodor und Daniel Dennett seit den sechziger Jahren in der philosophischen Psychologie gegen Dualismen *und* Materialismen geltend gemacht haben,[3] widerlegt nicht etwa, er plausibilisiert geradezu,

wie Gefühle, Gedanken und andere geistige Funktionen »körperlos« existieren können, ohne damit zu Eigenschaften eines obskuren, immateriellen Geisterstoffs zu werden (wie einst die *res cogitans* des französischen Philosophen René Descartes [1596-1650]). Ihre Modelle dafür entlehnen Funktionalisten der Informatik: Ist denn das Programm eines Computers, sein funktionaler Aufbau, etwas »Mentales«, bloß weil es sich in Schaltkreisen aus grundverschiedenen Materialien realisieren läßt? Ebenso mag sich als »Hardware«, die psychologische Eigenschaften »trägt«, grundsätzlich jede Struktur eignen, die dem Gehirn funktional gleichwertig (»äquivalent«) ist, sei es ein Mikrochip oder die fremdartige Biochemie außerirdischer Intelligenz. Warum also nicht auch eine Struktur, die sich lediglich zeitweilig mit dem Gehirn assoziiert, um sich spätestens im Augenblick des Todes von ihm zu lösen?[4] Die mitnehmen und bewahren kann, was den Kern unserer Persönlichkeit ausmacht: Wünsche, Werte, Fähigkeiten, Bewußtsein – und Erinnerungen? Warum nicht dieselbe Struktur, die Geistheiler behandeln, Akupunkteure anstechen, Aurasichtige »sehen« und Spukgeschädigte fürchten?

»Alles liegt in unseren Genen«
Das Problem der Vererbung

Am Anfang scheint schierer Zufall zu regieren. Jede weibliche Eizelle, so faßte der große englische Biologe Sir Julian Huxley (1882-1975) 1931 die bis heute vorherrschende Lehrmeinung seiner Fachkollegen zusammen,[5] »realisiert eine Zufallskombination aus unendlich vielen Möglichkeiten«. Bei der Befruchtung schwimmen ihr »Millionen von Spermien entgegen, jede mit einem anderen Entwicklungsprogramm. Dann erreicht das Drama seinen Höhepunkt: die Vermählung von Ei und Same, um ein großes Einzelwesen hervorzubringen. Auch hier scheint es ganz und gar eine Sache des Zufalls, welche spezielle Einheit daraus hervorgeht. Die einen könnten ein Genie produziert haben, andere einen

Schwachsinnigen. Sobald wir uns sämtliche Konsequenzen hieraus vergegenwärtigen, können wir das menschliche Denken von mancherlei Aberglauben befreien. *Seelenwanderungslehren entbehren nunmehr jeglicher Grundlage.*« Denn brächte eine inkarnierende Seele nicht mit, was sie in anderen Körpern an Verstand und Gefühl, an Fähigkeiten und Neigungen entwickelt hat – und würde allein von sich selbst erben? Für die moderne Genetik hingegen entfaltet sich in all unseren Begabungen und Mängeln bloß die biologische Mitgift unserer Vorfahren: Alles liegt in unseren Genen.

Der Rest scheint determiniert, voll und ganz. Nach den Vorgaben des DNS teilt sich die Urzelle, wächst sich dabei Schritt für Schritt aus zu einem integrierten System von Muskel-, Haut- und Knochenzellen, von Drüsen-, Nerven- und anderen Zellen. Am Ende steht ein hochdifferenzierter Zellhaufen, zentral gesteuert von einer gelblichweißen, wabbeligen, knapp drei Pfund schweren Masse unter der Schädeldecke, dem Gehirn. Herr über hundert Milliarden Schaltkreise, verarbeitet es einen ununterbrochenen Strom elektrochemischer Signale, die ihm die Sinnesorgane zuleiten; darauf abgestimmt sendet es seinerseits von Zeit zu Zeit Impulse ins Körperinnere und zur Peripherie. So erhält und bewegt sich der Zellhaufen, wenn's hochkommt, achtzig, neunzig Jahre in der Welt, scheidet zeitweilig eigene Keimzellen aus, irgendwohin, wo die Geschichte wieder von vorne beginnen kann, ehe er selbst in Verwesung übergeht. Was auch immer bis dahin in diesem Organismus vor sich geht, ist auf biochemische Abläufe zurückführbar, diese wiederum auf mikrophysikalische: Materie durch und durch.

Im Detail ausgemalt, beschreibt und erklärt uns dieses Bild eines genetisch vorprogrammierten Biocomputers vollständig, glauben Naturwissenschaftler nahezu einhellig. Für Einwirkungen einer wandernden »Seele« bliebe da kein Raum mehr.[6]

Die Unterstellung, Anhänger von Reinkarnationslehren würden die Tatsachen der biologischen Vererbung, der »Hereditát«, leugnen oder übersehen, beruht indes auf einem groben Mißverständnis. Wiedergeburt ist nicht nur vereinbar mit ihnen – sie *erfordert* sie geradezu. »Indem Vererbung dem Ich einen bestimmten Körper in einer bestimmten Familie bereitstellt, verschafft sie ihm die Umge-

bung, die es braucht«, erklärt William Judge, ein führender amerikanischer Theosoph.[7] Das Ich trete stets nur in denjenigen Körper ein, »der seiner Natur vollauf entspricht oder ihm Gelegenheit gibt, an seiner eigenen Entwicklung weiterzuarbeiten« – Heredität sorgt dafür, daß es ihn bekommt. »Keinen Widerspruch« sah auch Rudolf Steiner, der Begründer der Anthroposophie:[8] Bestimmte Anlagen aus einem früheren Leben »herauskommen« lassen könne der Mensch »unmöglich, wenn er nicht in einem Leibe wiederverkörpert würde, der von ganz bestimmter Beschaffenheit ist ... Die sich verkörpernde Individualität strebt ... zu denjenigen Eltern hin, welche ihr den geeigneten Leib geben können ... So wird der Mensch in diejenige Familie hineingeboren, die ihm die seinen karmischen Anlagen entsprechenden leiblichen Verhältnisse vererben kann.«[9]
Doch wie und warum eigentlich sollten physikalische Natur und spirituelle Seelenwelt derart harmonisch zusammenspielen? Woher wollen Reinkarnationsgläubige wissen, daß jede Seele genau den Körper bekommt, in dem sie sich am optimalsten weiterentwickeln kann – und das ausgerechnet dann, wenn es für sie an der Zeit ist, zurückzukehren?
Ist dabei göttliche Vorsehung und Allmacht im Spiel: eine unfaßbare Superintelligenz, welche die biologische Evolution vollkommen synchron zur spirituellen vorantreibt? Oder sind es die Seelen selbst, die sich an der Entstehung und Entwicklung ihrer leiblichen Hülle aktiv beteiligen? Wie Theosophen glauben, umgibt sich die Seele auf höheren Seinsebenen mit einer Reihe von immateriellen Körpern – darunter der *linga sarira*, dem »Astralleib«: einer Form, nach welcher der physische Leib gebaut wird, seine Modellvorlage gleichsam. (Die alten Griechen sprachen von *eidolon*, die Römer von *umbra*.) Dieser astrale Leib soll den physischen durchdringen, beleben und aufrechterhalten, nachdem die Seele zu ihm »hinstrebte«, »durch eine ihr innewohnende Anziehungskraft« (Steiner). Die wichtigsten Nahtstellen zwischen beiden kennen Hindus als *chakras*, Buddhisten als *padmas* (»Lotus-Zentren«). Chinesische Ärzte erklären ihre Heilerfolge damit, daß ihre Nadeln den Energiestrom in den Verbindungen zwischen beiden beeinflussen: den Akupunkturpunkten und einem Geflecht von »Meridianen«.

Warum entging diese astrale Blaupause unseres Körpers bisher selbst den feinsten Meßgeräten? Unwissentlich ist sie womöglich längst physikalisch nachgewiesen worden. Schon 1939 trugen die amerikanischen Biologen Burr und Northrop (Universität Yale) vor der Nationalen Akademie der Wissenschaften vor, was sie in vierjährigen Untersuchungen an Salamandern und Mäusen entdeckt hatten: Sonderbare elektrische Phänomene begleiten die gesamte Entwicklung eines Lebewesens, ähnlich wie die Kraftfelder eines Magneten. Jeder Art entsprechen dabei einzigartige Muster, die sich auf Elektroenzephalographen und Elektrokardiographen deutlich abbilden.[10] »In lebenden Körpern existiert ein ›elektrischer Architekt‹, der das Individuum nach einem bestimmten, vorab festgelegten Muster formt«, würdigte die *New York Times* am 25. April 1939 Burrs Entdeckung. »Dieses elektrische Feld verkörpert sich in Fleisch und Blut, wie ein Bildhauer seine Idee in einem Stein verkörpert.«[11]

Die Aura dieser Astralformen könnte es sein, welche die »Kirlian-Technik« fotografisch sichtbar gemacht hat – ein Verfahren, das der sowjetische Elektronik-Ingenieur Semjon Davidowitsch Kirlian aus Krasnodar mit seiner Frau Walentina Krisanowa in den Jahren 1939 bis 1958 entwickelte.[12] Dabei wird ein Objekt elektrischen Feldern hoher Frequenz ausgesetzt; auf einem Film oder Leuchtschirm werden jetzt eigenartige Muster heller oder schwächer strahlender, manchmal flammenförmiger Lichter sichtbar, die das Objekt umgeben. Auf Kirlian-Fotos menschlicher Körperteile verändern sich Stärke, Form und Farbe dieser Leuchterscheinungen gesetzmäßig je nach körperlichem und seelischem Zustand des Betreffenden.

Doch diese Befunde übergeht der akademische Forschungsbetrieb bis heute. Dabei könnte die Theorie des »Astralleibs« etliche Erklärungslücken schließen helfen, die Biologen weiterhin zu schaffen machen:

- Nach wie vor liegt der Ursprung des genetischen Codes im dunkeln. Die DNS im Kern jeder einzelnen Körperzelle besteht aus 200.000 Ketten von Aminosäuren, angeordnet in einem ganz speziellen, hochkomplexen Muster. Können diese Anordnungen wirklich durch eine Serie von Zufällen zustandegekommen sein, durch schrittweise Mutation und natürliche Auslese? Ungefähr gleich wahrscheinlich ist der Glücksfall, mit einem Würfel fünfmillionenmal hintereinander eine »6« zu würfeln.[13]

- Können in den DNS-Molekülen überhaupt genügend Informationen verschlüsselt sein, um sich als Vorlage für das Wunderwerk des menschlichen Körpers zu eignen? Noch niemand hat das überzeugend vorrechnen können.
- Wie entwickelt sich aus der befruchteten Keimzelle nach und nach eine Form, statt bloß zu einem Zellhaufen heranzuwuchern? Welcher Mechanismus schaltet dazu die Gene rechtzeitig ein und aus? In jedem Augenblick ist nur ein Teil von ihnen aktiv, dient als Vorlage zum Aufbau und der wechselseitigen Organisation von Körperzellen; andernfalls wäre undifferenziertes Wachstum die Folge – also Krebs. – Biologen spekulieren über »Operator«-Gene, die von »Aktivator«-Genen ein- und von »Regulator«-Genen wieder ausgeschaltet werden. Doch diese hypothetische »Hierarchie von Kontrollsystemen, die auf verwickelte Weise ineinandergreifen, löst das Geheimnis nicht – sie vertieft es im Gegenteil nur noch«, erklärte eine Gruppe englischer Wissenschaftler 1975. »Je komplexer die Mechanismen sind, desto dringlicher wird es, eine intelligente Programmierung vorauszusetzen.« Diese Gruppe gehört dem britischen »Zentrum für Theosophische Forschung« an – von Reinkarnation zutiefst überzeugt.[14]

»Wieso erinnern wir uns gewöhnlich nicht?«
Das Problem der Zugänglichkeit

Wenn wir unentwegt reinkarnieren müssen, um zu lernen – wieso kommen wir an das Gelernte dann nicht einfacher heran, um damit Sinnvolles anzufangen? Was hätten wir davon, Erfahrungen zu sammeln, die unserem Bewußtsein gewöhnlich völlig entzogen sind?

Das mag von der Schöpfung weise ausgedacht sein, vermutete schon der Aufklärungsdichter Gotthold Ephraim Lessing (1729-1781), überzeugter Verfechter der Wiedergeburtslehre, vor 200 Jahren: »Wohl mir, daß ich vergesse, daß ich schon einmal dagewesen bin« – »Die Erinnerung meiner vorigen Zustände würde mir nur einen schlechten Gebrauch des gegenwärtigen zu machen erlauben.«[15] Wie außersinnliche Wahrnehmungen im allgemeinen, so könnte unser Bewußtsein Reinkarnations-Erinnerungen systematisch unterdrücken – vielleicht, um sich eine ungeheure Belastung zu ersparen, unter der es zusammenbräche. Stünden wir pausenlos in telepathischem Kontakt mit anderen, so würden wir unentwegt überschwemmt von einer wirren Flut von Eindrücken, Wünschen, Haß und Neid, Sorge und Furcht; ebenso überfordern würden uns vermutlich allgegenwärtige Eindrücke von früheren Orten, Beziehungen und Lebensumständen, die mit unserer physischen Existenz hier und jetzt nur noch wenig zu tun haben, ja eher hinderlich sein könnten, in ihr zurechtzukommen. Im Vergessenkönnen liegt die Chance, von Ballast freizuwerden, im Hier und Jetzt aufnahmefähiger zu werden und unvorbelastet neu anzufangen. Denn »ach, unsre Taten selbst, so gut wie unsre Leiden, sie hemmen unsres Lebens Gang«, war schon Goethe klar. »Die unangenehmen Erinnerungen halten alles befleckt. Wie gut ist's, daß der Mensch sterbe, um nur die Eindrücke auszulöschen und gebadet wiederzukommen.«[16]

»Warum nehmen wir nichts mit?«
Das Problem der Lernübertragung

Falls wir wirklich traumatische Erlebnisse aus früheren Existenzen mitnehmen, wie Reinkarnationstherapeuten behaupten – warum gelingt uns dies nicht auch mit Fähigkeiten und Fertigkeiten? Wieso müssen wir alle nochmals von vorne anfangen – wo die Kette der Wiedergeburten doch angeblich auf stetige Reifung durch Lernen hin angelegt sein soll? Was hätten wir aus einstigen Inkarnationen nicht alles in spätere hinüberzuretten gehabt: die Lebenserfahrun-

gen, Einstellungen und Werthaltungen eines mehrfachen Altersweisen; den Sprach- und Wissensschatz vieler Generationen und Kulturen; logisch-mathematische Fähigkeiten, handwerkliches Geschick, künstlerische Begabungen.
Wie rätselhafte Höchstbegabungen in früher Kindheit vermuten lassen, finden solche Übernahmen tatsächlich statt – ob nun von bewußten Reinkarnationserinnerungen begleitet oder nicht. Warum sie so selten vorkommen, hatte für Hinduisten und Buddhisten immer schon einen tieferen Sinn: Darin, etwas *nicht* (mehr) zu können, liegt zum einen eine Herausforderung, es sich von neuem anzueignen und zu beherrschen – und damit eine Chance zu spirituellem Wachstum. Zum anderen legt Erlerntes fest: auf seine Ausübung zu Lasten anderer Tätigkeiten. Ein Hauptziel zahlreicher Inkarnationen liegt aber darin, in *wechselnden* Rollen wiederzukehren. Wer tausendmal Komponist, Architekt oder Maler war, hat sich einseitig vervollkommnet – und damit zuwenig. Außerdem: Können ist Macht. Wer angehäuftes Herrschaftswissen mitnehmen kann, wird stets versucht sein, zu herrschen – und damit den Sinn der Wiedergeburten zu vereiteln, die den Mächtigen abverlangt, sich auch in der Rolle des Ohnmächtigen zu erleben.
Warum darf es dann überhaupt Ausnahmen geben, wie anscheinend bei »Wunderkindern«? In ihrer verschwindenden Minderheit vereiteln sie nicht das Gesetz der Wiedergeburt – sie bekräftigen es, als lebendes Zeugnis dafür, daß es besteht und sich erfüllt. Denn erst durch ihre Sonderstellung geraten sie ins Rampenlicht, wecken öffentliches Interesse und Neugier: nicht nur für das, *was* sie können, sondern auch für das *Warum.*

»Wie kam das Rad der Wiedergeburten in Gang?«
Das Problem des Ursprungs

Wo kommen all die wandernden Seelen her? Wo waren sie, ehe sich im Universum Körper entwickelten, in die sie schlüpfen konnten? Entließ sie »das Eine«, »der kosmische Geist« aus sich? Wie und

wozu machte er das, und woher kommt *er*? Wer Reinkarnationsgläubige darüber »aufklären« hört, fühlt sich unwillkürlich an den Ratschlag des Sprachphilosophen Ludwig Wittgenstein erinnert: »Wovon man nicht sprechen kann, darüber muß man schweigen.«[17] Daß Astrophysiker, sobald sie über die Anfänge des Universums zu spekulieren beginnen, nicht unbedingt eine bessere Figur abgeben, ist der kritischen Vernunft nur ein schwacher Trost.
Doch für uns alle eine Kette von Wiedergeburten anzunehmen, kann durchaus eine aus triftigen Gründen angenommene empirische Hypothese sein (wie Kapitel 5 zeigte), selbst wenn unfaßbar bleibt, wo diese Kette anfängt und endet – und welches Prinzip ihre einzelnen Glieder aneinanderfügt. Was war vor dem Urknall? Was liegt jenseits des mit Lichtgeschwindigkeit expandierenden Alls? Wie bildete sich aus toter Materie die erste lebende Zelle? Auch wenn die Ursprünge der kosmischen und biologischen Evolution im dunkeln liegen und Raum für religiöse Bekenntnisse lassen – *daß* und nach welchen Gesetzen sie ablaufen, ist trotzdem wissenschaftlich zu erforschen und zu bestätigen, mithin beileibe keine »Glaubenssache« mehr. Warum sollte dies nicht auch für die Evolution der Seelen gelten?

»Wo sollten all diese Seelen herkommen?«
Das Problem der Bevölkerungsexplosion

Über fünf Milliarden Menschen bevölkern heute unseren Planeten – elfmal mehr als noch vor 300 Jahren. (Gegen Ende des nächsten Jahrtausends werden es nach jüngsten UNO-Hochrechnungen 14 Milliarden sein.) »Also gab es doch in der Vergangenheit gar nicht genug Seelen für jeden heutigen Lebenden«, wundert sich der australische Philosophieprofessor William Grey in Canberra, und nicht nur er. Reinkarnationisten spekulieren über jahrmillionenlang »freischwebende« Seelen in anderen Sphären; über Seelen in »niedrigeren« Inkarnationen als Tier, Pflanze oder gar als Mineral; über Seelen, die der Eine, alldurchdringende Geist synchron zur Bevölkerungsentwicklung in zunehmender Zahl aus sich entließ; oder sie verblüffen mit der Gegenfrage, woher wir eigentlich so sicher sind, daß *alle* menschlichen Körper, bloß weil sie so aussehen und sich verhalten wie unsereins, auch eine Seele haben. Kopfschütteln provozieren sie so oder so.

Auch wenn schon der christliche Kirchenvater Tertullian diesen Einwand für schlagend erachtete – er beruht auf einem Rechenfehler.[18] Demographen schätzen, daß seit Urzeiten zwischen 70 und 100 Milliarden Menschen auf der Erde gelebt haben.[19] Demnach hätte jede der fünf Milliarden Seelen des ausgehenden 20. Jahrhunderts immerhin bis zu 20mal Gelegenheit gehabt, sich erneut zu verkörpern – dies unter der Annahme, die Zeiträume zwischen Tod und Wiedergeburt seien immer gleich groß gewesen. Vielleicht dauerte ein »Zwischenleben» früher aber viel länger? Das altindische Heldenepos *Bhagavad-Gita* läßt Krishna eine »ungeheure Anzahl von Jahren« andeuten; in seinem *Phaidon* rechnete der griechische Philosoph Platon mit »zahlreichen Zeitenumläufen«, in der *Republica* mit einem Zyklus von 1000 Jahren. Könnte sich die Wiedergeburtsrate beschleunigt haben, je näher das 20. Jahrhundert rückte – im Gleichschritt mit der Bevölkerungsentwicklung? Helen Wambachs und Ian Stevensons Statistiken über entsprechende Aussagen von Menschen mit Reinkarnationserinnerungen deuten darauf hin.

»Wie kann ich er sein?«
Das Problem der personalen Identität

Auf Wiedergeburt angesprochen, fordern Naturwissenschaftler empirische Anhaltspunkte – Philosophen dagegen begriffliche Analysen. »Bevor wir überhaupt sinnvoll erörtern können, ob die Reinkarnationstheorie *wahr* ist«, so argumentieren sie, »muß doch zunächst einmal klar sein, was sie überhaupt *meint*. Was *bedeutet* es denn anzunehmen, eine Person A *sei* die Person B, an deren Schicksal sie sich im Laufe einer Rückführung zu erinnern meint?

In welchem Sinn, unter welchen Voraussetzungen kann hier von *Identität* die Rede sein?«

Im Alltag genügen uns dafür meist schon körperliche Hinweise. Wenn Vermißte, Entführte oder Kriegsgefangene heimkehren, reicht ihren Angehörigen fast immer ein flüchtiger Blick, um sie auf Anhieb wiederzuerkennen. An äußerliche Merkmale halten sich auch Opfer und Augenzeugen eines Verbrechens, wenn sie Täter zu identifizieren haben: bei Gegenüberstellungen, auf Fahndungsfotos. In schwierigeren Fällen helfen Fingerabdrücke, Blut- und Haarproben, Stimm- und Handschriftenanalysen, neuerdings zellgenetische Vergleiche.

Sind Personen also genau dann identisch, wenn sie es *physisch* sind? Bis heute betrachten die meisten Philosophen körperliche Identität zumindest als notwendig (wenn auch nicht unbedingt als hinreichend), um zwei Personen als ein und dieselben zu erkennen. Seelenwanderung wäre demnach unmöglich. Doch schon vor drei Jahrhunderten schloß der englische Philosoph John Locke (1632-1704) umgekehrt: Seelenwanderung ist denkbar – also muß der Begriff der personalen Identität auf einem anderen Kriterium beruhen. Locke sah es in der Erinnerung: »Die Identität einer Person reicht so weit, wie sich ihr Bewußtsein auf vergangene Handlungen oder Gedanken erstrecken kann.« An zwei berühmt gewordenen Beispielen veranschaulichte er dies: »Falls die Seele eines Prinzen, mitsamt dem Bewußtsein seines früheren Lebens, in den Körper eines Schuhmachers eindringen, dessen Seele verdrängen und nun aus ihm sprechen würde, so wäre jedermann klar, daß der Schuhmacher und der Prinz ein und dieselbe Person sind... Wäre meinem Bewußtsein Noahs Arche und die Sintflut genauso gegenwärtig wie das Hochwasser der Themse im letzten Winter, so könnte ich nicht daran zweifeln: Ich, der dies jetzt schreibt, bin *derselbe* wie jener, der die Sintflut miterlebte – ebensowenig wie ich daran zweifle, daß ich heute derselbe bin wie gestern.«[20]

Doch wenn sich die Prinzenseele im Schuster *nicht* ihrer Vergangenheit erinnert? Ist ein Ich, das seiner Vorgeschichte unbewußt ist, etwa ein Unding? Mit seinem Gedankenexperiment hat Locke in der neuzeitlichen Philosophie eine Diskussion angezettelt, die bis heute anhält: Welche Bedingungen sind notwendig und hinreichend dafür, Personen für identisch zu erklären?[21] Vorschläge hierzu füllen in den Bibliotheken unserer philosophischen Seminare inzwischen ganze Regalwände. Manche kombinieren Körper- und Gedächtniskriterium, andere führen weitere Identitätsbedingungen ein. Doch alle verbindet die Ansicht, solche Begriffserklärungen seien *a priori* nötig – und möglich.

Ich bezweifle das. Der philosophische Drang, Begriffe zu analysieren – seien es Bedeutungen von Wörtern oder »Vorstellungen« –, rührt von der Erwartung her, dadurch dem Wesen der Dinge auf die Spur zu kommen: In den »notwendigen und hinreichenden« Bedingungen dafür, einen Begriff anzuwenden, würden sich natürliche Notwendigkeiten widerspiegeln. Ein solcher Essentialismus beruht aber auf einer irrigen Theorie des Begriffs, wie der Sprachphilosoph Ludwig Wittgenstein (1889-1951) am Beispiel von Spielen verdeutlicht.[22] Welches Merkmal kennzeichnet *alle* und *nur* die Tätigkeiten, die wir »Spiele« nennen?

Sag nicht: Es *muß* ihnen etwas gemeinsam sein, sonst hießen sie nicht »Spiele« – sondern *schau*, ob ihnen allen etwas gemeinsam ist. – Denn, wenn du sie anschaust, wirst du zwar nicht etwas sehen, was *allen* gemeinsam wäre, aber du wirst Ähnlichkeiten, Verwandtschaften, sehen, und zwar eine ganze Reihe ... Schau z.B. die Brettspiele an, mit ihren mannigfachen Verwandtschaften. Nun geh zu den Kartenspielen über: hier findest du viele Entsprechungen mit jener ersten Klasse, aber viele gemeinsame Züge verschwinden, andere treten auf. Wenn wir nun zu den Ballspielen übergehen, so bleibt manches Gemeinsame erhalten, aber vieles geht verloren. – Sind sie alle »unterhaltend«? Vergleiche Schach mit dem Mühlfahren. Oder gibt es überall ein Gewinnen und Verlieren, oder eine Konkurrenz der Spielenden? Denk an die Patiencen. In den Ballspielen gibt es Gewinnen und Verlieren; aber wenn ein Kind den Ball an die Wand wirft und wieder auffängt, so ist dieser Zug verschwunden. Schau, welche Rolle Geschick und Glück spielen. Und wie verschieden ist Geschick im Schachspiel und Geschick im Tennisspiel. Denk nun an die Reigenspiele: Hier ist das Element der Unterhaltung, aber wie viele der anderen Charakterzüge sind verschwunden! Und so können wir durch die vielen, vielen anderen Gruppen von Spielen gehen, Ähnlichkeiten auftauchen und verschwinden sehen.

Daß wir vergeblich nach dem »Wesen« von Spielen fahnden, macht sie freilich keineswegs zu einer buntscheckigen Gruppe von Tätigkeiten, die nichts weiter zusammenhält als ein gemeinsamer Name, der ihnen willkürlich beigelegt wird. (So würde ein »Nominalist« schließen.) Wie Wittgensteins »Bündeltheorie« betont, bestehen auch nach dem Abschied von »Essenzen« durchaus gute Gründe dafür, mehrere Dinge unter ein und denselben Begriff zu bringen; was sie lose verbindet, sind »Familienähnlichkeiten«:[23]

Wir sehen ein kompliziertes Netz von Ähnlichkeiten, die einander übergreifen und kreuzen. Ähnlichkeiten im Großen und Kleinen.
Ich kann diese Ähnlichkeiten nicht besser charakterisieren als durch das Wort »Familienähnlichkeiten«; denn so übergreifen und kreuzen sich die verschiedenen Ähnlichkeiten, die zwischen den Gliedern einer Familie bestehen: Wuchs, Gesichtszüge, Augenfarbe, Gang, Temperament, etc. etc. – Und ich werde sagen: die »Spiele« bilden eine Familie...

Solche Familienähnlichkeiten kennzeichnen gleichfalls Fälle, in denen wir Personen miteinander identifizieren. Kein einzelnes Kriterium, das wir dazu heranziehen, ist notwendig, kein einzelnes reicht hin; Ausnahmen kommen stets vor oder sind wenigstens denkbar. Doch in jedem einzelnen Fall kommt die Mehrzahl der Kriterien zum Tragen, die wir auch in anderen Fällen anlegen – das genügt. Kann ein »Zurückgeführter« mit einem Menschen identisch sein, der vor Jahrhunderten lebte und starb (nennen wir ihn »M«)? Was im Verlauf von Reinkarnationstherapien über »M« geäußert wird, erfüllt immerhin eine ganze Reihe der folgenden Anforderungen, die uns auch bei gewöhnlichen Identitätsnachweisen zufriedenstellen würden. Darin besteht die »Familienähnlichkeit«:

1. Der Zurückgeführte *erinnert* sich an M. Das schließt ein: M existierte tatsächlich; ein Großteil der Angaben über sein Leben stimmen nachweislich.
2. Vieles von dem, was er über M erzählt, kann nur jemand wissen, der M aufs Intimste kannte – oder M *ist*. Daß er sich seine Informationen aus anderen Quellen beschafft haben könnte, mag logisch möglich sein, ist praktisch jedoch oft ausgeschlossen.

3. Er *identifiziert* sich mit M.
4. Was er zu erinnern scheint, löst in ihm *Empfindungen und Gefühle* aus, die charakteristisch für einen Menschen sind, der die betreffenden Geschehnisse tatsächlich erlebte, an ihnen beteiligt war.
5. *Psychisch ähnelt* er M weitgehend, etwa in bekannten Charaktereigenschaften, Fähigkeiten und Interessen.
6. Er *verhält* sich so, als hätte er M's Leben gelebt.
(Andererseits unterscheidet er sich in vielerlei Hinsicht von M – doch ist er nicht auch innerhalb seines *jetzigen* Lebens schon mehrfach ein »anderer Mensch« geworden: als Säugling, als Kind, als Jugendlicher, als Erwachsener, als Greis?)

Neben diesen Merkmalen weisen die meisten Reinkarnationsfälle allerdings auch Besonderheiten auf, die üblicherweise niemals auftreten, wenn es um die Identifizierung von Personen geht: Der Körper der früheren Persönlichkeit ist tot; zwischen der physischen Existenz der jetzigen und der früheren Persönlichkeit gibt es keine kontinuierliche Entwicklungslinie; körperliche Ähnlichkeiten fehlen. Kann der Begriff der personalen Identität auf solche Fälle unmöglich passen, da sie doch derart von der Regel abweichen? Auch neue Spiele weisen oft neue Merkmale auf, die allen bisherigen abgehen. (Wittgenstein selbst kannte noch keine Computerspiele.) Was rechtfertigt es dann, sie »Spiele« zu nennen?

Wir dehnen unseren Begriff aus, wie wir beim Spinnen eines Fadens Faser an Faser drehen. Und die Stärke des Fadens liegt nicht darin, daß irgend eine Faser durch seine ganze Länge läuft, sondern darin, daß viele Fasern einander übergreifen.[24]

Wie ein Faden Form, Farbe und Beschaffenheit ändern kann, wenn nach und nach alte Fasern herausgezogen und neue um ihn gesponnen werden, so kann sich auch ein Begriff allmählich ändern, wenn er einzelne Attribute verliert, die ihn bislang auszuzeichnen schienen. (Wir haben aufgehört, Gewicht mit Masse gleichzusetzen.) Oder wenn ihm ein neues Attribut zugeordnet wird, mit dem er bislang nicht in Verbindung gebracht worden ist. (Freud sensibilisierte uns dafür, daß unsere Psyche *unbewußte* Anteile hat.)

Wann verändert sich ein Begriff derart? Sobald sich Überzeugungen über die Dinge ändern, die in seinem bisherigen Anwendungsbereich liegen. Einen solchen Überzeugungswandel können empirische Entdeckungen anstoßen, zumal solche, die Grundannahmen bisheriger Theorien erschüttern.[25] »Himmel« nach Kopernikus, »Raum«, »Zeit« und »Masse« nach Einstein, »Vererbung« nach Mendel, »Unbewußtes« nach Freud bedeuten nicht mehr das gleiche wie noch Jahrhunderte zuvor. Begriffe sind keine zeitlosen Gebilde, sie unterliegen einer geschichtlichen Dynamik. Ehe sich Wellentheorien von Licht und Schall durchsetzten, hätte es nicht bloß als falsch, sondern als unsinnig gegolten, dem Sonnenschein oder dem Donner eine »Frequenz« zuzusprechen. Als unsere Erde noch für eine Scheibe gehalten wurde, machte eine Behauptung wie »Ich segelte um die ganze Welt herum« keinen Sinn. »Ich bin tausend Kilometer von dir entfernt« war eine unmögliche Behauptung, ehe die Schrift erfunden wurde, mit ihr die Möglichkeit, Informationen über beliebige Entfernungen auszutauschen.[26]

Könnten sich empirische Befunde, wie sie Ian Stevenson vorweisen kann, nicht ebenso tiefgreifend auf unsere bisherigen Begriffe der Person, des Ichs, der Erinnerung auswirken? Solche Befunde sind philosophisch im voraus ebensowenig absehbar, wie es Entwicklungen der modernen Physik oder Biologie für antike Denker wie Aristoteles waren. Reinkarnationsforschung in begriffsanalytische Zwangsjacken zu stecken, scheint mir insofern ein aussichtsloses Unterfangen.

Was Philosophen nicht ausschließen können, muß deswegen noch lange nicht begründet sein, geschweige denn wahr. Viele Erwiderungen von Reinkarnationsanhängern, die ich in diesem Kapitel vorgetragen habe, überschreiten die Grenze zwischen Glauben und Glaube, zwischen prüfbarer Meinung und religiösem Bekenntnis. Weitgehend spekulativ, wie sie ausfallen, verschaffen sie dem akademischen Forschungsbetrieb leichte Alibis, über widerspenstige Fakten hohnlächelnd hinwegzugehen – Fakten, die man ignorieren kann wie Kardinal Bellarmin einst Galileis Fernrohr, aber schwerlich wegdiskutieren.

Nachdem jenes »Manifest gegen die Astrologie« 1975 veröffentlicht worden war, wollte ein Reporter der britischen Fernsehgesellschaft BBC einige der Nobelpreisträger interviewen, die unterzeichnet hatten. Sie lehnten ab. Ihre Begründung: Astrologie hätten sie nie studiert, mit Einzelheiten seien sie nicht vertraut.[27] Wie viele derer, die Reinkarnationstheorien derzeit öffentlich verfluchen, kennen sich besser aus, was den mittlerweile erreichten Forschungsstand anlangt?

8 Wenn das alte Ich nicht mehr fortgehen will

Grenzen und Gefahren von »Rückführungen«

> Glaubt nichts, nur weil es überliefert ist, auch wenn die Überlieferungen seit vielen Generationen und an vielen Orten geehrt wurden. Glaubt nichts, nur weil viele davon reden. Glaubt nichts, nur weil ihr den Weisen der Vergangenheit vertraut. Glaubt nichts, nur weil ihr euch auf die Autorität eurer Meister oder Priester verlaßt. Prüft und glaubt danach, was ihr überprüft und für vernünftig befunden habt, und richtet euer Verhalten danach.
>
> *Gautama Buddha*

Im Jahre 1978 will es der 66jährige Brite John Pollock, ein ehemaliger Milchhändler aus Whitley Bay an der Küste der nordenglischen Grafschaft Northumberland, endlich wissen: Wer war er in früheren Leben? So stellt er sich Wilf Proudfoot, einem ehemaligen Parlamentsabgeordneten aus Scarborough, als Freiwilliger für hypnotische Rückführungsexperimente zur Verfügung.
Tatsächlich tauchen mehrere »frühere Leben« auf. Doch die Erinnerungen bleiben fast immer unscharf, verschwommen. Eine Identität allerdings scheint ganz deutlich hervorzutreten: als Dr. Nehemiah Bradford, ein hochangesehener Chirurg, der im frühen 19. Jahrhundert in Frenchay bei Bristol lebte. Minutiös beschreibt Pollock den Wohnsitz Bradfords, empfindet Schritt für Schritt dessen steile Karriere nach, ebenso dessen Ehe mit einer gewissen Rachel Brewiss.

Jetzt führt der Hypnotiseur ihn ins hohe Alter des Arztes. Wie steht es um Bradford nun? Vor kurzem sei seine geliebte Rachel gestorben, trauert Pollock in tiefer Trance. Inzwischen lebe er alleine in seinem prachtvollen Haus – abgesehen von einem jungen Dienstmädchen, das ihn betöre, wie er zugibt. Kurze Zeit später ist er »ganz allein«. »Und was ist mit Ihrer Bediensteten?« will Proudfoot wissen. Doch Pollock hüllt sich hartnäckig in Schweigen. Beharrlich hakt der Hypnotiseur nach – bis es aus Pollock herausbricht: Vor Leidenschaft wie rasend, habe er sie vergewaltigt, dann umgebracht. – Er habe abgewartet, bis auf dem nahegelegenen Friedhof ein neues Grab ausgehoben worden war. Im Schutz der Dunkelheit habe er den Körper dorthingeschafft und verscharrt. Weil die Erde an dieser Stelle ohnehin frisch umgegraben war, konnten die Spuren seiner Tat nicht auffallen.

»Wie konnten Sie den Mord überhaupt vertuschen? Hat denn niemand das Mädchen vermißt?« – Neugierigen Nachbarn habe er erzählt, sie habe ihn von einem Tag zum andern verlassen, arbeite inzwischen woanders. »Das Verbrechen wurde nie entdeckt.« – Wo befindet sich die Leiche jetzt? – Auf einem Lageplan kann Pollock die genaue Stelle einzeichnen, wo er sie vergraben hatte.

Als der wiedergeburtsgläubige Pollock später die Tonbandaufzeichnung hört, ist er entsetzt, verzweifelt. Daß etwas in ihm jemals zu einer solchen Greueltat imstande gewesen sein soll, erschüttert ihn zutiefst. Kettenrauchend sitzt er bis drei Uhr nachts vor dem laufenden Tonband; in Anwesenheit eines Journalisten läßt er es immer wieder abspielen. Von der Realität des Geschehens ist er restlos überzeugt: Wahrheit tut eben manchmal weh; sie zu überprüfen, kommt ihm gar nicht erst in den Sinn. Wieso auch? Diesen Nehemiah Bradford gab es ja wirklich: 1749 geboren, lebte er in der Tat in Frenchay bei Bristol. (Zu seinen engsten Freunden hatte der große Wundarzt Edward Jenner [1749-1823] aus Berkeley gehört, dem 1796 die erste Pockenschutzimpfung gelang.) Bradfords glänzende Laufbahn, seine privaten Lebensverhältnisse – dies alles schien Pollock so gut zu kennen, als wäre er Bradford.[1]

In den Augen der meisten »Rückführer« von heute hat Pollock durchaus rational reagiert. Fielen seine Erinnerungen nicht atemberaubend präzise aus? Konnten sie nicht sogar im nachhinein bestätigt werden, zumindest teilweise? Identifizierte er sich nicht voll und ganz mit seinem »früheren Selbst?« Wie kann es da noch Zweifel geben? Mit womöglich voreiligen Erfolgsmeldungen wie dem »Fall Pollock« wecken sie bei Neugierigen leicht überzogene Erwartungen – und machen blind gegen etliche Risiken.
Wie einst Encounter und Selbsterfahrung, so verkommen auch »Rückführungen« rasch zur Psychomode, mit der sich gelangweilte Großstadtneurotiker zeitweilig ein paar prickelnd neue *feelings* verschaffen. Was ihnen illustre Psycho-Zirkel, Ein-Mann-»Institute« und selbsternannte »Therapeuten« reißerisch schon in Stadtmagazinen und Anzeigenblättern schmackhaft machen, zielt ganz darauf ab: Geboten wird, gegen schnelle Mark, der bequeme Einstieg in den »duften« Jenseits-Trip: zahlen, einsteigen, abfahren. Die bunten übersinnlichen Visionen, die solchem Spektakel entsteigen, haben mit Offenbarung, Einweihung und Selbstfindung oft nicht mehr gemein als die Muppetshow mit einem Gottesdienst. Sie befriedigen, einen Abend lang, Erlebnishunger und Lust am Unbegreiflichen – und bleiben, zwischen Büroschluß und Spätausgabe der Tagesschau, notgedrungen an der Oberfläche. Seriöse Therapeuten geraten dabei schuldlos ins Zwielicht; argwöhnische Patienten, die bei ihnen echte Hilfe finden könnten, fühlen sich abgestoßen – und verpassen Chancen, die zumindest prüfenswert wären.[2]
Übereifrige Propagandisten der »Rückführung« ködern sie, indem sie überzogene Hoffnungen schüren. Sie sprechen davon, daß »über 96 Prozent der Untersuchten eine klare Schilderung (von) Erlebnissen in einem oder gar mehreren (früheren) Leben« gaben oder daß selbst »sanfte« Regressionshilfen »bei 90 Prozent« schon während der allerersten Sitzung Reinkarnationserinnerungen freisetzen können – bei den restlichen zehn Prozent spätestens im zweiten oder dritten Anlauf.[3]
Wirklich? Zwar gelingen Regressionen in Vorleben häufig mühelos selbst bei Patienten, die vorweg klarstellen, daß sie »Wiedergeburt« für baren Humbug halten. Doch eine »Rückreise«-

Garantie ist, trotz vorweg kassierter Seminargebühren, nicht zu haben. So schwanken die im Psycholabor an größeren Stichproben experimentell ermittelten Quoten für »gelungene« hypnotische Rückführungen ganz extrem, zwischen sieben und 90 Prozent.[4] Selbst wenn sich »Reinkarnationserinnerungen« einstellen, besteht nur ein kleiner Teil davon im dramatischen Nacherleben eines einstigen Schicksals, mitsamt der dazugehörigen Wahrnehmungen, Gefühle, Empfindungen, Überzeugungen, Fähigkeiten und einer vollkommenen Identifikation – obschon es gerade solche spektakulären Einzelfälle sind, die Rückführer am liebsten an die große Glocke hängen. Viele beobachten die Inkarnation, in die sie sich zurückversetzt wähnen, als ob sie einen Film anschauen würden: aus der Perspektive eines passiven, unbeteiligt außenstehenden Zuschauers. Nicht alle tauchen in einen dynamischen Bilderstrom ein – in vielen blitzen, hastig und unbeständig, nur Schnappschüsse auf, als ob sie eine Diaserie betrachten. Fortlaufend verändern sich die Szenen, werden in hektischer Abfolge schlagartig von anderen abgelöst, ehe sie so recht greifbar sind. Ja, manchmal wollen sich überhaupt keine visuellen Eindrücke einstellen: Viele »Rückgeführte« hören undeutliche Stimmen und Geräusche; wieder andere können bloß über sonderbare Emotionen und Empfindungen berichten. Selbst unter Helen Wambachs Versuchspersonen mußte jeder Zehnte enttäuscht feststellen, daß er während der Rückführung entweder gar nichts erlebte – oder schon bei der Einleitung in tiefen Schlaf versank. Andere, zutiefst von ihrer mehrfachen Inkarnationen überzeugt, warteten gebannt auf Offenbarungen, verkrampften dabei – und blieben wach. Viele Skeptiker fühlen sich von Anfang an zu unbehaglich, um sich fallenzulassen; sie fürchten Kontrollverlust und Bewußtseinseinschränkung der Trance, mißtrauen ihrem Rückreisebegleiter – oder finden die auftauchenden Szenen zu unwirklich, wie der *Esotera*-Redakteur Dr. Willi Dommer, als er sich Ende 1989 Jan-Erik Sigdell anvertraute: »Die Gestalt, in der ich mich befinde, kommt mir klischeehaft vor«, schildert er eine typische Sperre. »So sieht doch niemand wirklich aus, denke ich, und schon ist das Bild verschwunden.«[5]

Manchmal klaffen zwischen einzelnen Erinnerungsfetzen große Lücken: Wichtige Teile der Biographie bleiben im dunkeln, wie mit Filmrissen durchsetzt. Zu versprechen, wie es manche Werbezettel tun, bei Rückführungen könne »*jede* Erfahrung, die jemals gemacht wurde, wieder erinnert werden«, täuscht daher entweder wider besseres Wissen – oder überdehnt die Semantik des Wortes »können« bis zur Unkenntlichkeit.

Bei allen Verfahren treten anfangs bisweilen *Überlagerungen* auf: Bruchstückhaft kommen mehrere »Lebensromane« gleichzeitig zum Vorschein, vermischen sich und werden zunächst als ein einziger wiedergegeben, der voller Widersprüche steckt. Erst allmählich, mit viel Geduld, Einfühlungsvermögen und Phantasie, lassen sich die verschiedenen Existenzen auseinanderdividieren. Mit dieser Deutungsarbeit kommt unvermeidlich ein Element der Willkür ins Spiel, denn die erforderlichen Interpretationen müssen über den Inhalt des Erlebten weit hinausgehen. Einer erwünschten Konsistenz wird dabei der erkenntnistheoretische Grundsatz geopfert: Niemand weiß besser, was in meinem Geiste vorgeht, als ich selbst. Was ist beispielsweise davon zu halten, »wenn du die Rückführung mit schwarzen Stiefeln begonnen hast und plötzlich an dir runterschaust und rote Ballettschuhe siehst?« Ist es dann so sicher, »daß du in ein *anderes* Leben gerutscht bist«, wie Rhea Powers meint?[6] Vielleicht ist es aber auch ein und dasselbe Leben eines Transvestiten, oder eines Transsexuellen vor und nach erfolgter Geschlechtsumwandlung?

Geradezu phänomenal scheint bei vielen »Rückgeführten« das Gedächtnis für historische Daten ausgeprägt. Während sie im Wachzustand bei Fragen, in welchem Jahr sie denn ihre erste Liebe erlebt, ihren ersten Job angetreten, ihren ersten Umzug vorgenommen haben, durchaus ins Grübeln geraten können und gelegentlich passen müssen, wissen sie aufs Jahr genau, zu welcher Zeit sie in längst untergegangenen Kulturen an Tempeln mitbauten, auf Altären geopfert, in Feldzügen erschlagen wurden. In Wambachs Gruppenexperimenten etwa fand sich eine Teilnehmerin »2083 vor Christus« wieder.[7] Wie *konnte* sie ein solches Datum überhaupt angeben? Vor vier Jahrtausenden konnte weder irgendwer wissen, daß er »Vor Christus« lebt, noch verfügte er über eine entsprechende Zeitrechnung. Davon abgesehen haben erst fortgeschrittene westliche Industriegesellschaften den kontinuierlichen Strom der Zeit in kleine, mechanisch meßbare Einheiten zerhackt. Dem Rest der Welt ist dieser Zeitbegriff seit Jahrtausenden ebenso unwichtig wie fremd; was dort eher zählt, sind wichtige Ereignisse und wiederkehrende Rhythmen der Natur als ungefähre Bezugspunkte. Dies erlebte auch der Schweizer Reinkarnationstherapeut Bruno Meier, als er auf Bali nach dem Alter eines Kindes fragte: »Es wurde geboren, als die Feuerbestattung des Fürsten war«, lautete die Auskunft.[8]

Flüstert dem Rückreisenden womöglich sein »Höheres Selbst« Zahlen ein, die *er* aus unserem Gregorianischen Kalender herausrechnet? (Nebenbei gefragt: Warum ausgerechnet aus dieser Zeiteinteilung lieber als aus der jüdischen oder islamischen?) Da wird Dunkles durch noch Obskureres zu erhellen versucht.

Überhaupt bilden Ungereimtheiten und offenkundige Widersprüche, überdeutliche Absurditäten und leicht nachweisbare Irrtümer selbst bei ansonsten »gelungenen« Rückführungen eher die Regel als die Ausnahme. Da identifizieren sich mehrere Klienten, zutiefst überzeugt, mit ein und derselben historischen Gestalt; da entdeckt ein Zurückgeführter bei verschiedenen Sitzungen mehrere Vorleben, die er in dieselbe Zeit datiert (ein Fall von »Bilokation«?); da bricht aus ihm ein »früheres Selbst« heraus, das nachweislich noch lebt; da berichtet er über technische Errungenschaften, die es zu Lebzeiten »seiner« früheren Inkarnation noch gar nicht gab, bringt bekannte historische Abläufe durcheinander, nennt fiktive Ortschaften, Länder und Personen, produziert selbstsicher »unmögliche« Geschichtsdaten. (So »entsann« sich in einer Untersuchung an der Carleton- Universität im kanadischen Ottawa eine Versuchsperson »ihrer« Kaiserkrönung im Jahre 50 nach Christus – als Julius Caesar. Doch Caesar war niemals Kaiser; er starb 44 *vor* Christus.)[9]

Unter Dutzenden von voluminösen Praxisberichten, mit denen Reinkarnationstherapeuten seit drei Jahrzehnten auf den Buchmarkt drängen, kenne ich keinen einzigen, der solche Pannen auch nur in Fußnoten zugäbe.

Weshalb? Täuschen sie bewußt? Oder scheren sie sich nicht einmal um das grundlegendste Kriterium wissenschaftlich sauberen Dokumentierens: neben positiven auch die *negativen* Befunde zu berichten? Oder verfügen sie über eine schier unbegrenzte Fähigkeit zur selektiven Wahrnehmung und Verdrängung? Oder nehmen sie sich zuwenig Zeit für ihre Kundschaft? – eine Möglichkeit, mit welcher der Reinkarnationskritiker Jonathan Venn rechnet, klinischer Psychologe in Green Mountain Circle (US- Bundesstaat Columbia). Mit »Zurückgeführten« wird gewöhnlich ein, zwei Stunden gearbeitet, selbst im Rahmen einer Therapie finden in der Regel nicht mehr als zehn bis dreißig Sitzungen statt. Doch solch »minimaler Kontakt überhöht die Glaubwürdigkeit des Klienten«, warnt Venn.[10] »Je mehr Sitzungen stattfinden, desto mehr Gelegenheiten bieten sich ihm, falsche, unmögliche oder widersprüchliche Angaben zu machen.«
Venn selbst nahm die Mühe eines Langzeitexperiments auf sich:[11] Achtzehn Monate lang, in sechzig Hypnosesitzungen, führte er den 26jährigen Matthew zurück, einen Optikergehilfen aus Oklahoma. Nicht weniger als zwanzigmal brach dabei aus Matthew der französische Pilot Jacques Gionne Trecaulte hervor, der im August 1914 nahe Mons umkam: von einer Maschinengewehrsalve aus einem deutschen Kampfflugzeug in der Brust getroffen. Schreiend, stöhnend, mit allem Schmerz der tödlichen Verletzung empfand Matthew das grauenvolle Geschehen nach; spurlos verschwanden dabei die chronischen Brustschmerzen, mit denen er innerhalb von vier Monaten dreimal die Notaufnahme eines Krankenhauses aufgesucht hatte, ehe die Rückführungen begannen. Bloß: Vor Oktober 1914 sind weltweit nirgendwo Maschinengewehre in Flugzeugen installiert worden.[12] Von den 46 weiteren Angaben, die konkret genug ausgefallen waren, um überprüfbar zu sein, erwiesen sich 31 als falsch – und der Rest als mutmaßliche Verarbeitungen allgemein zugänglicher Quellen.

Allzu locker abgetan wird von »Rückführern« die Gefahr, *Selbsttäuschungen* zu erliegen: als ob die Eindrücklichkeit, die subjektive Macht des Erlebens irgendwie verbürge, daß Rückgeführte nicht freien Phantasien erliegen – »wie könnten sie sonst derart überwältigt sein?« Kaum ein Reinkarnationstherapeut nimmt die Tendenz der menschlichen Psyche ernst, unter bestimmten Bedingungen ihre grundlegenden Konflikte, Fixierungen und Blokkaden szenisch darzustellen. Vermeintliche »Erinnerungen an frühere Leben« stünden dann stets im Verdacht, nichts weiter als Inszenierungen im Rahmen eines inneren »Symboldramas« zu sein.

Längst bekannt und in Hunderten von Studien mittlerweile wissenschaftlich erhärtet ist dieses Risiko im Fall von hypnotischen Regressionen. Bis Mitte der sechziger Jahre setzten »Rückführer« fast ausschließlich auf Enthüllungen in Trance – und trugen schwer an Freuds Erblast. Freud selbst hatte zeitweilig auf Hypnose gesetzt, um an verdrängte Kindheitserlebnisse seiner Patienten heranzukommen. Warum, fragen Reinkarnationstherapeuten, schreiten wir auf der Zeitachse nicht einfach unbegrenzt weiter rückwärts, statt bei unbewältigten Traumata des jetzigen Lebens stehenzubleiben? Doch dieselben beiden Hauptgründe, deretwegen sich Freud schließlich wieder von der Hypnose abwandte, rücken »Rückführungen« bis heute ins Zwielicht:

Das Problem der Suggestion (von lat. *subgerere, suggerere*: »unterschieben«, »darunter bringen«).

In Trance verengt sich das Bewußtseinsfeld derart, daß nur ein einziger Kontakt zur Außenwelt uneingeschränkt erhalten bleibt: der sogenannte »Rapport« zum Hypnotiseur, dem äußerste Aufmerksamkeit geschenkt wird, während zugleich nahezu jegliche kritische Distanz ihm gegenüber verschwindet. Dieser Zustand macht für Eingebungen, gezielte wie unbeabsichtigte, besonders empfänglich. In einer experimentellen Studie mit sechzig »somnambulen«, besonders leicht und tief hypnotisierbaren Versuchspersonen untersuchte R.A. Baker 1982, inwieweit Suggestionen Reinkarnationserlebnisse beeinflussen.[13] Noch vor der »Rückführung« teilte Baker die Teilnehmer in drei Gruppen zu je zwanzig ein, die er über das Wesen der Wiedergeburt jeweils anders instruierte: Gruppe A vermittelte er bejahende, überaus günstige Meinungen; Gruppe B erhielt eine möglichst neutrale, ausgewogene Bewertung; Gruppe C unterrichtete er skeptisch bis ablehnend. Daraufhin waren es in Gruppe A 17, in Gruppe B 12 und in Gruppe C nur zwei Probanden, welche in Hypnose zu einem früheren Leben zurückfanden – wobei diese beiden, wie anschließende Gespräche ergaben, obendrein von Anfang an überzeugt einer Reinkarnationslehre anhingen. »Regredierte« merken selten, mit welch sanfter Gewalt ihr Führer sie durch das Tor zum Jenseits schubst.

Die hohe Suggestibilität seiner Klienten kann sich der US-Reinkarnationstherapeut George Schwimmer bezeichnenderweise zunutze machen, um *past-life rescriptions* vorzunehmen, wie er sie nennt.[14] Um den Schock besonders grauenvoller Erinnerungen an frühere Leben zu lindern, läßt er »*um*schreiben«, was sie ängstigt: Unfälle etwa, die tödlich verliefen, nehmen so in der Phantasie nachträglich noch einen glücklichen Ausgang. Die junge Rebecca »sah«, wie sie einst in einer Kutsche vom schmalen Bergpfad abkam und in eine tiefe Schlucht stürzte; Schwimmer »rettete« sie, indem er sie ein »Sicherheitsnetz« aufspannen ließ, das sie gerade noch auffing. Die tröstliche Phantasie, die sich Rebecca während der folgenden Sitzungen zurechtspintisierte und immer weiter festigte, schien ihr am Ende der vermeintlichen »echten« Erinnerung zum Verwechseln ähnlich.

Wenn Zurückgeführte suggestiv verführt werden, dann selten bloß passiv, als Opfer – sie ermöglichen und verstärken dies aktiv, durch einen unmerklichen Gehorsams- und Erfüllungszwang, der nach seinem Entdecker »Rosenthal-Effekt« heißt:[15] der allgemeinen Tendenz von Teilnehmern an psychologischen Experimenten, den Erwartungen, Hoffnungen und Überzeugungen ihres Versuchsleiters zu entsprechen – sei es, um ihn nicht zu »enttäuschen«, sei es in Anerkennung seiner vermeintlichen Autorität. In welch hohem Maße dieser Effekt bei Rückführungen mitspielen kann – davon kann der amerikanische Bühnenhypnotiseur Peter Reveen ein Lied singen.[16] In seiner Varieté-Show »Das Reich des Überbewußten« (*The Superconscious World*) führt er Freiwillige aus dem Publikum »zurück«: ausnahmslos in höchst prominente Vorleben. »Dabei vermeide ich jeglichen Eindruck, ich hätte Zweifel an der Realität der Wiedergeburt; dann nämlich würde eine beträchtliche Zahl von Teilnehmern meine Ungläubigkeit übernehmen – und nichts zustandebringen.«[17] Abend für Abend »stellen Dutzende so ziemlich alles an, um mich zufriedenzustellen«: Sie »gehorchen mir, indem sie jeglichen Part übernehmen, den ich von ihnen erwarte«: ob nun als Christophorus Kolumbus oder König Heinrich VIII. von England, Prinz Charles oder Lady Diana. Daß solche Effekte auch bei sogenannten »seriösen« Rückführungen mitspielen *können*, kann kein Reinkarnationstherapeut guten Gewissens ausschließen – zumal wenn er seinen Klienten gegenüber von vornherein keinerlei Hehl aus seiner Zuversicht, seinen Zielen und Weltanschauungen macht.

Menschen in Trance sind nicht nur verführbar, sie fabulieren[18] – so bestechend »logisch«, detailliert und von heftigen Empfindungen, Eindrücken und Gefühlen begleitet, daß sie (und Augenzeugen) felsenfest an die Realität ihrer Kopfgeburten glauben.[19]
So berichten Hypnotisierte im Verlauf von »Altersregressionen« ebenso überzeugt über nachweislich frei erfundene wie über tatsächliche Begebenheiten aus frühen Kindheitstagen; nicht minder bereitwillig erteilen sie Auskunft über Erlebnisse aus dem Jahr 2057 oder auf anderen Planeten, in Himmel und Hölle. Auf Geheiß verwandeln sie sich in Jesus oder Napoleon, Helmut Kohl oder Marilyn Monroe. Denn Hypnose enthemmt die Phantasie: In Trance werden Vorstellungsbilder lebhafter und nehmen die Eindrücklichkeit von gespeicherten Wahrnehmungen an. Motive, Ängste, Erklärungsbedürfnisse, Vorurteile, Erwartungen und Vorwissen schaffen sich »passende« Eindrücke. Pseudo-Erinnerungen, die daraus entstehen, hält der Hypnotisierte unbeirrbar für echt. Entsprechend glaubwürdig kann er sie schildern. Hat nicht jeder von uns in Schulen und Museen, aus Büchern und Filmen genug darüber aufgenommen, wie Menschen einst lebten, um sich eine ferne fiktive Vergangenheit auszumalen?
Oft genügen Stichworte dafür. Mit einer hypnotisierten Patientin führte William Bryan einen Wortassoziationstest durch, in dem er nichts weiter als »Massaker« und »Klapperschlange« vorgab. »Was

bedeuten diese beiden Worte für Sie?« Prompt ersann sie ein passendes Schreckenserlebnis aus einem vergangenen Dasein: Ihre Familie wird von Indianern niedergemetzelt, kurz darauf stirbt sie am Biß einer Klapperschlange. Auf der 31. Jahrestagung der amerikanischen »Gesellschaft für Klinische und Experimentelle Hypnose« in Denver (Colorado) im Oktober 1979 demonstrierte Ernest Hilgard, inzwischen emeritierter Professor für Psychologie an der Universität Stanford in Kalifornien, anhand von Filmen: Gleichgültig, welches Jahr, welchen Ort wir einem Hypnotisierten als »Reiseziel« vorgeben – immer spinnt er sich eine Identität zurecht, die dazu »paßt«.[20]

»Rückführer« wollen davon nichts wissen, zumindest offiziell – es wäre schlecht fürs Geschäft. Wie oft steckt mehr hinter den Berichten als ein phantasievoll ausgestaltetes und mitempfundenes Rollenspiel?

Ebenso wie Traumbilder erfüllen auch Regressionserlebnisse außerdem oft uneingestandene Wünsche und Sehnsüchte. »Ein Aspekt dabei ist Ich-Befriedigung«, warnt Arthur Hastings im »Newsletter« der Britischen Gesellschaft für Transpersonale Psychologie. »Zu erfahren, daß man einmal eine Prinzessin in Ägypten war, kann natürlich faszinieren, dem Eigenimage etwas Würze geben oder bestätigen, daß jedes Leben eine besondere Bedeutung hat.«[21] Milan Ryzl, der aus der CSSR emigrierte Parapsychologe aus San José (Kalifornien), tut Wiedergeburtserlebnisse deshalb als »normale, wenn auch bizarre Äußerungen der menschlichen Psyche« ab.[22]

Lassen sich mittels »sanfter« Entspannungs- und Imaginationstechniken Hypnoserisiken wie Suggestion und Fabulieren nicht ausschalten? Die darauf setzen, tricksen sich leicht selber aus. Wer jemals miterlebte, wie in Zurückgeführten, an der kurzen Leine »sanfter« Therapeuten, ein neues Ich zu erwachen beginnt, der ahnt, wie künstlich die Unterscheidung zwischen »hypnotischen« und »nicht-hypnotischen« Verfahren im Grunde ist, wie unbedacht auch die Gleichsetzung von Suggestion mit Hypnose. Einerseits kennzeichnen nahezu sämtliche Merkmale hypnotischer Trance –

fokussierte Aufmerksamkeit, herabgesetzte Kritikfähigkeit, erhöhte Anfälligkeit für Eingebungen und Lenkungen, gesteigerte Sensibilität für Eindrücke aus der eigenen Innenwelt, Abgleiten in surreale Vorstellungen und unlogische Gedankenketten – auch den veränderten Bewußtseinszustand, in den »sanft« Zurückgeführte günstigstenfalls hineingleiten; andererseits weisen *leichte* Hypnosen alle Eigenschaften auf, die ihren angeblich besseren Alternativen als Vorzüge zugerechnet werden: »Die Klienten sind sich all dessen bewußt, was mit ihnen geschieht. Sie kommunizieren mit mir und können den Prozeß in jedem Augenblick abbrechen« (Rhea Powers). Unter Psychologen herrscht mittlerweile weitgehendes Einvernehmen darüber, daß Hypnose keinen außergewöhnlichen, ja einzigartigen Bewußtseinszustand darstellt, den typische Erlebnis- und Verhaltensweisen begleiten – sondern eine Form tiefer Entspannung, die sich allenfalls durch die Methode, ihn auszulösen, von anderen unterscheidet.[23] Rückführern, die sich neuerdings werbewirksam gerne hypnosefeindlich und »sanft« geben, kommt dies überhaupt nicht recht.
Allerdings lassen sich mit hypnotischen Mitteln oft schnell und tief Zustände einleiten, die »sanft« Regredierten gewöhnlich viel schwieriger zugänglich sind. Zwar stellen sich bei aufgeschlossenen, entspannten Erwachsenen auch mit »sanften« Rückstiegshilfen lebhafte Erlebnisbilder ein, allerdings meist mühsamer, weniger tief, selten plastisch und detailliert – und oft erst bei erheblicher Bereitschaft, das Vorgestellte als Erinnerung zu dcuten. Um Zweifler und Mißtrauische, Ungläubige und Gehemmte zu »öffnen«, stimmen viele Reinkarnationstherapeuten sie vorsorglich erst mal ausführlich darauf ein, was sie zu erwarten haben, erledigen Einwände, präparieren im Schnelldurchlauf in fernöstlicher Philosophie. So habe ich selbst 1987 ein Seminar erlebt, das mit dem Tagesordnungspunkt »Notwendige Theorie« begann: Von einlullenden Sphärenklängen aus dem Recorder umschmeichelt, haben die Teilnehmer 15 »Karmagesetze« auf sich wirken zu lassen, die auf Handzetteln die Runde machen. Erst dann geht's los mit Entspannungs- und Imaginationsübungen, denen abermals eindringliche Suggestion vorausgeht, üppig verpackt in kategorische Impe-

rative (»Gehen Sie...!«, »Lassen Sie...!«, »Vermeiden Sie...!«) und kühne Prognosen, »was Sie gleich sehen werden«. Derart eingestimmt, erleben und beschreiben die Teilnehmer etliche »historische« Auftritte, von denen keiner weiß noch wissen will, inwieweit dabei Wunschdenken, Phantasterei und Kryptomnesien mitspielen; zu selbstsicher dirigiert der Therapeut ihren Phantasietrip: »Wir gehen jetzt in den Moment deines Todes, in die Situation, in der du deinen Körper verläßt.« »Bist du noch im Körper?« – »Du kannst jetzt deine nächste Inkarnation erleben.« – »In welcher Form existierst du, nachdem du gestorben bist?« Ohnehin wissen die meisten Teilnehmer eh schon, was sie »entdecken« werden: »Das öffentliche Bewußtsein ist (...) längst so kontaminiert worden, daß kaum ein Klient noch unvorbelastet ankommt«, resigniert der Rückführungskritiker Jonathan Venn.[24]

Zusätzlich wirkt, speziell bei Gruppenrückführungen, der vermeintliche Erwartungsdruck, nicht »aus der Reihe zu tanzen«; die Tendenz, den Therapeuten nicht zu enttäuschen, ihn vor versammelter Runde nicht zu blamieren; nicht zuletzt das Motiv, sich selbst zu belohnen: Der Aufwand an Zeit und Geld muß sich auszahlen. Doch nicht jeder, der sich anschließend wie neugeboren fühlt, wurde es auch.

Gerade Gruppenrückführungen sind, allen Versprechungen zum Trotz, selten ihr Geld wert. Zu statistischen Zwecken, für Untersuchungen an größeren Stichproben unter vergleichbaren Bedingungen, mögen sie geeignet sein – in keiner Weise jedoch zur gründlichen Erforschung der besonderen Vergangenheit eines Menschen, schon gar nicht in therapeutischer Absicht. Dabei »werden die einzelnen Personen mit ihren individuellen Erlebnissen doch weitgehend alleingelassen«, muß Bruno Meier zugeben.[25] Der Bochumer Hypnose-Experte Hans- Christian Kossak warnt: »Als nachteilig kann sich erweisen, daß nur *allgemeine* Suggestionen gegeben werden können. Auch sind hier Mißverständnisse und Fehlreaktionen nicht auszuschließen«[26] – wenn etwa ein Teilnehmer versehentlich die Instruktionen aufnimmt, die für seinen Nachbarn bestimmt sind.

Auch können lästige Störgeräusche ablenken. Meine zahlreichen Versuche, in größerer Runde »zurückzugehen«, vereitelten nicht zuletzt: Husten, Schnarchen, Niesen, lautes Schnaufen, Stöhnen, Kratzen, Räuspern, dazu noch stinkende Füße, Parfüm- und Achselschweiß-Fahnen meiner unmittelbaren Nebenleute. Daß derartige Kulissen überhaupt »nicht stören«, wie ein *Esotera*-Artikel im Dezember 1989 glauben machen wollte,[27] scheint mir nur für schwerhörige, geruchstaube Dickhäuter zu gelten.

Was »Identitätsgewinn« verspricht, kann leicht ihren Verlust beschleunigen. Denn »Ich-Diffusion«, ansonsten eher ein besorgniserregendes Krankheitssyndrom, macht geradezu das Wesen letztendlicher »Erlösung« aus: Wer ihrer habhaft wird, geht in der großen Weltseele unter, »wie fließende Ströme im Meer verschwinden, ihren Namen und ihre Form verlieren«. (So lehren die altindischen »Upanischaden«.) Auf dem Weg dorthin die Grenzen meines bisherigen Selbstbilds zu »sprengen« – was damit beginnt, es, im Klartext, zu *destabilisieren* –, dazu ermuntern »Rückführer« geradezu. Was sich eigentlich nach einer eindringlichen Warnung anhören müßte, klingt aus ihrem Mund eher wie eine frohe Botschaft. So ist von einem »erweiterten Identitätsgefühl« die Rede, das sich einstellt, sobald sich die Identifikation mit dem gegenwärtigen Ich zu lockern beginnt. Und Teilnehmer von Rückführungsseminaren werden eher verunsichert durch Fragen wie die folgende: »Wenn das, was du bist, nicht die Person ist, deren Leben du dir gerade angeschaut hast, dann *bist du natürlich auch nicht die Person, die dieses Leben lebt.* Wer bist du eigentlich wirklich?«[28]

Auch sonst kann die Therapie, gegen erklärte Absicht, zur Ich-Schwächung anstiften: Schließlich stützt sie sich auf eine Theorie, die den Anspruch vieler »Erleuchteter« mühelos legitimiert, verirrten Schäfchen Oberleithammel zu sein. Denn ihr zufolge müssen uns eine stattliche Reihe von Seelen um Myriaden von göttlichen Einsichten voraus sein. Die philosophische Unterweisung, die den meisten Reinkarnationstherapien vorausgeht, verhindert nicht, sondern verführt Labile geradezu, schnurstracks vor dem »höheren«

Geist auf die Knie zu sinken: einem »erleuchteten« Sektenguru – oder dem »Rückführer« selbst, der mitunter alles auf einmal sein will, »Spiegelbild, Führer, Helfer, Vertrauter, Lehrer, Gesprächspartner, Beichtvater, Transformator, Panzerknacker, Fährtensucher, Bildwandler, Blitzableiter, Sterndeuter, Türöffner, Brückenbauer, Geburtshelfer, Schleusenwärter, Fluglotse, Kulissenschieber...« (Die Pünktchen setzte der Zitierte selber.)[29] Sie nehmen für sich in Anspruch, daß das Reinkarnationswissen ihr Denken in einen unbeschreiblich weiten Bewußtseinsraum ausgedehnt habe, daß ihre geistige Wahrnehmungs- und Erkenntnisfähigkeit raum- und zeitlos geworden sei, irdische Lebensbedingungen überschreite und in »kosmische Dimensionen« reiche. Selbstbewußt verstehen sie sich als »*Ent*-wicklungshelfer«, die den »ver-wickelten« und insofern *unter*entwickelten Seelen ihrer Kunden auf die spirituellen Sprünge zu helfen beabsichtigen. Ja, sie führen, Priestern gleich, eine regelrechte »Initiation« durch, die in Geheimnisse einweiht, deren intime Kenntnis sie dem *Ver-wickelten* offenbar voraushaben. Wem das imponiert, der lehnt sich günstigenfalls bloß für ein paar Stunden an einen therapeutischen Über-Vater an, den das vielleicht peinlich berührt; mit Pech läuft er einem missionarischen Eiferer in die Arme, der aus der Abhängigkeit Kapital schlagen kann.

»Hierarchisches Denken«, das solche Unterwürfigkeiten erzeugen kann, paßt ganz hervorragend in das Weltbild der Reinkarnationstherapeuten: Schließlich seien die Menschen nicht alle gleich, heißt es dann, denn wenn im Vergleich die verschiedenen Inkarnationen den verschiedenen Klassen einer Schule entsprächen, so gehörten die verschiedenen Menschen verschiedenen Lernklassen an – und niemand würde einen Drittkläßler mit Integralberechnungen belasten. Ob freilich jeder, der sich zum Rück-Führer berufen fühlt, zu integrieren versteht, blieb mir *nach* mancher persönlichen Begegnung noch fragwürdiger als vorher.

Kein Zweifel, *jede* Reinkarnationslehre schließt eine Theorie der gesellschaftlichen Status- und Machtunterschiede ein, bei der sich Sozialisten die Nackenhaare sträuben: Unterschiede, die keine Reform, keine Revolution je einebnen kann, weil sie zwangsläufiges

»Resultat der in früheren Inkarnationen gemachten Erfahrungen« seien.[30] »All das, was wir in der Kette unserer Inkarnationen gelernt haben, spiegelt sich in der Reife und dem Bewußtseinsstand wider, mit dem ein Mensch jetzt geboren wird. Dadurch entstehen ja gerade die Unterschiede in Intelligenz, Reife, Fähigkeiten und so weiter.« Wer manchen »Zurückgeführten« reden hört, dem schwant indes: Vom angemessenen Respekt vor erwiesener Autorität bis hin zur »Diktatur der Erleuchteten« kann es nur ein kleiner Schritt sein.

Vor Abhängigkeiten bewahren könnte kritische Vernunft – doch gerade sie an der Garderobe abzugeben, machen viele Wiedergeburtshelfer zur unabdingbaren Voraussetzung dafür, zu tief verschütteten Präexistenzen vorzudringen. Um ganz »nach unten« zu gelangen, müsse man sich »fallenlassen« können: Metaphorik dieser Art verführt. Wachsender Beliebtheit erfreuen sich dabei Warnungen vor unserem »linkshemisphärischen Denken«, in jener Hälfte unseres Gehirns, in dem der analytische, diskursive, schlußfolgernde Verstand seinen Sitz hat – für Esoteriker der physiologische Quell von »Kritiksucht« und »Defensivreaktionen«. Indem diese Hälfte insbesondere beim westlichen Menschen dominiere, so warnen sie, behindere, ja blockiere sie jene unmittelbare, bildhafte, gefühlsmäßige und deshalb wohl irgendwie verläßlichere Erkenntnis des Wahren, Guten und Schönen, zu der die »intuitive« rechte Hirnhälfte fähig sei. »Eine unserer größten Blockaden ... ist der Verstand«, bedauert Rhea Powers. »Der Verstand will beurteilen und abwägen und steht der tiefen Erfahrung im Weg.«[31] Lassen Sie sich also ruhig »fallen«, aufgeschlossen, unvoreingenommen und auf alles gefaßt; doch schalten Sie auf »links«, sobald die Reise durch die Innenwelt vorbei ist – und die Frage der Echtheit zur Debatte steht. Gerade esoterisch durchdrungene Rückführer verkennen allzuoft: Unsere Ratio gehört mindestens ebenso zu unseren evolutionären Errungenschaften auf unserer Wanderschaft durch Abertausende von Leibern wie die Fähigkeit zu Liebe, Geduld und Verzicht.

Wirklich gefährlich wird es, wenn das »alte» Selbst im neuen wiederaufersteht – und bleibt. »In einigen Fällen«, warnt Stevenson, »ging die ›frühere Persönlichkeit‹ nicht fort, als es ihr befohlen wurde. Die Versuchsperson blieb noch mehrere Tage oder länger in einem veränderten Bewußtseinszustand, ehe sie wieder mit ihrer normalen Persönlichkeit identisch wurde.«[32] Nachdem sich die 23jährige Jan »ihres« Hexenprozesses im 16. Jahrhundert als »Joan Waterhouse« erinnert hatte, litt sie noch Wochen später an leichten Zwangsvorstellungen von Todesangst und Folterqualen. Sie fühlte sich verwirrt und unwohl. Mitunter hörte sie sich in einer fremden Stimme sprechen: leichte Anzeichen einer Dissoziation.[33]

Schlimmer noch erging es Ada Stewart, einer erfolgreichen Drehbuchautorin der englischen Fernsehgesellschaft BBC.[34] Im August 1967, damals 38 Jahre alt, »erinnerte« sie sich des grauenvollen Todes, den sie als König James IV. von Schottland 1513 in der Schlacht auf dem Flodden-Feld starb, nachdem sie englischen Soldaten in die Hände gefallen war. Mit diesem Erlebnis zerbrach Adas Persönlichkeitskern; an seine Stelle trat fortan eine Wesenheit, die sie als James IV. erkannte, mitsamt den vermeintlichen Erinnerungen, Gewohnheiten, Überzeugungen und Fähigkeiten des einstigen Schottenkönigs. Selbst ihre Handschrift veränderte sich dramatisch. Zeitweilig schienen ihr nur Redewendungen aus dem 16. Jahrhundert »Sinn zu machen«; schubweise brach in ihr der königliche Analphabetismus durch – dann war sie außerstande zu lesen; selbst sprechen konnte sie tagelang nicht. Wiederholt verfiel sie in tiefe Depressionen und Ängste, insbesondere wenn James' Todestag näherrückte: der 9. September.

Erfahrene Reinkarnationstherapeuten wie Morris Netherton tun solcherlei Bedenken als Panikmache böswilliger Ahnungsloser ab. In beinahe 30jähriger Praxis will er *keinem einzigen* derartigen Fall begegnet sein. Womöglich schließt er zu voreilig von sich auf den Rest seiner Zunft: Nach wie vor fehlt den meisten Rückführern jegliche solide Ausbildung in Psychologie, Psychotherapie und Medizin.[35] Selbst ihre eigene Regressionstechnik haben sie sich oft im Schnelldurchgang »reingezogen«: mit Literaturstudien, Wochenendseminaren, »Intensivkursen«, Fernlehrgängen, Kurzschulungen mit »Diplom«- Abschlüssen bei nicht-diplomierten Lehrmeistern. Auch wenn die therapeutische Arbeit vieler mittlerweile Respekt verdient: Gelernt haben sie anfangs fast alle durch Ausprobieren und Irren – an Dutzenden menschlicher Versuchskaninchen.

Stillt die Reinkarnationstherapie wirklich zuverlässig ein unbefriedigtes Bedürfnis nach Sinn? Wen die Vorstellung schreckt, mit dem Tod sei »alles aus«, dem stellt sie in Aussicht, daß es »weitergeht«; scheinbar sinnlose Leiden, noch die schwersten Schicksalsschläge deutet sie um in Prüfsteine und Bewährungschancen. Noch die haarsträubendsten Ungerechtigkeiten entschuldigt sie als Werke oder Unterlassungssünden »niederer«, auf untersten Sprossen der Inkarnationsleiter stehender Seelen, die in späteren Existenzen dafür büßen müssen, wenn schon nicht in der jetzigen. An den Gesetzen des Karmas richtet sie ein Leben ohne Ziele neu aus und erklärt, weshalb es sich lohnt, ein guter Mensch zu sein. Und doch mag sie radikale Sinnsucher letztlich unbefriedigt lassen. *Wozu* eigentlich in vielen Leben wachsen? Erfüllt sich unser Schicksal letztendlich nicht in einer sinnlosen Rückkehr zum Ausgangspunkt? Wozu denn entließ der allumfassende Weltgeist einst unsere Einzelseelen aus sich und läßt sie eine abertausendfache Abfolge von »Verkörperungen« durchlaufen – wenn das Äußerste, was sie erreichen können, darin besteht, sich zu guter Letzt genau dort wieder einzufinden, wo sie herkamen? Einheit, Vielheit, wiederum Einheit: Was haben wir, was hat der Weltgeist davon? An der Sinnfrage desorientierter Klienten beißen sich Reinkarnationstherapeuten nicht seltener die Zähne aus als »Logotherapeuten« und »Existentialanalytiker«: Fragen nach »letzten«, »höchsten« Zielen gehören womöglich einfach nicht zur der Art von Problemen, die »Lösungen« ermöglichen und erfordern; wenn überhaupt, verschwinden sie, »lösen sich *auf*«, während sich eine kindliche »teleologische« Einstellung zum eigenen Leben verflüchtigt.
Schüren Reinkarnationstherapien, wider Willen, nicht leicht *Fatalismus und Determinismus*: den Glauben an eine Vorherbestimmtheit durch frühere Leben und das in ihnen angehäufte »Karma«, der

apathisch abwarten läßt, was sowieso geschieht? (In Indien zementiert die Karmalehre seit Jahrtausenden das Kastensystem.) Kann er nicht zur zwanghaften Erfüllung vermeintlicher »Schicksalsbestimmungen« treiben?[36] »Wie mit Millionen Fäden reicht die Vergangenheit in fast jede unserer alltäglichen Handlungen«, faßt eine »Zurückgeführte« im New-Age-»Magazin 2000« vom Oktober 1986 ergriffen zusammen, was sie aus der Offenbarung lernte, im Mittelalter von der Inquisition als Hexe verfolgt und verbrannt worden zu sein. »Wir verhalten uns, ohne es zu ahnen, wie Roboter, die immer wieder dieselben Handlungen nach demselben Programm ausführen.« Kann eine »Rückführung« daran garantiert etwas ändern? Darf sie es überhaupt? »Die Menschen sollten den Kampf gegen das Schicksal aufgeben und es als ihr eigenes Produkt lieben lernen«, findet Dethlefsen. Bringt das nicht auch den Arzt und Psychologen in Konflikte? Schließlich hinterläßt ihm die Karma-Lehre, wie Dethlefsen einräumt, »das Problem, wie weit es einem Therapeuten gestattet ist, in Schicksalsabläufe einzugreifen«.[37] Wozu dann überhaupt eine Therapie?
Zudem machen Reinkarnationstherapien leicht achtlos, wenn nicht gar blind gegen Einflüsse, die Kindheitserlebnisse, kulturelle und soziale Bedingungen *dieses* Lebens ausüben. Soweit »Regressionen« auf sie eingehen, spielen sie diese gerne als »sekundäre« Folgewirkungen »früherer Existenzen« herunter. Zwar arbeiten weitsichtigere Rückführer wie Morris Netherton *auch* Belastungen des jetzigen Lebens auf, weil »das Trauma überall gelöscht werden muß, in der Vergangenheit, in der pränatalen Phase *und im gegenwärtigen Leben«*.[38] Manchen hingegen scheint der Blick zurück überhaupt zu gefährlich – wie der Hypnotherapeutin Karin Pisek aus Ludwigshafen: Gerade weil sie von Wiedergeburt zutiefst überzeugt ist, hält sie Konfrontationen damit von ihren Klienten lieber fern. So kann sie sich selbst wohl »an vier Vorleben erinnern« und »mit Verstorbenen unterhalten«, von denen sie sich Gedichte in medialer Schrift diktieren läßt – trotzdem »ist die Frage der Reinkarnation für mich absolut nicht von Wichtigkeit«, und ihre Klienten »dürfen alle froh sein, wenn sie sich *nicht* an ihr früheres Leben erinnern.«[39]

Zumindest dann, wenn es keinen akuten, anders unbehandelbaren Problemen beizukommen gilt, ist der Nutzen von Erinnerungen an frühere Leben in der Tat zweifelhaft. Wie oft befriedigen sie bloß die oberflächliche Neugier des esoterischen Ferntouristen auf dem Psycho-Trip zum Vorgestern, ohne ihm Sinn und Erfüllung zu vermitteln? Wie oft hinterlassen sie schieres Entsetzen (»Einst brachte ich Frau und Kinder um!«), steigern eher noch Unzufriedenheit und Resignation (»Einst war ich Fürst, Prinzessin, Präsident – wie tief bin ich gesunken!«)? »Ein Sucher will innere Freude, Freude, die ihn erfüllt«, lehrt der indische Philosoph Sri Chinmoy (*1931).[40] »Für wirkliche Freude muß ein Sucher im spirituellen Leben … vorwärtsgehen«; denn »unser Ziel liegt nicht hinter uns, sondern vor uns. Wir gehen vorwärts, nicht rückwärts.« Hindern Rückführungen oft nicht eher daran, indem sie den Blick auf ferne Vergangenheiten fixieren – während es eher gälte, die Gegenwart zu meistern, mit Blick auf eine selbst zu verantwortende und zu gestaltende Zukunft? »Wir müssen *wahrnehmen* lernen – uns selbst so wahrnehmen lernen, wie wir *sind*, und nicht, wie wir einst *waren*«, predigt Karin Pisek.[41] In solchen Haltungen klingt ein einschneidender Wandel nach, in dem sich die westliche Psychotherapie seit den fünfziger Jahren in vielerlei »humanistischen« Gegenbewegungen von »analytischen« Aufsätzen entfernt hat. Von der Gesprächs- über die Gestalt- bis hin zur Verhaltenstherapie: sie alle sind eher auf die Vermittlung neuer Fähigkeiten aus, als alten Defiziten lange auf den Grund zu gehen.

Ein Stück weit geht auch Thorwald Dethlefsen diesen Weg mit, in Gegenrichtung zu Kollegen, die drauflosregredieren, komme, wer da wolle. »Bestimmtes Wissen ist immer nur für eine bestimmte Entwicklungsstufe angebracht«, so glaubt er; auf der Stufe des Verzweifelten, des Leidenden mögen Menschen Reinkarnationserinnerungen dringend nötig haben, weil sie erst so die nötige innere Ruhe, die Sicherheit, die psychische Gesundheit finden, um auf eigenen Beinen »vorwärtsgehen« zu können – und Dethlefsen verschafft sie ihnen, nicht ohne ihnen klarzumachen, *wie* sie mit diesem Wissen umgehen sollten. Ansonsten aber »ist das Vergessen der früheren Inkarnationen bestimmt kein dummer Fehler der

Natur, sondern hat seinen Sinn darin, das Bewußtsein von Ballast zu befreien und die Aufnahmefähigkeit im Hier und Jetzt zu erleichtern.«[42] Terminkalender und Kundenkarteien deutscher Rückführer wären weniger prall gefüllt, wenn jeder diese Lektion beherzigen würde.

Noch fragwürdiger muten Angebote mancher Rückführer an, nicht nur Erinnerungen, sondern auch frühere *Fähigkeiten* »zurückzuholen«, die sich in diesem Leben wenig oder gar nicht zeigen: seien sie künstlerischer, handwerklicher, sprachlicher, technischer oder wissenschaftlicher Art. Selbst wenn dies möglich wäre, warnt zumindest Dethlefsen eindringlich davor: Durch solche »äußeren Eingriffe ... lenkt man den Patienten eventuell von seinem eigentlichen Weg ab.«[43] Musizieren oder Malen beispielsweise habe schließlich »keinen Wert an sich, sondern lediglich in bezug auf den Ausführenden. Wenn jemand vor 500 Jahren ein begnadeter Musiker war, so braucht deshalb Musik in diesem Leben nicht unbedingt eine Rolle zu spielen. Hat nämlich die Seele aus dem Umgang mit Musik das gelernt, was sie lernen konnte, hat Musik keinen weiteren Wert für sie. Jetzt werden neue Bereiche relevant. Gliedert man diese alte Fähigkeit der Musik wieder an, so kann es zu einer Zeitverirrung kommen, die den jetzigen Lebensweg behindert.« Wer mit dem »Karma« seiner Mitmenschen Geld verdient, sollte zurückstecken, ehe er massiv darin eingreift: *Selbst wenn* sie Michelangelo, Beethoven oder Einstein gewesen sein sollten – die Prüfungen *dieser* Inkarnation mögen ihnen Leistungen, Erfahrungen und Entwicklungen abverlangen, denen einstige Genialität (und das vermeintliche Wissen darum) eher im Wege stünde.

Mit ihren universell anwendbaren Deutungsmustern machen »Rückführer« es sich und anderen häufig allzu leicht, die Wurzeln von allem und jeglichem, was Menschen kennzeichnet, in Leben vor dem Leben zu finden. Immer schon lastet auf Psychotherapien der Vorwurf: Sie heilen, wenn überhaupt, vor allem dadurch, daß sie wirkunskräftige Mythen verkaufen – einleuchtende Rekonstruktionen möglicher Wege, auf denen sich das jeweilige Symptom ausgeprägt haben könnte. Sie deuten es, indem sie es in einen Kontext stellen, in dem es aufhört, dem Patienten Rätsel aufzugeben. Unzählige Schicksale könnten gerade jene Wunden gerissen haben, deretwegen ein Mensch den Therapeuten aufsucht; was spricht dafür, ausgerechnet dasjenige Schicksal der eigenen Biographie als »Inkarnation« zuzurechnen, das zu den Vorstellungsbildern paßte, welche sich in entspanntem Zustand und therapeutischer Anleitung einstellen? »In Wirklichkeit hat er einen neuen Mythos geschaffen«, warf der österreichische Philosoph Ludwig Wittgenstein (1889-1951) in seinen »Gesprächen über Freud« 1943 dem Vater der Psychoanalyse vor.[44] »Die Anziehungskraft des Gedankens beispielsweise, daß alle Angst eine Wiederholung der Angst des Geburtstraumas ist, ist nichts anderes als die Anziehungskraft einer Mythologie. ›Alles ist aus etwas entstanden, was vor langer Zeit geschehen ist.‹ Fast als ob man sich auf ein Totem beruft.«

Wie sich zu jeder psychischen Auffälligkeit im nachhinein eine Kausalkette denken läßt, die bei unterdrückter Libido, pränatalen Mißgeschicken, Geburtsschocks, Lerndefiziten im Verhalten oder einem defekten Selbstbild beginnt, so auch eine beliebig verwikkelte Abfolge von Mißgeschicken in »früheren Leben« und ihren Nachwirkungen. »Sag mir, was dir fehlt, und ich sage dir, an welchen früheren Inkarnationen das liegen kann« – daraus ist in »spirituell aufgeschlossenen« Kreisen mittlerweile ein regelrechtes Gesellschaftsspiel geworden. Chronisch verengt sich der Blick dabei auf eine monokausale Perspektive gegenüber allem, was war, ist und sein wird:

- Woher rührte etwa Ayatollah Khomeinis »neurotische Lust an der Macht«? In Amerikas »Weekly World News« eröffnete »die Sensitive und Psychologin« Dr. Barbara Williams 1980 die wahren Ursprünge: Das sei »eine Übernahme aus seinen vergangenen Leben, als er rücksichtslos versuchte, anderen seinen Willen aufzuzwingen«. Auch ein verspätetes Aufbegehren gegen einstige Patriarchate »sah« die Dame: Der iranische Revolutionsführer habe nämlich »mehrere unscheinbare Verkörperungen als Frau« hinter sich, in welchen sie »von ihren Ehemännern unterdrückt« wurde.

- »Karl May war ein reinkarnierter Indianer!«[45] – wie sonst hätte sich der gebürtige Sachse, der Deutschland nie verließ, im Wilden Westen so gut auskennen können?
- »Reinkarnation: Gorbatschow ist Napoleon!«[46] – woher sonst nähme er seine staatsmännische Souveränität?
- Wieso sind Frauen Rhea Powers zufolge »in diesem Leben nach dem Geschlechtsverkehr oft so traurig«? Liegt es womöglich daran, daß sie beim Sex »an die Vereinigungserfahrungen ›zu Hause‹ ..., auf einem Planeten, auf dem wir Lichtwesen ohne feste Form waren«, erinnert werden? Denn dort »kamen wir zusammen und verschmolzen miteinander, durchdrangen uns buchstäblich, so daß wir einen Augenblick lang wirklich eins waren.«[47]

Weil Rückführungen Selbstbild und Selbstwertgefühl zutiefst betreffen, packt gerade Sensiblere manchmal ein *»Identitätsschock«* – ähnlich wie bei Unfallopfern, die nach totalen Amnesien schrittweise zu ihrem früheren Selbst zurückfinden. »Das Material, das meine Patienten geliefert haben, ist oft voller Brutalität und Tragik«, räumt Netherton ein. »Das kann und soll nicht geleugnet oder verschleiert werden.«[48] – »Da die Therapie wirksam ist, kann sie auch erschüttern«, wiegelt Mathias Wendel ab; Leben sei halt »stets lebensgefährlich«.[49] Daß sie manche tiefbetroffenen »Rückgeführten« depressiv, wenige akut selbstmordgefährdet entlassen mußten, decken Reinkarnationstherapeuten wohlweislich mit dem Mantel des Schweigens zu. Manche verkraften die Offenbarung nicht, zu der Neugier sie trieb. Niemand kann ernstlich versichern, daß man *nur* das erfahren werde, wozu man bereit ist und was man verkraften kann. (Doch selbst zu dieser Verheißung hat sich ein Handzettel verstiegen.)
Vor »Rückführungen« wägen Therapeut und Klient besser sorgsam ab: Wiegt die Schwere des Leidens, die Aussicht auf Heilung und »Ganzwerdung« das Risiko auf? Denn dem Schock kann in seltenen Fällen eine allmähliche, tiefgreifende Persönlichkeitsveränderung folgen, die leicht ins Asoziale abdriftet. Wer das Ewige geschaut, sein Karma ergründet, sein wahres Selbst gefunden hat,

betrachtet bestenfalls gelassener und entkrampfter, manchmal aber auch gleichgültiger, was ihm vorher wichtig war. Partnerschaften können kriseln, Freundschaften daran zerbrechen; berufliche Aufgaben, soziale Verpflichtungen im »Diesseits« überhaupt können banal und lästig erscheinen, nachdem sich ein Spaltbreit aufgetan hat, was man für das Tor zum Jenseits hält. Äußerstenfalls mit tödlichem Ausgang: Am 12. Mai 1980 rasten Jason Perrine (16) und Dawn Swisher (15), ein Liebespärchen aus Mercer Island im US- Bundesstaat Washington, mit einem gestohlenen Auto gegen die Vorderfront ihres Gymnasiums. Sie waren auf der Stelle tot. Beide glaubten fest an ihre Wiedergeburt; noch Monate zuvor hatten sie mit Freunden darüber gesprochen, wie es wäre, sich auf diese Weise umzubringen, um sich dadurch »auf eine höhere Seinsebene zu bewegen«.
Reinkarnationstherapeuten riskieren, daß sich ihr Klient, während er mit seinen früheren Ichs und dem Kosmos ekstatisch zur »Ganzheit« verschmilzt, allmählich aussondert, vereinzelt, vereinsamt. Im Schnelldurchlauf verschaffen sie ihm Erlebnisse, auf die der buddhistische Lama, der muslimische Sufi, der chinesische T'ai-Chi über Jahrzehnte hinweg erst geduldig hinarbeiten müssen; unterdessen reifen sie langsam dafür, das Begriffene zu verkraften und umzusetzen – eingebettet in eine Kultur mit mehreren stabilen Bezugsgruppen, die sie verständnisvoll, ja bewundernd aufnehmen und tragen, während sie an ihrer Verwandlung zu »Erleuchteten« arbeiten. Dabei basiert diese »Erleuchtung« teilweise auf Merkmalen, die in unserer Kultur »Verrücktsein« signalisieren. Solange die Therapie andauert, genießt der Klient den Schutz einer sozialen Quarantäne; was wird aus ihm, sobald er sie verläßt?

Auch ist es nicht damit getan, Menschen bloß zu Erinnerungen zu verhelfen – was erlebt wurde, muß behutsam *aufgearbeitet* werden, zumal dann, wenn Schockierendes zum Vorschein kam. Manchem Rückführer scheint diese Form der Seelsorge einerlei. So schrieb mir eine 35jährige Mutter aus Sehnde (Niedersachsen) über eine vierwöchige Reinkarnationstherapie mit zwanzig Doppelstunden: »Ich empfand es als besonders hart, daß über die Erlebnisse, die ich während der Sitzungen hatte, überhaupt nicht gesprochen wurde. Ich sollte sie alleine verarbeiten. Das ist mir teilweise sehr schwer gefallen.«

Eines der heikelsten Probleme kreist um die *Verifikation* des Erlebten. Wenn ein halbes Jahrhundert experimentelle Hypnoseforschung keinen einzigen sicheren Beleg dafür erbracht hat, daß Altersregressionen tatsächlich eher in frühe Kindheitstage zurückführen als daß sie Überzeugungen und Vorstellungen darüber aktivieren, wie es ist, ein Kind zu sein – wie sollten »Rückführungen« dann zuverlässig das Tor zu früheren Leben aufstoßen können? Daß in Einzelfällen »Rückerinnerungen« anscheinend als echt bestätigt werden konnten, garantiert noch lange nicht, daß *Ihr* Fall dazugehört – auch wenn sich bei Ihnen noch so detaillierte, gefühlsbefrachtete, plastische Bilder einstellen. Wie Alpträume und Halluzinationen lehren, ist die Eindrücklichkeit mentaler Produktionen ein trügerisches Indiz ihrer Echtheit.
Deshalb handelt fahrlässig, ja verantwortungslos, wer seine Klienten mit unüberprüfbaren Daten alleine läßt. Dafür steht für sie zuviel auf dem Spiel. Er schließt ihnen eine neue Identität auf, von der allein auf Grund der Sitzungen niemand beweisen kann, ob sie die wahre ist – mit möglicherweise verheerenden Folgen für Stabilität, Selbstbewußtsein und Selbstwertgefühl der »Rückgeführten«. Wer seine therapeutischen Fürsorgepflichten ernst nimmt, kann sich nicht davor drücken, seinen Patienten möglichst *nachprüfbare* Erlebnisse zu verschaffen (und bei Nachforschungen behilflich zu sein): exakte biographische Angaben über die »frühere Existenz«, Wohnort, Zeitangaben, Verwandtschaftsverhältnisse, Lebensumstände, jegliche Art von Details, für die sich anschließend Quellenmaterial ausfindig machen läßt, wie mühsam und langwierig auch immer.

Insoweit hatte John Pollock am Ende noch Glück im Unglück. Jener Zeuge seiner Rückführung zu Bradfords Bluttat, der englische Journalist und Sachbuchautor Ian Wilson, forschte Pollocks »früherem Selbst« nach.[50] Bald stellte sich heraus: Bradford hatte zwar

1786 geheiratet – jedoch keine »Rachel Brewiss«, sondern Susannah Rogers. Diese Gattin starb nicht etwa vor Bradford, sondern *nach* ihm: 1837. (Es war Pollocks eigene Frau Florence, die gestorben war, kurz bevor die Rückführungsexperimente begannen.) Das Haus, das Pollock als Bradfords Alterswohnsitz beschrieben hatte, stand zwar tatsächlich an der angegebenen Stelle – doch hatte der Chirurg es nach seiner Pensionierung verlassen, um nach Manor Cottage umzuziehen. Wie sich nun herausstellte, hatte Pollock seine Jugendzeit in Bristol verbracht, dort von Bradford gehört und einmal sogar dessen Haus in Frenchay besucht. Um diese Erinnerung spann er sich offenbar eine passende Reinkarnationsphantasie zurecht. Zusätzlichen Stoff für Hirngespinste boten Pollock wohl zwei Ereignisse der Lokalhistorie: Im 18. Jahrhundert hatte ein gewisser Dr. Thomas Montjoy eine Negerbedienstete ermordet, um sie zu sezieren; in Pollocks Kindheit war es auf örtlichen Friedhöfen mehrfach zu Grabräubereien gekommen, die Bristol empörten. Wäre der Zurückgeführte nicht rechtzeitig aufgeklärt worden – in seiner ersten Verzweiflung wäre er womöglich dem spontanen Impuls erlegen: »Ich bring' mich um!«

9 Die »Transformation« wagen?

Trotz alledem: Was für eine »Reinkarnationstherapie« spricht

»Wenn einer Reinkarnationstherapie wirklich derartige Grenzen gesteckt sind und sie obendrein noch solche Gefahren in sich birgt – wie können Sie mir dann überhaupt empfehlen, mich darauf einzulassen?«, so werde ich häufig gefragt. »Widersprechen Sie sich da nicht?«
Wer so fragt, klammert sich an ein überzogenes, unerfüllbares Vollkommenheitsideal. Er unterstellt, Psychotherapeuten müßten einen defekten »psychischen Apparat« ebenso zuverlässig durchleuchten und »reparieren« können wie Automechaniker ein defektes Fahrzeug, andernfalls seien sie ihr Geld nicht wert. Doch ob Psychoanalyse, Verhaltens-, Gestalt-, Gesprächstherapie oder was auch immer: Keiner der über 130 verschiedenen therapeutischen Ansätze, die das »Nationale Institut für geistige Gesundheit« der USA kürzlich zählte, hilft jedermann in jedem Fall – nicht einmal annähernd. Keine Therapie ist frei von Risiken und unerwünschten Nebenwirkungen, von vorzeitigen Abbrüchen, späteren Rückfällen und anderen Fehlschlägen. Fragen läßt sich immer nur: Welche richtet voraussichtlich den geringsten Schaden an?
Doch auch so ist die Frage immer noch zu allgemein gestellt. Es ist eine Illusion zu glauben, die »Leistungsfähigkeit« verschiedener Therapierichtungen lasse sich auch nur annähernd objektiv vergleichen, um dann der »Reinkarnationstherapie« den gebührenden Rangplatz zuzuweisen. Zwar hat die vergleichende Psychotherapieforschung darüber, wer wie was bei wem wie schnell heilt, inzwischen mächtige Datenberge vor uns aufgetürmt.[1] Doch ihre Aussagekraft ist begrenzt – notgedrungen, wie es scheint. Schier

unübersehbar, obendrein experimentell und statistisch kaum in den Griff zu kriegen ist die Vielzahl der Faktoren, von denen abhängt, was eine Psychotherapie ausrichtet. Darüber entscheiden unter anderem mit:

- die Art und Schwere der speziellen Störung, ihr Ursprung, ihr Verlauf, ihre symptomatische Ausprägung;
- die Person des Therapeuten: sein Charakter, sein Auftreten, sein Vertrauen in die eigenen Verfahren und Erklärungsmodelle, seine Ausbildung und Berufserfahrung; nicht zuletzt seine sozialen Fähigkeiten im Umgang mit Ratsuchenden;
- der Klient: seine seelische, geistige und körperliche Verfassung; sein soziales Umfeld (insbesondere in Partnerschaft, Familie und Beruf) zu Beginn, während und nach Abschluß der Behandlung; nicht zuletzt auch seine »Patientenkarriere«: Wie vielen und welchen Psychotherapien hat er sich zuvor bereits unterzogen; wie lange, mit welchem objektiven und subjektiven Ergebnis?
- die Art, Tiefe und Dynamik der zwischenmenschlichen Beziehung, die Therapeut und Klient aufbauen;
- eine Behandlung in Einzelsitzungen oder gruppenweise.

Erschwerend kommt hinzu, daß die wenigsten Psychotherapeuten »rein« behandeln: Die meisten verstehen sich als *Eklektiker*, die sich pragmatisch der Gedanken und Techniken verschiedener Schulen bedienen.[2] Reinkarnationstherapeuten machen hierbei, wie gesehen, keine Ausnahme. Psychotherapie heute gleicht einem Werkzeugkasten, vollgepackt mit mehr oder minder geeigneten Instrumenten für besondere Anwendungen, aber ohne ein Allzweck-Handwerkszeug. (Doch wer käme schon auf die Idee, einen Schraubenzieher für »unbrauchbar« zu erklären, weil sich mit ihm kein Nagel in die Wand schlagen oder ein Loch bohren läßt?)
So hat alles Bemühen, exakte Vergleichsgrundlagen herzustellen, etwas Künstliches, geradezu Gewaltsames. Der Versuchsperson Patient müssen dabei »stark einengende Lernbedingungen und eine beträchtliche Frustrationstoleranz zugemutet werden (man denke nur an die umfangreichen Datenerhebungen durch Interviews, Ver-

haltensanalysen und Fragebogenvorgaben)«, wie Dr. Siegfried Höfling vom Psychologischen Institut der Ludwig-Maximilians-Universität München beklagt. »In der Praxis paßt sich der Therapeut den individuellen Bedürfnissen seines Patienten an, erarbeitet eine gemeinsame Strategie, nimmt therapeutische Umwege in Kauf, wenn der Patient dies zur Stützung benötigt, und setzt ein breiteres Interventionsinventar ein.« In einem Experiment zur Therapieforschung hingegen ist es dem Therapeuten nicht erlaubt, flexibel zu sein: Starr »muß er sein Behandlungsprogramm durchführen.«[3]

Speziell zur Wirkung der Reinkarnationstherapie kenne ich weltweit keine einzige Forschungsarbeit von unabhängiger Seite. Eine solche Effektivitätsstudie müßte wenigstens zwei Anforderungen genügen:

1. Sie müßte behandelte Patienten *Kontrollgruppen* gegenüberstellen, aus einem Personenkreis zusammengesetzt, der hinsichtlich Alter, Geschlecht, Bildungsstand und sonstigen wichtigen sozialen und psychischen Merkmalen mit der Patientenstichprobe wenigstens annähernd vergleichbar sein sollte. Eine Kontrollgruppe hätte aus Unbehandelten zu bestehen, weitere aus Patienten, die sich alternativen Behandlungsmethoden unterzogen haben. Insbesondere Vergleiche mit Unbehandelten sind unentbehrlich, um mögliche »Spontanremissionen« zu berücksichtigen: Besserungen ohne gezielte therapeutische Hilfe. Denn bis zu zwei Drittel aller Neurosen heilen innerhalb von zwei, drei Jahren auch unbehandelt aus: Mit dieser Zahl schokkierte der deutschstämmige Psychologe Hans Jürgen Eysenck von der Universität London schon 1952 die Fachwelt.[4] (Neuere Schätzungen liegen bei 30 Prozent[5] – eine nicht ganz so dramatische, aber immer noch erhebliche Quote.)
2. Den Behandlungserfolg einzuschätzen, darf nicht dem Gutdünken der Beteiligten – Therapeuten und Klienten – überlassen bleiben. Erforderlich sind *Blindkontrollen* seitens unabhängiger Gutachter, die nicht wissen, welche Patienten eine Behandlung hinter sich haben und welche nicht.

Was über die Reinkarnationstherapie bis heute an Erfolgsmeldungen kursiert, erfüllt diese Minimalbedingungen nicht einmal annähernd. Wer sie beurteilen will, kann vorerst nur den Berichten einiger der seriösesten, erfahrensten »Rückführer« und den eher zufällig bekanntgewordenen Einschätzungen von einzelnen Klienten vertrauen – mit dem Risiko, daß bei beiden Wunschdenken mitspielt.
Mit diesen Einschränkungen halte ich, bis zum Beweis des Gegenteils, »Heilung durch Wiedergeburt« für eine der empfehlenswertesten Psychotherapien überhaupt. Meine Gründe?

1. »Reinkarnationstherapie« scheint nahezu sämtlichen psychischen und psychosomatischen Leiden beikommen zu können – sie wesentlich zu lindern, wenn nicht völlig zu beseitigen –, zumindest dann, wenn sie von erfahrenen, geschulten Fachkräften durchgeführt wird. Die meisten Psychotherapien dagegen helfen nur bei einem recht begrenzten Krankheitsspektrum, und etliche sind von vornherein nur auf besondere Anwendungen zugeschnitten. Vor allem kommt sie offenbar manchen Formen chronischer Erkrankungen bei, an denen sich andere professionelle Helfer oft jahrelang vergeblich versuchen. Fünf Jahre betrug beispielsweise die durchschnittliche Krankheitsdauer von 43 Ratsuchenden mit chronischer Angst, die sich 1981 aufgrund eines Zeitschriftenartikels an die Abteilung für Klinische Psychologie der Universität München gewandt hatten. Jeder Zweite war inzwischen arbeitsunfähig, konnte nur noch in Begleitung das Haus verlassen. 51 Prozent hatten in ihrer Not praktische Ärzte aufgesucht – ein Drittel nahm seither regelmäßig Psychopharmaka zu sich. 14 Prozent hatten einen Klinikaufenthalt hinter sich, ein Viertel bereits eine mehrjährige Psychoanalyse.[6] »50 Prozent der Leute, die in meine Praxis kommen, haben schon fünf bis acht Jahre Psychoanalyse hinter sich«, berichtet auch Morris Netherton.[7] »Mittlerweile können sie ihr Problem perfekt definieren und aufdröseln – nur losgeworden sind sie's immer noch nicht.«
Reinkarnationstherapie hätte ihnen möglicherweise einen langen, oft unsäglichen Leidensweg erspart – gerade weil sie unabhängig

davon helfen kann, ob die Reinkarnations*theorie* wahr ist. In einem Buchkapitel über das »therapeutische Potential des Tod- und Wiedergeburtsprozesses« hat Stanislav Grof eine Liste von Indikationen zusammengestellt.[8] Mit Ausnahme der Schizophrenie klammert sie schlechterdings nichts aus, was je als »psychische Störung« klassifiziert wurde; ich ergänze sie um ein paar weitere, die Reinkarnationstherapeuten häufig nennen:

- klinische Formen der Angst;
- Phobien, insbesondere die übersteigerte Furcht vor geschlossenen Räumen (»Klaustrophobie«, von lat. *claudere* = einschließen), vor Tieren, vor dem eigenen Tod (»Thanatophobie«, von griech. *thanatos* = Tod), die hypochondrische Furcht davor, krank zu sein (»Nosophobie«, von griech. *nosos* = Krankheit), vor öffentlichen Plätzen, verbunden mit der Befürchtung, nicht entkommen zu können und im Notfall keine Hilfe zu erhalten (»Agoraphobie«, von lat. *agora* = Versammlungs- , Marktplatz);
- klinische Formen von Aggression und
- Depression;
- Selbsthaß, Selbstverstümmelungsdrang;
- Selbstmordgedanken und -tendenzen;
- allgemeine emotionale und körperliche Anspannung;
- Minderwertigkeitsgefühle;
- Süchte (insbesondere Alkohol- und Drogenabhängigkeit);
- Denk- und Verhaltenszwänge;
- psychosexuelle Störungen und Abweichungen, von Impotenz über Frigidität bis hin zu Sadomasochismus, aber auch krampfartige Beschwerden während der Menstruation und schmerzhafte vaginale Spasmen während des Geschlechtsverkehrs (»Dyspareunie«), extreme Abartigkeiten wie das Essen von Kot (Koprophagie) oder das Trinken von Urin (Urolagnie);
- verschiedene psychosomatische Symptome, darunter immer wiederkehrende Kopfschmerzen und Migräneanfälle, rätselhafte Muskelspasmen und Schmerzen in verschiedenen Körperbereichen, unkontrolliertes Zittern (Tremor) und Störungen im Bewegungsablauf (Dyskinesien);

– hysterische »Konversionen« (so nannte Freud die Umsetzung seelischer Konflikte in körperliche Symptome), zum Beispiel zeitweilige Lähmungen;
– weitere körperliche Symptome wie Herzbeschwerden ohne erkennbaren organischen Defekt, Übelkeit und Erbrechen, neurotische Empfindungen von Sauerstoffmangel und Erstickenmüssen, »psychogenes« (seelisch bedingtes) Asthma.

230 Arten von geistigen Störungen stellte die Amerikanische Psychiatrische Vereinigung 1980 in der dritten Ausgabe ihres »Diagnostischen und statistischen Handbuchs geistiger Störungen« zusammen[9] – für klinische Psychologen weltweit *das* führende Diagnosesystem. Wer liest und hinhört, wie überschwenglich Reinkarnationstherapeuten die Effektivität ihres Verfahrens anpreisen, gewinnt den Eindruck, daß von diesen 230 nur ein Bruchteil ihre Heilkünste überfordert. Grofs Liste spiegelt diese Zuversicht. Sie steckt so voller hoffnungsvoller Versprechen an die Adresse psychisch Kranker aller Art, daß ihr endlich von wissenschaftlicher Seite eingehend nachgeforscht werden muß. Solange solche Untersuchungen ausstehen, halten sich seriöse Reinkarnationstherapeuten besser damit zurück, die Überlegenheit ihres Ansatzes als »gesichert« anzupreisen – aber auch Skeptiker damit, ihre Bilanzen ungeprüft als »betrügerisch« abzutun. Bis dahin sollte für Menschen, die ihre Probleme in oben angeführter Aufzählung wiederfinden, Reinkarnationstherapie zumindest einen Versuch wert sein.

2. *Reinkarnationstherapeuten siedeln ihre Erfolgsquote durchweg weit oberhalb der 90-Prozent-Marke an.* Demgegenüber schwanken Schätzungen des Anteils geheilter oder zumindest wesentlich gebesserter Fälle bei herkömmlichen Psychotherapien zwischen 31 und 87 Prozent.[10]

3. *Heilerfolge von »Rückführern« halten offenbar langfristig an*, während die Rückfallquote bei gängigen Psychotherapien erheblich ist.

4. Eine Reinkarnationstherapie scheint deutlich seltener abgebrochen zu werden. Jeder dritte Patient beendet eine psychotherapeutische Behandlung vorzeitig – sei es wegen der finanziellen Belastung, sei es wegen überhandnehmendem Widerstand, Angst, Abneigung und Vertrauensverlust gegenüber dem Therapeuten, sei es im Glauben, er brauche sie nicht mehr.[11]

5. Gegen Placebo-Effekte – heilsame Wirkungen des bloßen Glaubens an Heilung –, wie sie bei Erfolgen der Reinkarnationstherapie mitspielen dürften, ist keine *Therapieform gefeit.* Ja, manche schneiden im Leistungsvergleich sogar deutlich schlechter ab als reine Placebo-Behandlungen – »Als-ob-Interventionen«, therapeutische Scheinmaßnahmen wie formlose Gespräche, Lektüre und Diskussion eines Theaterstücks, Plattenhören, schriftliche Informationen über die Art der Erkrankung oder Vorträge – lauter Beschäftigungen also, die keinen spezifischen therapeutischen Zweck verfolgen und von keiner psychotherapeutischen Theorie legitimiert sind.[12]

6. Nur eine Handvoll bekanntgewordener Fälle, in denen sich der Zustand eines Patienten durch die Behandlung verschlechterte, steht bislang einigen Hunderttausend »Heilungen durch Wiedergeburt« gegenüber.
Fast ausnahmslos kam es dazu im Laufe hypnotischer Rückführungen in frühere Leben. Doch im allgemeinen ist auch Hypnose risikolos. Zu den wenigen Therapiekrisen, die Hypnoseforscher feststellen konnten, kam es nicht etwa bei Altersregressionen (in deren Verlauf Symptomursachen *aufgedeckt* werden sollen), sondern bei Versuchen, Symptome allzu abrupt suggestiv zu *unterdrücken*, sie zuzudecken. Als Hilgard 1961 sämtliche Studien über Hypnosewirkungen sichtete, die in den Jahren zuvor veröffentlicht worden waren,[13] fand er gerade 15 Fälle, in denen sich im Anschluß an eine Hypnose noch ernstere Symptome einstellten, bis hin zu psychotischen Reaktionen. »Sie traten vor allem bei Kranken auf, die eine lange medizinische Vergangenheit hatten und schon früher in der Therapie psychotische Tendenzen erkennen ließen.«

Hilgard selbst untersuchte 1961 eine Gruppe von 220 gesunden Studenten, die an Hypnose-Experimenten teilgenommen hatten. Nur 17 (7,7 Prozent) berichteten vorübergehende unangenehme Nebenwirkungen wie das Gefühl, schläfrig, »benebelt«, verunsichert oder ängstlich zu sein. Lediglich bei fünf Teilnehmern hielten solche Beeinträchtigungen länger als eine Stunde an – keine blieb dauerhaft.[14] Ähnlich harmlose Komplikationen fand Professor Martin Orne (Universität Philadelphia) vier Jahre später:[15] Von 100 Versuchspersonen klagten drei über leichte Kopfschmerzen, Übelkeit oder Schwindelgefühle, gewöhnlich nur im Verlauf der allerersten Sitzung.

Um die Fehlschläge von »Rückführern« ins rechte Licht zu rücken, muß klar sein, daß *jede* Psychotherapie schaden anrichten kann und dies nachweislich tut. Gegen einen solchen »Verschlimmerungseffekt« (*deterioration effect*)[16] sind, wie etliche Literaturanalysen belegen, weder die verschiedenen Einzeltherapien[17] gefeit noch Ansätze wie Gruppentherapie,[18] Ehe- und Familientherapie.[19]

Sollten Versagerquoten Grund genug sein, Psychotherapie überhaupt zu meiden, während sie in der Medizin wie selbstverständlich in Kauf genommen werden? »*Jede* Therapie hat Risiken«, betont der deutsche Hypnotherapeut Karl F. Stadler.[20] »Gift, das in kleinen Dosen heilend wirkt, kann tödlich sein, wenn die Dosis nur ein bißchen zu hoch ist.« Doch sind nicht »die meisten, die so viel über die Gefahren der Hypnose reden und vor ihr warnen, ohne weiteres bereit, sich eine Äther- oder Chloroform-Narkose geben zu lassen, was ungleich gefährlicher ist?« Schlucken sie bei Virusinfektionen nicht Antibiotika, auf die Gefahr hin, ihr Immunsystem erheblich zu schädigen? Verzichten sie auf eine lebensrettende Operation, nur weil dazu Skalpelle nötig sind, die auch töten können? Gemessen an der Schwere und Hartnäckigkeit mancher Leiden, denen Reinkarnationstherapeuten mitunter beikommen, wo andere längst versagt und das Handtuch geworfen haben, wiegen die Risiken gering.

Enden »Rückführungen« einmal fatal, so oft deshalb, weil ein Therapeut sich zuviel zutraute. Petra Peick etwa arbeitet grundsätzlich »nicht mit medikamenten-, alkohol- und drogenabhängigen

Menschen oder solchen, die zu Psychosen neigen«.[21] Wie Mathias Wendel, so raten Verantwortungsvolle, die ihre Grenzen kennen, »in speziellen Fällen ergänzend oder weiterführend zu anderen Therapieformen«.[22]

7. *Gegen allzu erschütternde Enthüllungen und Zusammenbrüche scheinen die meisten »Zurückgeführten« von sich aus gewappnet zu sein, so als brächten sie eine »Selbstschutzbarriere«[23] mit.* Nicht einmal tiefste Trance schaltet innere Widerstände vollständig aus. »Der Kranke trifft glücklicherweise oft selbst Vorsichtsmaßnahmen, indem er eine defensive Haltung einnimmt«, faßt der französische Hypnotherapeut Léon Chertok seine Erfahrungen zusammen.[24] (Chertok ist Chefarzt am Zentrum für Psychosomatische Medizin in Paris; er begründete die Französische Gesellschaft für Psychosomatische Medizin.) »Patienten mit einem ›schwachen‹ Ich oder Patienten, die eine Gefahr für ihre Persönlichkeit spüren, besitzen ausreichende Abwehrmechanismen, die ein Engagement in der hypnotischen Behandlung zulassen oder auch nicht… (Sie werden) nie vollständig zu Automaten.«
Wenn bei Rückführungen kein »früheres Leben« zum Vorschein kommt, liegt dies folglich oft weniger an einem unfähigen Therapeuten oder einer ineffizienten Methode. Psychische Kontrollinstanzen im Zurückgeführten selbst scheinen verhindern zu wollen, daß Eindrücke bewußt werden, die er womöglich (noch) nicht verkraften könnte. Derartige Blockaden spüren die Betreffenden mitunter an schlagartig auftretenden, unerfindlichen Spannungszuständen, die sich bis zu starkem Schmerz steigern können. Als sich der *Esotera*-Redakteur Willi Dommer 1989 von Sigdell »zurückführen« ließ, erlebte er diese Sperre am eigenen Leibe.[25] Nach mehreren vergeblichen Anläufen, zu Reinkarnationsbildern vorzudringen, »spüre ich plötzlich einen Druck auf meinem Bauch… Er wird stärker, ja geradezu schmerzhaft. Unwillkürlich ziehe ich meinen Kopf fest auf die Schultern, empfinde eine starke Spannung im Hals, der Brustkorb bläht sich auf, und die Hände verkrampfen sich.« Allmählich »werden die Schmerzen unerträglich … Schließlich beenden wir die Sitzung. Ich fühle mich entkräftet und ent-

täuscht.« Anderthalb Wochen später, bei einer Einzelsitzung in Sigdells Basler Privatwohnung, stellen sich die gleichen Symptome erneut ein. Zwischendurch taucht, für Sekundenbruchteile, ein verschwommenes Bild auf, das Dommer ahnen läßt, was er unbewußt mit aller Macht niederzuhalten versucht: »Es ist, als ob jemand auf mir sitzt«, sucht er Worte für den unheimlichen Druck auf seinem Bauch. »Dann wieder kommt es mir so vor, als läge ich unter einem Baumstamm.«

8. Die Reinkarnationstherapie erreicht – wie andere humanistische Ansätze, nur offenbar viel erfolgreicher – eine positive *Transformation«:* »Die Erfahrung der Wiedergeburt«, so faßt Stanislav Grof seine Erfahrungen zusammen, »geht in der Regel damit einher, daß Liebe, Mitgefühl und Ehrfurcht vor dem Leben geweckt werden.«[26] Andere Psychotherapien hingegen sind häufig nur *negativ* erfolgreich: Sie befreien von Symptomen, beseitigen manchmal auch deren Ursachen.

9. Kaum eine andere Therapieform hilft schneller. Während eine Psychoanalyse oft jahre-, schlimmstenfalls jahrzehntelang dauern kann, erreicht »Reinkarnationstherapie« ihre Ziele gewöhnlich innerhalb eines Vierteljahres, bei wöchentlich einer Sitzung von zwei bis drei Stunden.[27] (Eine Psychoanalyse hingegen kann mehrere Jahre dauern, bei bis zu fünf Terminen wöchentlich.) Damit widerlegt sie das Vorurteil: »Je länger eine Behandlung, desto intensiver, also wirksamer.« Ohnehin besteht unter Psychotherapieforschern zunehmend Einigkeit darüber, daß Kurzzeittherapien (mit ein bis maximal 30 Sitzungen) Langzeitbehandlungen meist deutlich überlegen sind.[28] Vermutlich benötigen überhaupt nur ein bis zwei Prozent der psychisch Gestörten eine Langzeittherapie.[29] Kurzzeittherapie hilft, weil sie lange Wartezeiten vermeidet, während derer eine Krankheit chronifizieren und vom Therapeuten abhängig machen kann. Auch hilft sie, weil sie *problemorientiert* vorgeht: Im Vertrauen darauf, daß der Patient selbst aktiv zur Lösung seiner Schwierigkeiten beitragen kann, beläßt sie ihn gar nicht erst in der Rolle des hilflosen Patienten. Von der ersten Therapiestunde an steht im Vordergrund, ihn Eigenverantwortung für seine Gesundung übernehmen zu lassen, und Wege aufzuzeigen, wie er seine Probleme selbständig lösen kann – ein Hauptmotiv gerade der Reinkarnationstherapie. Der übliche Vorwurf, Kurzzeitbehandlungen würden nur oberflächliche Erleichterung verschaffen und Symptomverschiebungen zur Folge haben, konnte empirisch nie belegt werden.

10. Damit zusammen hängt, daß sie erheblich preisgünstiger ist als die meisten anderen Therapien. Eine nüchterne »Kosten-Nutzen-Analyse«, wie sie Kunden auch beim Einkauf der Dienstleistung »Psychotherapie« immer anstellen sollten,[30] fällt allein schon deshalb bei der Reinkarnationstherapie besonders günstig aus.

11. Die Lehre von der Wiedergeburt ist ein Erklärungssystem, das die Störung und ihre Heilung plausibel macht. Solche Erklärungssysteme sind zwar allen Psychotherapien gemeinsam[31], doch kein anderes System leistet dies umfassender und intuitiv einleuchtender als eben die Theorie von der Wiedergeburt, die Reinkarnationstherapien zugrundeliegt.

12. Dieses Erklärungssystem, die Reinkarnationstheorie, steht mittlerweile auch empirisch auf recht festen Beinen, wie ich in früheren Kapiteln hoffentlich zeigen konnte – nicht unsicherer jedenfalls als Theorien anderer Therapien mit klangvollen Namen: seien es Freuds »Libido« oder Jungs »Kollektives Unbewußtes«, Reichs »Orgon« oder Ranks »Geburtstrauma«.

13. Im Idealfall ist es der Klient selbst, der die Ziele der Therapie bestimmt. Über diesen ethischen Grundsatz setzen sich »Rückführer« manchmal mit missionarischem Eifer hinweg: Die Erlebnisse, die sie verschaffen, verstehen sie als Teil einer »Initiation« auf dem Weg zur Erleuchtung, als Anstoß zum »transpersonalen« Umbau der Person, die sich ihnen anvertraut. Dabei will diese womöglich nichts weiter, als endlich ihre Platzangst, ihren rasenden Kopfschmerz loszuwerden.

Laufen Hilfesuchende nicht Gefahr, in Reinkarnationstherapien seelisch vergewaltigt, einer regelrechten »Gehirnwäsche« unterzogen zu werden? Doch in Wahrheit genügt *keine* Psychotherapie strengen ethischen Maßstäben. »Auf den ersten Blick scheint ein Modell der psychiatrischen (oder psychologischen) Praxis unproblematisch und wünschenswert, das davon ausgeht: Menschen solle nur dabei geholfen werden, die Dinge zu lernen, die sie tun möchten. Dieses Modell ist jedoch unhaltbar«, warnt der amerikanische Psychiater Seymor Halleck vor Illusionen.[32] »Im Gegensatz zu einem Techniker kann ein Psychiater (oder Psychologe) es gar nicht vermeiden, daß er seinen Patienten seine eigenen Wertvorstellungen mitteilt und manchmal auch aufzwingt. Dem Patienten fällt es gewöhnlich überaus schwer festzustellen, wie er sein Verhalten ändern will; während er mit dem Psychiater spricht, werden seine Wünsche und Bedürfnisse deutlicher. Gerade dadurch, daß seine Bedürfnisse in Gegenwart einer Person festgestellt werden, die als klug und fachkundig gilt, wird der Patient tiefgreifend beeinflußt. Am Ende wird er manches wollen, wovon der Psychiater meint, er solle es wollen.« Perry London, ein führender Autor in therapeutischer Ethik, sieht in Psychotherapeuten sogar die säkularisierten Priester der modernen Gesellschaft: Lieferanten von Werten, Welt- und Selbstbildern, die verunsicherten Zeitgenossen neuen Halt geben.[33]

14. Reinkarnationstherapien fördern nicht stärker als andere Therapieformen Determinismus und Fatalismus. Über Karmagesetze belehrt, *können* bei manchem Klienten von Reinkarnationstherapeuten zweifellos ein deterministisches Selbstbild und fatalistische Einstellungen erzeugt oder verstärkt werden. Doch ob »frühere Leben« oder ödipale Fixierungen, »Konditionierungen« oder »Archetypen«: *Jede* Ursache eines psychischen Problems, die Fachleute diagnostizieren, kann als eine bedrohliche Macht mißverstanden werden, der Betroffene sich ausgeliefert fühlen. Solche Denkzwänge muß ein Therapeut einfühlsam, geduldig und intelligent aufheben können. Daß Reinkarnationstherapeuten dafür von vornherein ungeeigneter sein sollten als andere, kann ich nicht sehen.

Im Lebenslauf ein »Karma« zu erfüllen, gleicht womöglich einer Bahnreise: Solange ich in einem bestimmten Zug mitfahre, kann ich an Geschwindigkeit, Richtung, Ziel und Ankunftszeit nichts ändern. Insofern liegt fest, was mit mir geschieht: vorherbestimmt, voraussagbar. Trotzdem bin ich nicht unfrei. Innerhalb des Zuges kann ich Abteile und Waggons wechseln; ich kann lesen, spielen, schlafen, aus dem Fenster schauen, Mitreisende beobachten, Bekanntschaften schließen, Gespräche führen, Themen selbst bestimmen oder bestimmen lassen. Vor allem liegt es an mir, bei nächster Gelegenheit auszusteigen: Um Halt zu machen, um umzukehren – oder in einen anderen Zug mit neuer Richtung zu wechseln. Darin besteht meine Freiheit, die meinen weiteren Weg unvorhersagbar macht – vorausgesetzt, ich nutze sie bewußt.

15. Von ihrem Ansatz her bietet Reinkarnationstherapie vielleicht die elementarste Heilungschance. Vorausgesetzt nämlich, einen Klienten haben tatsächlich Erfahrungen aus früheren Leben geprägt, so kurieren alle anderen Therapien immer nur an Symptomen herum, deren eigentliche Ursachen außerhalb ihrer Reichweite liegen. Was an Belastungen im jetzigen Leben hinzukam, gleicht dann Eisenfeilspänen, die sich an einen bereits vorhandenen Magneten anheften. Allein in der Reinkarnationstherapie hätte folglich eine Seele, die sich wiederverkörpern kann und dies womöglich schon tausendfach tat, die Chance, ihre »Ganzheit« bewußt wiederzuerlangen – und damit nicht nur bestimmte Störungen loszuwerden, sondern ihre allgemeine Anfälligkeit dafür. Allein eine »Archäologie der Psyche«, wie Netherton sie betreibt, würde tief genug graben, um die Wurzeln seelischer Nöte freizulegen – und auszureißen. Vor diesem Hintergrund wird Nethertons kühner Anspruch nachvollziehbar: »Ich behandle Reinkarnation als eine Tatsache, weil es die *einzige* Möglichkeit ist, erfolgreich zu therapieren.«[34] *Falls* wir alle reinkarnieren, müßten ernsthafte, ausdauernde Bemühungen, vorgeburtliche Schicksale eines Klienten auf weit zurückliegende Ursachen von Konflikten, Ängsten und Anfälligkeiten zu durchleuchten, zum routinemäßigen Bestandteil *jeglicher* Form von Psychotherapie werden –

einerlei, ob anschließend analytisch, verhaltens-, familientherapeutisch oder sonstwie interveniert wird.

16. Therapeutisch behutsam eingeleitet und aufgearbeitet, eröffnen »Rückführungen« vielleicht die weitreichendste Form präventiver, vorbeugender Psychotherapie. Eine solche täte dringend not. Allein in den USA leiden 43 Millionen Menschen, umgerechnet 19 Prozent der Erwachsenenbevölkerung, an psychischen Symptomen – mit dieser Zahl schockte das *National Institute of Mental Health* 1984 die amerikanische Öffentlichkeit, nachdem es 1000 sorgfältig durchgeführte Interviews in drei US-Großstädten (New Haven, Baltimore und St. Louis) ausgewertet hatte. Nach einer jüngsten Studie des Münchner Max-Planck-Instituts für Psychiatrie leidet jeder fünfte Bundesdeutsche an einer behandlungsbedürftigen seelischen Störung. Zu ähnlich niederschmetternden Zahlen kam kürzlich H. Schepank:[35] Unter 600 repräsentativ ausgewählten Bürgern Mannheims klagten 305, also mehr als 50 Prozent, über psychische Symptome, als sie jeweils drei Stunden lang von einem Arzt und Psychoanalytiker intensiv befragt wurden. Die Hälfte von ihnen (26 Prozent) litt so erheblich darunter, daß die Untersucher sie als therapiebedürftig einstuften. Jeder vierte Erwachsene im Alter zwischen 25 und 50 Jahren ist seelisch gestört – zumindest in großstädtischen Ballungsräumen –, so ergibt die Mannheimer Studie hochgerechnet.
Die Disposition hierfür, so lehrt die Theorie der Wiedergeburt, liegt in unaufgearbeiteten traumatischen Erfahrungen früherer Inkarnationen – und im mangelnden Begreifen ihrer karmischen Zusammenhänge. Reinkarnationstherapie deckt sie auf. Dadurch »repariert« sie nicht nur – sie »heilt«. Sie befreit nicht nur *von*, sondern *zu*, indem sie letztlich vermittelt, was andere Helfer vorenthalten: Sinn. Denn »die religiöse Problematik des Menschen kann man aus einer Psychotherapie gar nicht ausklammern«, betont Dethlefsen.[36] *»Die Seele erkrankt immer am Verlust der Sinnhaftigkeit.«* An Sinnlosigkeit zu leiden, wird aber »von den meisten Therapeuten gewaltsam übergangen«, wenn nicht gar für krankhaft erklärt, wie schon von Sigmund Freud: »Im Moment, da man nach Sinn und

Wert des Lebens fragt«, so schrieb der Vater der Psychoanalyse einmal in einem Brief an Prinzessin Bonaparte, »ist man krank, denn beides gibt es ja in objektiver Weise nicht; man hat nur eingestanden, daß man einen Vorrat von unbefriedigter Libido hat.«[37]

»Sinn« als Inhalt und Ziel einer Psychotherapie haben freilich, Jahrzehnte vor den Anfängen der Reinkarnationstherapie, bereits zwei andere Richtungen entdeckt: die »Existenz-« oder »Daseinsanalyse«, die in Europa vor allem mit den beiden Schweizer Psychiatern Ludwig Binswanger und Medard Boss verbunden ist; und die »Logotherapie« von Viktor Frankl. Doch beide scheinen mir hinter der Reinkarnationstherapie zurückzubleiben: Die »Existentialanalyse« schürt bei vielen Patienten eben jene Trauer und Angst im Angesicht des »Nichts«, die sie als »Wesenszug« menschlicher Existenz ausmacht. Wer sich seiner selbst bewußt werde, erkenne: Inmitten der anderen ist er letztlich isoliert und allein; Zufällen, die sein Leben für immer verändern können, ist er hilflos ausgeliefert; wie er sich auch entscheidet und handelt – er schafft Konsequenzen, mit denen er leben muß. Und schließlich weiß er um »das äußerste Nichtssein des Todes«,[38] dem er vom ersten Atemzug an entgegenstrebt. Eines Tages wird er sterben müssen. Neurosen entstehen aus der damit verbundenen Existenzangst; um ihnen beizukommen, muß sich ein Klient diese Angst eingestehen, als den Normalfall menschlichen Seins annehmen und sich mit ihr arrangieren lernen, indem er seinen freien Willen ausübt und die damit verbundene Verantwortung übernimmt.[39] Nichts liegt der Reinkarnationstherapie ferner als solch schwermütige, düstere Botschaften: Sie befreit von eben dieser Existenzangst, indem sie das Überleben des Todes erlebbar macht; das existentialistisch eingemauerte Ich befreit sie zu einem Wesen, das karmische Zusammenhänge in größere Einheiten und Sinnbezüge einbinden.

Wie Viktor Frankls Logotherapie, so ist auch sie darauf aus, das »existentielle Vakuum« des modernen Menschen zu füllen, seinen frustrierten »Willen zum Sinn« zu befriedigen.[40] Bloß reichen ihr Frankls bescheidene Rezepte dazu bei weitem nicht aus: Sie bietet einen umfassenden weltanschaulichen Bezugsrahmen an. An eben diesen, »den« letzten Sinn, mag Frankl nicht glauben: »Je umfassender der Sinn ist, desto unfaßbarer wird er.«[41] Vermitteln will er allenfalls einen »partikularen« Sinn: »Je mehr ich aufgehe in meiner Aufgabe«, so würde ein Logotherapeut seinen geistigen Urvater rezitieren,[42] »je mehr ich mich hingebe an meinen Partner, umso mehr bin ich Mensch, umso mehr bin ich – ich selbst. Mich selbst verwirklichen kann ich eigentlich nur in dem Maße, in dem ich mich selbst *vergesse*, indem ich mich selbst *übersehe.*« Doch *wozu* eigentlich Arbeit, wozu partnerschaftliche Hingabe, wozu irgendwelche Verpflichtungen, Bindungen, Aufgaben auf sich nehmen? Sinnfragen lösen sich selten durch Vergessen oder Übersehen – sie zielen auf »letzte« Antworten. Die Lehre von Karma und Wiedergeburt stiftet Sinn, indem sie solche Antworten nicht verweigert, sondern zu geben versucht.

An diesem Sinn kann jeder Mensch, nicht nur ein »kranker«, Identitätsgefühl, Weltbild und Zukunftsentwürfe neu ausrichten und bisher disparate Erlebnisbereiche zusammenführen. Die »Ganzheit«, die daraus entsteht, ist in der Tat »transpersonal«: Auf sie hin befreien sich die Personen, die in unseren Körpern stecken, von ihrer Identifikation mit dieser einen Existenz hier und jetzt, auf eine Einheit hin, die vor der Geburt bestand und den physischen Tod überdauern wird. Nichts könnte zuverlässiger gegen seelische Störungen immun machen, als im Bewußtsein dieser Einheit ein neues Leben zu beginnen.

Anhang

»Soll ich mich ›zurückführen‹ lassen?«
Tips und Warnungen

- Nehmen Sie nicht von vornherein eine ablehnende Haltung ein, bloß weil sie von der Reinkarnationslehre nichts halten. Seien Sie offen für neue Erfahrungen, die Ihre Einstellungen zu dieser Theorie, und damit Ihre religiösen Überzeugungen, grundlegend wandeln könnten.
- Lassen Sie sich nicht bloß aus Neugier darauf ein. Was Rückführungen an Erlebnissen vermitteln, ist oft zu erschütternd, jedenfalls zu wichtig, um daraus bloß einen spannenden Zeitvertreib zu machen.
- Lassen Sie sich nicht einreden, nur bei »akuten Beschwerden« unerklärlicher Herkunft sei eine Rückführung angezeigt. Auch wenn Ihnen »nichts fehlt«, so doch vielleicht eines: Sinn, Zuversicht, Erfüllung, ein sicheres Gefühl, wer und wozu Sie sind. »Rückführungen« können all dies vermitteln.
- Suchen Sie, gemeinsam mit Therapeuten Ihres Vertrauens, die Ursachen für ein psychisches Leiden zunächst einmal in *diesem* Leben, ehe Sie weiter »zurückgehen«.
- Lassen Sie sich auf Hypnose erst ein, wenn Sie auf »sanfte« Meditations- und Entspannungstechniken nicht genügend ansprechen.
- Ebensowenig, wie Sie sich von einem Arzt ohne Medizinstudium behandeln lassen, sollten Sie sich einem unzureichend ausgebildeten Reinkarnationstherapeuten anvertrauen. Verlangen Sie im Zweifelsfall Nachweise; erkundigen Sie sich bei seriösen Standesorganisationen wie der »Deutschen Gesellschaft für Reinkarnationstherapie und esoterische Psychologie« (Ainmillerstr. 35, 80801 München, deren Ausbildungen hohe Anforderungen stellen.

- Wehren Sie sich gegen Suggestionen: Was es über Ihre ferne Vergangenheit möglicherweise herauszufinden gibt, können Sie *selbst* erleben – ohne Bekehrungsversuche seitens eines übereifrigen Rückführers.

- Haben Sie Geduld: Bilder von früheren Leben stellen sich nicht immer, nicht überall und kaum je in den allerersten Sitzungen ein.

- Verlieren Sie über bewegenden, oft erschütternden Einblicken in Ihre einstigen Leben nicht den Bezug zu Ihrem jetzigen. Aus gutem Grund ist unserem Gedächtnis gewöhnlich unzugänglich, was wir einst waren: Unvorbelastet sollen wir *diese* Existenz meistern.

- Lassen Sie sich nicht weismachen, auf den Wahrheitsgehalt Ihrer subjektiven Erlebnisse komme es gar nicht an. Denn Ihr Selbstbild wird zutiefst davon berührt, ob es jene historischen Personen tatsächlich gab, mit denen Sie sich identisch fühlen. Bestehen Sie darauf, daß Ihr »Rückführer« in Ihnen genaue, überprüfbare Erinnerungen weckt; forschen Sie möglichst nach Anhaltspunkten. Nur so können Sie einigermaßen ausschließen, daß Ihnen nicht bloß Ihre Phantasie einen Streich spielt – oder Sie in Wahrheit unbewußte Erinnerungen aus *diesem* Leben, Wunsch- oder Angstvorstellungen ausgestalten.

- Lassen Sie es bei Rückstiegen zu Ihrem früheren Selbst nicht bewenden: Ein verantwortungsvoller Therapeut muß bereit sein, mit Ihnen sorgsam aufzuarbeiten, was Ihre Erlebnisse für Ihr jetziges Leben bedeuten.

- Verlangen Sie, daß Ihre »Erinnerungen« auf Tonband mitgeschnitten werden: So können Sie sie am besten aufarbeiten und überprüfen, was dabei zum Vorschein kommt.

- Bestehen Sie auf einem fairen Preis, vergleichen Sie Angebote in den einschlägigen Fachzeitschriften, fordern Sie vorab Informationsmaterial an. (Näheres dazu im folgenden Kapitel »Wegweiser im Dschungel«.) Eine »Rückführung« muß nicht teurer sein als eine gewöhnliche psychotherapeutische Sitzung.

- Lassen Sie sich keine Therapie-»Pakete« verkaufen, bei denen Sie von vornherein für ein Dutzend Sitzungen oder mehr zahlen – gelegentlich erreichen Sie das gewünschte Ziel schon früher.

- Ersparen Sie sich Gruppenrückführungen. Was Sie dort an Anleitungen erhalten, bleibt notgedrungen zu allgemein, geht nicht auf Einzelheiten Ihrer persönlichen Erinnerungen ein; zu groß ist zudem die Gefahr von Ablenkungen, Mißverständnissen und Fehlreaktionen.

- Suchen Sie Kontakt zu Mitmenschen, die »Rückführungen« bereits hinter sich haben – allein in der Bundesrepublik dürften es inzwischen einige Zehntausend sein. So verlieren Sie falsche Erwartungen, erfahren mehr oder weniger empfehlenswerte Adressen, finden offene Gesprächspartner während Ihrer eigenen »Regression« – und sozialen Rückhalt im Laufe eines Abenteuers, das Ihre Umwelt größtenteils mit Unverständnis und Ablehnung quittieren wird.

Adressen von Reinkarnationstherapeuten

Adressen von Reinkarnationstherapeuten in der Bundesrepublik Deutschland, der Schweiz und Österreich vermittelt der Autor auf Anfrage. Gegen Einsendung von DM 50,-- in bar oder Verrechnungsscheck und einem frankierten DIN-A-4-Rückumschlag bietet er eine Übersicht über mehrere hundert Reinkarnationstherapeuten an, die laufend ergänzt wird. Diese Orientierungshilfe enthält Namen, Adressen und Telefonnummern sowie Selbstdarstellungen der Anbieter. Anfragen richten Interessenten bitte an:

Psychologischer Informationsdienst (PSI)
Dr. Harald Wiesendanger
Zollerwaldstraße 28
D-69436 Schönbrunn-Allemühl

Anmerkungen

1 Im Drüben fischen?

1 Dethlefsen schildert diese Rückführung in: *Das Leben nach dem Leben. Gespräche mit Wiedergeborenen*, Goldmann: München, 5. Aufl. 1986, S. 9 ff.

2 Albert de Rochas, *Die aufeinanderfolgenden Leben. Gibt es eine Wiedergeburt?*, Baumgartner: Warpke-Billerbeck o.J. (Or.: *Les vies successives*, Paris 1924).

3 L. Ron Hubbard, *Dianetics: The Modern Science Of Mental Health*, The Church of Scientology: Los Angeles 1950. Selbst einen Rezensenten der *New York Times* packte das Dianetik- Fieber: »Die Geschichte ist zu einem Wettlauf zwischen der Dianetik und dem Untergang geworden«, so schwante ihm. »Die Dianetik wird ihn gewinnen, wenn genügend Menschen ihr folgen.« (Zit. im Anhang von: L. Ron Hubbard, *Haben Sie vor diesem Leben gelebt? Eine wissenschaftliche Untersuchung*, Scientology Publications Organization: Kopenhagen 1979, S. 391 [Or.: *Have You Lived Before This Life?*, 25. Aufl. 1978].)

4 L. Ron Hubbard, *History of Man*, The Church of Scientology: Los Angeles 1952. Nach wie vor eine der glänzendsten Kritiken der Dianetik: Christopher Evans, *Kulte des Irrationalen*, Rowohlt: Reinbek 1979, S. 17-244.

5 Morey Bernstein, *The Search for Bridey Murphy* (1956); dt.: *Protokoll einer Wiedergeburt*, Droemer Knaur: München 1984.

6 Erst in den späten siebziger Jahren wurde Bloxhams Dokumentation allgemein bekannt; Jeffrey Iverson, Fernsehproduzent beim Privatsender »Cardiff TV«, stellte sie in einer aufsehenerregenden Sendung »The Bloxham Tapes« vor, die die BBC am 19. Dezember 1976 ausstrahlte. Ein Jahr später erschien Iversons Buch darüber: *More Lives Than One? The Evidence of the Remarkable Bloxham Tapes*, Warner Books: New York 1977; dt.: *Leben wir öfter als einmal? Die Tonbandprotokolle des Hypnose-Therapeuten Arnall Bloxham*, Hirthammer: München 1977.

7 Rhea Powers, *Reinkarnation – oder die Illusion der persönlichen Identität*, Ch. Falk: Planegg 1989, S. 89.

8 Helen S. Wambach, *Seelenwanderung. Wiedergeburt durch Hypnose*, Goldmann: München, 2. Aufl. 1984, S. 214 (Or.: *Reliving Past Lives*, Harper & Row: New York 1984.)

9 Milan Ryzl führt diesen und die beiden folgenden Fälle an in: *Der Tod und was danach kommt. Das Weiterleben aus der Sicht der Parapsychologie*, Goldmann: München 1983, S. 158.

10 Sein Erstlingswerk *Das Leben nach dem Leben* schaffte sechsstellige Auflagen. Zwei Jahre später folgte ihm ein weiterer Bestseller: *Das Erlebnis der Wiedergeburt.* Schon der Untertitel verhieß »Heilung durch Reinkarnation« (Goldmann: München, 2. Aufl. 1984).

11 *Spirituelles Adreßbuch 86/87*, Param: Clausthal-Zellerfeld 1985, S. 189 f.

12 Da läßt die Hamburger Diplom-Psychologin Petra Angelika Peick, selbsternannte »Dozentin für Esoterische Psychologie«, nochmals Revue passieren, wie ihre junge Klientin Gerika bei ihr »das Menschsein durch viele Wiedergeburten verstehen lernte«. (*Wiedergeburt – Eine Reise in frühere Erdenleben*, Hermann Bauer: Freiburg 1987.)
Die frühere Übersetzerin Ingrid Vallieres, seit 1977 Leiterin eines Stuttgarter »Instituts für Reinkarnationstherapie«, verdeutlicht »Konsequenzen und Reichweite« dieser Psychotechnik. (*Praxis der Reinkarnationstherapie. Konsequenzen und Reichweite*, Hannemann: Steimbke 1987.)
Der Nürnberger Therapeut Peter Thienel führt vor, wie er binnen zehn Jahren in seinem »Institut für Hypnoseforschung« »über 800 Klienten« »ihre früheren Existenzen in das Bewußtsein zurückgerufen« hat. (*Seelenwanderung. Das Geheimnis der Wiedergeburt in unserem Leben – Forschungen und Erfahrungen*, Goldmann: München 1988.)
Der Freiburger »Kosmobiologe« Baldur Ebertin erläutert an einem Dutzend »Zurückgeführter« sein »Modell des Reinkarnationsbewußtseins«. (*Reinkarnation und neues Bewußtsein*, Hermann Bauer: Freiburg 1987.)
Auf über 400 Buchseiten dokumentiert der Heilpraktiker Werner Meinhold, wie er einem jungen Mann drei Jahre lang in Hypnose seinen »Wiederverkörperungsweg durch die Jahrtausende« finden half. (*Der Wiederverkörperungsweg eines Menschen durch die Jahrtausende. Reinkarnationserfahrung in Hypnose*, Aurum: Freiburg 1989.)
Für »Wiedergeburt als Erfahrung« wirbt der »diplomierte Regressions- und Reinkarnations-Analytiker« Bruno Meier aus dem schweizerischen Herznach. (*Heilung durch Wiedergeburt*, Zytglogge: Bern 1988.)

13 Institut für Demoskopie Allensbach, »Haben Sie früher schon einmal gelebt?«, in: *Allensbacher Berichte*, 3/1989 (4 S.).

14 Dies stellte das angesehene Gallup-Institut (Princeton, USA) in einer 1969 veröffentlichten Umfrage unter zwölf westlichen Industrienatio-

nen fest; zit. bei Sylvia Cranston/Carey Williams, *Wiedergeburt. Ein neuer Horizont in Wissenschaft, Religion und Gesellschaft*, Hirthammer: München 1989, S. 28.

15 George Gallup jr., *Adventures in Immortality*, McGraw Hill: New York 1982; vgl. Erich Fromm, *Zen Buddhism and Psychoanalysis*, Harper & Row 1960, S. 85 f. Im Dezember 1985 befaßte sich die katholische Bischofssynode in Rom mit einer Statistik, derzufolge sich 23 Prozent der Katholiken, 21 Prozent der Protestanten und 12 Prozent der Atheisten zu einem Glauben an Wiedergeburt bekennen: K. Hoheisel, »Glaube an die Seelenwanderung im frühen Christentum?«, in: *Materialdienst der EZW* (Evangelische Zentralstelle für Weltanschauungsfragen, Stuttgart), 7/1986, S. 188-196, dort S. 188.

16 Gallup, *Adventures…*, a.a.O.

17 Ebda.

18 A.a.O. (Anm. 14)

19 3,15 Millionen Fernsehzuschauer verfolgten im Februar 1986, wie sechs Jenseits-»Experten« die Frage »Viele Male auf Erden?« in der ZDF-Reihe »5 nach 10« drehten und wendeten – eine Einschaltquote von zehn Prozent, die diese Serie zuvor überhaupt nur einmal erreicht hatte: bei einem Fußball-Thema. Eine vorangehende »Dokumentation« über Wiedergeburt erzielte gar eine Sehbeteiligung von 5,24 Millionen (16 Prozent). In den »Unglaublichen Geschichten« des bekehrten RTL-Moderators Rainer Holbe durfte Paul Benard, ein Landarzt in der Lüneburger Heide, am 20. September 1986 drei Patientinnen in Hypnose »zurückversetzen« – darunter eine Arzthelferin zu ihrem Todestag im Dresdener Bombenhagel 1945. Ein »Großes Experiment: Vier Frauen in Hypnose« hob Springers »Bild der Frau« Anfang Juli 1987 gar auf die Titelseite: »Ich habe schon mal gelebt«, noch vor »Frisuren für die Gartenparty«, der »neuen Stretch-Mode« und »Rezepten mit Kartiffeln«. (»Marianne G. zum Hypnotiseur: ›Vor 2035 Jahren war ich Cäsars Geliebte…‹.«)

20 Peick, *Wiedergeburt*, a.a.O. S. 11.

21 Vallieres, *Praxis der Reinkarnationstherapie*, a.a.O., S. 9 f.

22 Diese Auskünfte erhielt ich von Frau Stübbe während eines Besuchs in Worms am 27. Juli 1988.

23 Aus Ingrid Vallieres' *Veranstaltungsprogramm des Instituts für Reinkarnationstherapie 1987.*

24 Die folgenden Zitate entnehme ich Handzetteln, die ich von einem Reinkarnationsseminar bei Helmut Kritzinger im Frühjahr 1987 mitbrachte, sowie einem längeren Telefonat.

25 Aus: Akademie für Esoterik e.V., *Seminare und Ausbildungen 1988.*
26 Aus: Mathias Wendel, *Der Weg zum Herzen. Fragen und Antworten zur Reinkarnations-Therapie*, Selbstverlag: München o. J. (um 1988).
27 Zu »Vorausführungen« in künftige Leben vgl. Harald Wiesendanger (Hrsg.), *Wiedergeburt – Herausforderung für das westliche Denken*, Fischer: Frankfurt a.M. 1990.
28 Anzeige in *Esotera* 1/1989, S. 108.
29 Aus einem Werbezettel Everdings (1988).
30 Benjour Christianson/Fritz Guggisberg, »Osiris Aktivum-Tropfen. Elektrophysikalisch behandeltes Wasser«, in: *Lichtquell*, 173 / 21.9.1988, S. 3-14.
31 Vgl. dazu Michael Hutchinson, *Megabrain. Geist und Maschine*, Sphinx: Basel 1989; Lutz Berger/Werner Pieper (Hrsg.), *Brain Tech. Mind Machines und neues Bewußtsein*, Pieper's Medienexperimente: Löhrbach 1989.
32 Diesen Brief zitiert Ernest Jones in seiner dreibändigen Biographie *Das Leben und Werk von Sigmund Freud*, Hans Huber: Bern 1982, in einem Kapitel über »Okkultismus«.
33 Herbert Fingarette, *The Self in Transformation*, Basic Books: New York 1962, S. 171-237.
34 *Das Geheimnis der Goldenen Blüte*, aus dem Chinesischen übersetzt von R. Wilhelm, mit einem Kommentar von C.G. Jung, München, Neuaufl. 1965.
35 Carl Gustav Jung, »Studien über alchemistische Vorstellungen«, in: Bd. 13 der *Gesammelten Werke*, Rascher: Zürich 1958, S. 54.
36 Carl Gustav Jung, *Erinnerungen, Träume, Gedanken.* Aufgezeichnet und hrsg. von Aniela Jaffé, Rascher: Zürich/Stuttgart 1962, S. 295, 320, 321, 324.
37 Siehe dazu: Harald Wiesendanger, *Die Jagd nach Psi. Über neue Phänomene an den Grenzen unseres Wissens*, Aurum: Freiburg 1989, Kap. »Trance-Dialog mit ›C.G. Jung‹«, S. 201-207.
38 Carl Rogers, »Some New Directions: A Personal View«, in: Thomas Hanna (Hrsg.), *Explorers of Humankind*, Harper & Row: San Francisco 1979.
39 Zit. in: *Faszination des Unfaßbaren*, Das Beste: Stuttgart 1983, S. 156.

2 *Mit dem »Fahrstuhl« in die Römerzeit*

1 Zit. nach: Hans-Christian Kossak, *Hypnose. Ein Lehrbuch*, Psychologie Verlags Union: München 1989, S. 114.
2 Für eine kurze Übersicht über die gängigsten Verfahren siehe Karl F. Stadler, *Was in Hypnose möglich ist. Selbsthilfemethoden und Heilbehandlung*, Ariston: Genf 1988, S. 93 ff.
3 Harald Wiesendanger, »Justizirrtum inbegriffen. Hypnose in der Verbrechensaufklärung: ein gefährliches Instrument«, in ders.: *Zwischen Wissenschaft und Aberglaube. Grenzbereiche psychologischer Forschung*, Fischer: Frankfurt a. M. 1989.
4 Ian Stevenson erwähnt Galitzens Versuch kurz in seinem Buch *Xenoglossy*, Charlottesville, Virginia 1974, S. 19.
5 Albert de Rochas, *Les vies successives*, Paris 1924; dt.: *Die aufeinanderfolgenden Leben*, Baumgartner-Verlag: Warpke-Billerbeck o. J., ib. S. 22-186.
6 Ende des 18. Jahrhunderts setzte die »Schule von Nancy« um den Pariser Arzt Ambroise Liebéault (1823-1904) und Professor Hippolyte M. Bernheim (1843-1919) anstelle von Mesmers »Fluidum«- Theorie eine andere Erklärung: Die heilende Wirkung der Hypnose beruht auf der Einbildungskraft (»Imagination«), die Mesmer durch sprachliche Suggestionen anregte.
7 Mathias Wendel, *Der Weg zum Herzen. Fragen und Antworten zur Reinkarnations-Therapie* (12 S.), Selbstverlag: München o. J., S. 5.
8 So Jan-Erik Sigdell in: Willi Dommer, »Der sanfte Blick zurück«, in: *Esotera*, 12/1989, S. 18-23, dort S. 21.
9 Rhea Powers, *Reinkarnation – oder die Illustion der persönlichen Identität*, Ch. Falk: Planegg 1989, S. 68 f.
10 Zitiert nach: Kurt Allgeier, *Du hast schon einmal gelebt*, Goldmann: München, 5. Aufl. 1988, S. 174.
11 Rhea Powers, *Reinkarnation*, a.a.O., S. 70-72, vgl. S. 91 f.
12 *Esotera*, 12/89, S. 18 ff. (siehe Anm. 8).
13 Thorwald Dethlefsen, *Das Erlebnis der Wiedergeburt. Heilung durch Reinkarnation*, Goldmann: München, 2. Aufl. 1984, S. 136.
14 Edmund Jacobson, *Progressive Relaxation*, Chicago 1938; vgl. D.A. Bernstein/Th.D. Berkovec, *Entspannungstraining. Handbuch der progressiven Muskelentspannung*, Pfeiffer: München 1975.
15 Zit. nach: Gunther Haag, »Entspannungsübungen – eine Methode zur Schmerzbekämpfung«, in: *Die Schmerzhilfe* 3/1989, S. 1-3.
16 Empfehlenswerte Literatur dazu: Michael Hutchinson, *Megabrain.*

Geist und Maschine, Sphinx: Basel 1989; Lutz Berger/Werner Pieper (Hrsg.), *Brain Tech. Mind Machines und Bewußtsein – eine Einführung*, Pieper's Medienexperimente: Löhrbach 1989.

17 Robert Monroe, *Der Mann mit den zwei Leben*, Ansata: Interlaken 1981; ders., *Der zweite Körper*, Ansata: Interlaken 1987. – Der junge deutsche Diplom-Ingenieur und ehemalige Übersetzer Harald Wessbecher, der 1982 zu Monroe stieß, vertreibt diese Technik bundesweit exklusiv in seinem 1985 gegründeten Karlsruher »Dynamis-Institut« – und erweiterte sie mittlerweile um ein selbstentwickeltes »Rausch-Verfahren«.

18 Vgl. Harald Wiesendanger, *Die Jagd nach Psi. Über neue Phänomene an den Grenzen unseres Wissens*, Aurum: Freiburg 1989, Kap. VII (»Meditation und Mystik«, ib. S. 221 ff. und die in den dortigen Anmerkungen 168-171 zitierte Literatur).

19 Rhea Powers, *Reinkarnation*, a.a.O., S. 20 f.

20 H.J. Schultz, *Das Autogene Training (Konzentrative Selbstentspannung). Versuch einer klinisch-praktischen Darstellung*, Thieme: Leipzig/Stuttgart 1932; vgl. K.R. Rosa, *Das ist Autogenes Training*, Kindler: München 1973.

21 Hanscarl Leuner (Hrsg.), *Katathymes Bilderleben. Ergebnisse in Theorie und Praxis*, Hans Huber: Bern/Stuttgart/Toronto, 2. überarb. Aufl. 1987.

22 Rhea Powers, *Reinkarnation*, a.a.O., S. 177.

23 Werbezettel, 1989 in einem esoterischen Buchladen in Heidelberg ausgelegt.

24 Rhea Powers, *Reinkarnation*, a.a.O., S. 177.

25 Ebda., S. 93 f.

26 Gerry M. Glaskin, *Windows of the Mind*, Arrow Books: London 1974; ders., *Worlds Within*, Arrow Books: London 1978.

27 Shirley MacLaine, *Tanz im Licht*, Goldmann: München, 2. Aufl. 1989, S. 320-325.

28 Ebda., S. 325-332.

29 Rhea Powers, *Reinkarnation*, a.a.O., S. 176.

30 Ebda., S. 69.

31 Zit. nach Christopher Evans, *Kulte des Irrationalen*, Rowohlt: Reinbek 1976, S. 51.

32 Sri Chinmoy, *Tod und Wiedergeburt*, Sri Chinmoy Verlag: Zürich, 3. überarbeitete und erweiterte Aufl. 1982, S. 121.

33 Dieses und die folgenden Zitate: Morris Netherton/Nancy Shiffrin, *Bericht vom Leben vor dem Leben – Reinkarnationstherapie: Ein*

neuer Weg in die Tiefe der Seele, Ullstein: Frankfurt a.M./Berlin 1987, S. 29. – Die Rückführung der Ann Boyd siehe ebda., S. 30-45.

34 Ebda., S. 46.

35 Baldur R. Ebertin, *Reinkarnation und neues Bewußtsein*, Hermann Bauer: Freiburg 1987, S. 62 f.

36 Ebda., S. 64 f.

37 Vgl. Jan-Erik Sigdell, »Reinkarnation als Idee – und als Erfahrung«, in: *Mitteilungsblatt* des SVNH (Schweizerischer Verband zur Förderung natürlicher Heilverfahren), Juni 1986, S. 7-14; *Esotera* (12/1989) widmete seinem Ansatz eine Titelgeschichte.

38 Vgl. die Andeutung bei Helmut Kritzinger, *Handbuch der Reinkarnationstechniken*, Selbstverlag: Darmstadt o J. (um 1987/88), S. 50.

39 *Esotera*, 12/1989, S. 23.

40 Kritzinger, *Handbuch der Reinkarnationstechniken*, a.a.O., S. 45-74.

41 Rhea Powers, *Reinkarnation*, a.a.O., S. 22 f.

42 Einen informativen Überblick bietet D. Scott Rogo, *The Search for Yesterday*, Prentice Hall: Englewood Cliffs, N.J. 1985. Siehe auch die Literaturübersicht bei Lester Grinspoon/John B. Bakalar, *Psychedelic Drugs Reconsidered*, Basic Books: New York 1979; auf S. 142 räumen sie ein: »Selbst argwöhnische Leute, die Reinkarnation bislang als Aberglauben abgetan hatten, finden nun, daß diese (LSD-induzierten) Erfahrungen nicht einfach abzutun sind. Selbst wenn sie (den Glauben an eine) Wiedergeburt ablehnen, sind sie in Anbetracht der seltsam zwingenden Qualität der Reinkarnationserinnerungen nicht länger bereit, sich mit konventionelleren Deutungen abzufinden.«

43 Robert E.L. Masters/Jean Houston, *The Varieties of Psychedelic Experience*, Holt, Rinehart & Winston: New York 1966.

44 Ebda., S. 218 f.

45 Siehe u.a. Stanislav Grof, *Realms of the Unconscious*, Viking: New York 1977; und ders., *The Human Encounters with Death*, Dutton: New York 1977.

46 *Psi-Journal*, Nr. 6, November/Dezember 1989 (»Der große Report: Meditation«).

47 *Megalog*, Nr. 3 (Mitteilungsblatt der Heidelberger Vertriebsfirma »Brain Tech«), S. 10.

48 »Psycho-Mentales Training mit Reinkarnationstherapie«, auf den Basler »Psi-Tagen 88« ausgelegter Handzettel des Sulzburger »Zentrums für Psycho-Mentale Behandlungsmethoden«.

49 Klaus Geisler am 19.1.1988 in einem »Erfahrungsbericht«.

50 Baldur Ebertin, *Reinkarnation und neues Bewußtsein*, a.a.O., S. 67 ff., vgl. S. 120 ff., 197 f., 218, 248 ff., 272 f., 293 f.

51 Vgl. Dethlefsen, *Schicksal als Chance*, Goldmann: München 1979, das 1988 bereits in der 24. Auflage erschienen ist; dort S. 125 ff.
Astrologie heute, Sonderbeilage zum Welt-Kongreß Astrologie 87, S. 5-7 (»Gespräch mit Thorwald Dethlefsen«), ib. S. 6.

52 Angelika Hoefler (mit Mario Atti), *Reinkarnationsforschung mit dem Pendel. Rückführung in Ihre persönlichen Leben*, Schangrila: Haldenwang 1987.

53 Vgl. dazu Iso Karrer, »Astrologie und Wiedergeburt oder: Warum funktioniert die Astrologie?«, in: *Zum Lichtquell*, Nr. 172 / 21. Juni 1988, S. 3-5, dort S. 5.
Angelika Hoefler, *Namen – das ausgesprochene Geheimnis. Neue Systeme zur Entschlüsselung der esoterischen Bedeutung von Namen und Zahlen*, Schangrila: Haldenwang 1989.
Anne Conway, »Carmic Clues In Your Handwriting«, in: *Body, Mind & Spirit*, Mai/Juni 1988, S. 36 f.; ebenso ihr Buch *How To Know Everything About Anyone Through Handwriting*, Sterling Publications: New York 1987.
Eva Dietrich, *Astrographologie: neue Wege zur Charakterdeutung und Selbsterkenntnis*, Econ: Düsseldorf 1988.
Psyche, Nr. 10/1923, S. 315.

54 Siehe dazu Harald Wiesendanger, »Warum die Sterne nie lügen: Was Horoskope wahr macht« und »Schicksal in der Tinte: Graphologen blamieren sich bei Voraussagen beruflichen Erfolgs«, beide in: ders., *Zwischen Wissenschaft und Aberglaube*, a.a.O.

55 George Schwimmer, »The Use of Mediumship in Therapy«, in: *Journal of Religion and Psychical Research*, Vol. 11, No. 2 / April 1988, S. 85-92. Wie er Rebacca »heilte«, schildert er auf S. 86-90.

56 Ebda., S. 91.

57 *Body, Mind & Spirit*, März/April 1988, S. 64.

58 Ullrich Schiemann, *Das darf doch nicht ›Wahrsagen‹ sein*, Band 1: *250 Wahrsager im Test*, AVP-Verlag: München 1988, S. 53.

59 Alle Zitate aus einschlägigen Werbeunterlagen.

60 A. Salter, *What is hypnosis? Studies in conditioning including the techniques of autohypnosis*, Farrar, Straus & Giraux: New York 1972.

61 Hans-Christian Kossak, *Hypnose*, a.a.O., S. 296.

62 Willi Dommer, »Fünf der Münzen«, in: *Esotera*, 6/1987, S. 82.

1 Helen Wambach schildert dieses Déjà-vu-Erlebnis in *Seelenwanderung. Wiedergeburt durch Hypnose*, Goldmann: München 1984, S. 8. (Or.: *Reliving Past Lives: The Evidence Under Hypnosis*, Harper & Row: New York 1978.)

2 *Reliving Past Lives*, a.a.O., und *Life Before Life*, Bantam Books: New York 1979; dt.: *Leben vor dem Leben*, Heyne: München 1986.

3 Dieses und die folgenden Zitate entnehme ich, soweit nicht anders vermerkt, Wambachs Buch *Seelenwanderung*, a.a.O.

4 Kritiker wenden allerdings mit einigem Recht ein, daß Wambach *sämtliche* Angaben – in den 1100 Datenbögen vermutlich mehrere Zehntausend – nicht einmal annähernd vollständig überprüft haben konnte. »Wie kann sie derart sicher sein, da sie andererseits zugibt, weder über ausreichende Zeit noch Mittel zu verfügen, um alle Einmzelheiten nachprüfen zu können?« fragt Mark Albrecht, der frühere stellvertretende Direktor der christlichen Organisation »Spiritual Counterfeits Projekt« in Berkeley (Kalifornien), in einer Streitschrift mit dem unsinnigen deutschen Titel *Reinkarnation – die tödliche Lehre*, Schulte + Gerth: Asslar 1988, S. 69. (Or.: *Reincarnation – A Christian Critique of a New Age Doctrine*, 1982.)

5 Vgl. Helen Wambach, *Leben vor dem Leben*, a.a.O. Die im folgenden berichteten Befunde stammen daraus.

6 Fand Helen Wambach tatsächlich eine Regel, die für Rückführungen *generell* gilt? Reinkarnationstherapeuten selbst haben entsprechende Forschungen noch nicht einmal ansatzweise unternommen. Versuche an der Carleton-Universität in Ottawa (Kanada), Wambachs Ergebnisse an einer größeren Stichprobe zu replizieren, verliefen enttäuschend: Unter 35 Hypnotisierten, die zu einem »früheren Leben« zurückfanden, überwogen historische Irrtümer korrekte Angaben bei weitem; auch berichteten sie nur selten über einen Wechsel von Rasse und Geschlecht oder ein Dasein in exotischen Kulturen. (Nicholas Spanos, »Past-Life Hypnotic Regression: A Critical View«, in: *Skeptical Inquirer*, 12/Winter 1987-88, S. 174-180, dort S. 178 f.) Damit ist Wambach nicht »widerlegt« – sondern nur aufgezeigt, daß weitere Replikationen not tun, mit welchem Ausgang auch immer.

7 Joel L. Whitton/Joe Fischer, *Das Leben zwischen den Leben. Ein Forschungsbericht aus der Welt jenseits unserer physischen Existenz*, Goldmann: München 1989.

8 Ebda., S. 234.

9 Kurt Allgeier, *Du hast schon einmal gelebt. Wiedergeburt? Erinnerungen in der Hypnose*, Goldmann: München, 5. Aufl. 1988, S. 212.

10 Morris Netherton/Nancy Shiffrin, *Bericht vom Leben vor dem Leben*, Ullstein: Frankfurt a. M./Berlin 1987, S. 229.

11 Josef Gruber, »Evolutionstherapie«, in: *Grenzgebiete der Wissenschaft* (Innsbruck), 2/1979, S. 131 ff.

12 Helen Wambach, *Leben vor dem Leben*, a.a.O., S. 168.

13 Ebda., S. 169.

14 In einer Fernsehsendung des US-Senders ABC über übernatürliche Phänomene, ausgestrahlt in San Francisco am 5. Dezember 1978.

15 Wambach, *Seelenwanderung*, a.a.O., S. 219.

4 »Das soll ich gewesen sein?«

1 Jeffrey Iverson, *More Lives than One? The Evidence of the Remarkable Bloxham Tapes,* Warner Books: New York 1977; dt.: *Leben wir öfter als einmal? Die Tonbandprotokolle des Hypnosetherapeuten Arnall Bloxham*, Hirthammer: München 1977, Kap. 4 und 5.

2 Peter Blythe, *Hypnotism, Its Power and Practice*, London 1971.

3 Milan Ryzl, *Der Tod und was danach kommt. Das Weiterleben aus der Sicht der Parapsychologie*, Goldmann: München 1983, S. 160.

4 Nicholas Spanos, »Past-Life Hypnotic Regression: A Critical Review«, in: *Skeptical Inquirer*, 12 /Winter 1987-88, S. 174-180, ib. S. 175 f.; vgl. ders. (mit T.X. Barber, J.F. Chaves), *Hypnosis, Imagination, and Human Potentialities*, Pergamon: New York 1979.

5 Siehe z.B. P.S. Silverman/P.D. Retzlaff, »Cognitive stage regression through hypnosis: Are earlier cognitive stages retrievable?«, in: *International Journal of Clinical and Experimental Hypnosis*, 34/1986, S. 192-204.

6 Thorwald Dethlefsen, *Das Leben nach dem Leben. Gespräche mit Wiedergeborenen*, Goldmann: München, 5. Aufl. 1986, S. 40.

7 Helmut Kritzinger, *Handbuch der Reinkarnationstechniken*, Selbstverlag: Darmstadt o J. (um 1987/88), S. 59.

8 Morris Netherton/Nancy Shiffrin, *Bericht vom Leben vor dem Leben*, Ullstein: Frankfurt a. M./Berlin 1987, S. 191.

9 Petra A. Peick in einem Interview mit *Journal für die Frau*, 13/1988, S. 70.

10 Rhea Powers, *Reinkarnation*, a.a.O., S. 91 f.

11 Vgl. dazu Harald Wiesendanger, *Mit Leib und Seele. Ursprung, Entwicklung und Auflösung eines philosophischen Problems*, Peter Lang: Bern/Frankfurt a.M./New York 1987.

12 Edith Fiore, zit. in: *Faszination des Unfaßbaren*, Das Beste: Stuttgart 1983, S. 160.

13 William Sargant, *The Mind Possessed*, Baltimore 1975, S. 5.

14 Jonathan Venn, »Hypnosis and Reincarnation: A Critique and Case Study«, in: *Skeptical Inquirer*, 12/Sommer 1988, S. 386-391, dort S. 389.

15 So Jan-Erik Sigdell in: Willi Dommer, »Der sanfte Blick zurück«, in: *Esotera*, 12/1989, S. 18-23, dort S. 20.

16 Guirdham in einem Interview mit dem *National Enquirer*, 28. Dezember 1969.

17 Ebda.

18 Arthur Guirdham, *The Cathars and Reincarnation*, London 1970, S. 88 f.

19 Guirdham-Interview in: *National Enquirer*, a.a.O.

20 Ebda.

21 Ebda.

22 Arthur Guirdham, *We Are One Another* (1974); ders., *The Lake and the Castle* (1979). Seine Autobiographie, *A Foot in Both Worlds*, erschien 1973.

23 Arthur Guirdham, »Reincarnation and medical practice«, Vortrag vor dem *College of Psychic Science*, London, 25. März 1969.

24 Arthur Guirdham, *The Cathars and Reincarnation*, a.a.O.

25 Guirdham-Interview in: *National Enquirer*, a.a.O.

26 Vgl. dazu Harald Wiesendanger, *Die Jagd nach Psi. Über neue Phänomene an den Grenzen unseres Wissens*, Aurum: Freiburg 1989, Kap. XI, S. 266 ff.

27 Daß solche Voraussagen *samt und sonders* durch Präkognition oder irgendeine andere Form von außersinnlicher Wahrnehmung zustandekommen, ist mit letzter Sicherheit zwar unmöglich auszuschließen – aber reichlich unwahrscheinlich.

28 Vgl. R.B. Dobson, *The Jews of Medieval York and the Massacre of March 1190*, York 1974.

29 Jeffrey Iverson, *More Lives Than One?*, a.a.O., S. 45 f. Auch wenn der Fall »Jane Evans« Reinkarnation besonders eindrucksvoll nahelegt, weil keine andere Erklärung plausibler scheint – von einem unumstößlichen *Beweis* kann, strenggenommen, selbst hier nicht die Rede sein (vgl. Ian Wilson, *Mind out of Time? Reincarnation Claims Investigated*, London 1981, S. 104 f.):

(a) Zur Zeit des Yorker Judenmassakers standen in York über 40 Kirchen. In *welcher* hatte »Rebeccas« Familie Zuflucht gesucht? Jane Evans beschrieb sie als »klein«, »außerhalb der Stadttore von York«, »in der Nähe des ›Kupfertores‹ (*Coppergate*)«, »in Sichtweite von der Stadt«. So zuversichtlich ein anerkannter York-Experte wie Professor Dobson auch spontan auf »St. Mary's Castlegate« tippte – Evans' spärliche Hinweise darauf fielen zu allgemein aus, als daß dies mehr als eine begründete Vermutung wäre.
(b) Viele alte Kirchen weisen Krypten auf. *Hätte* Jane Evans darüber bloß phantasiert – die Wahrscheinlichkeit, zufällig richtig zu liegen, wäre entsprechend groß.
(c) In Jane Evans' Bericht steckte eine Reihe nachweislicher Fehler: So sprach sie über *Coppergate* (engl. *gate*: Tor), als handle es sich um ein Stadttor; in Wahrheit hieß so im 12. Jahrhundert eine Straße. Eine *Coney Street*, in der ihre Familie gewohnt haben soll, blieb unauffindbar; nur eine *Cuninga Street* gab es.
(d) »Jane Evans« kennen wir nur pseudonym, von Bloxhams Protokollen her. Wer diese Frau war – ihre Persönlichkeit, ihre Interessen, nicht zuletzt ihre Lesegewohnheiten –, konnte nie nachgeprüft werden.
(e) Niemand weiß, ob eine Jüdin namens »Rebecca« vor acht Jahrhunderten tatsächlich zur jüdischen Einwohnerschaft Yorks zählte – Aufzeichnungen darüber gibt es keine.
(f) Über Judenschicksale im mittelalterlichen York liegt durchaus Literatur vor, in der Jane Evans sich insgeheim *hätte* kundig machen können: z.B. A.M. Hyamson, *History of the Jews in England* (1928); Cecil Roth, *History of the Jews in England* (1949); James Rain, *York: the General History of the City* (1902). Alle drei Bücher sind über öffentliche Leihbibliotheken erhältlich, wie Ian Wilson recherchierte (*Mind Out of Time?*, a.a.O., S. 275). Andererseits beteuerte Jane Evans, sie habe niemals irgendein Geschichtsbuch über jene Zeit in der Hand gehabt. Krytomnesie läßt sich weder apodiktisch ausschließen – noch ins Blaue hinein unterstellen.

5 *Die Indizienkette schließt sich*

1 Carl Gustav Jung, *Anima und Animus*, Gesammelte Werke (17 Bände), Rascher: Zürich 1958 ff., Bd. 7, S. 207 ff.; Emma Jung, *Animus und Anima*, Rascher: Zürich 1967.

2 Stevenson schildert diesen Fall in *Reinkarnation. Der Mensch im Wandel von Tod und Wiedergeburt. 20 überzeugende und wissenschaftlich bewiesene Fälle*, Aurum: Freiburg, 5. Aufl. 1986, S. 109 ff.

3 Ian Stevenson, *Twenty Cases Suggestive of Reincarnation*, University of Virginia Press: Charlottesville 1966, rev. Ausgabe 1974; dt.: *Reinkarnation*, a.a.O.

4 *Cases of the Reincarnation Type. Vol. 1: Ten cases in India* (1975); *Vol. 2: Ten Cases in Sri Lanka* (1977); *Vol. 3: Twelve Cases in Lebanon and Turkey* (1980); *Vol. 4: Twelve Cases in Thailand and Burma* (1983); alle: University of Virginia Press: Charlottesville. In seinem Buch *Children who remember previous lives: A Question of Reincarnation*, University of Virginia Press: Charlottesville 1987, geht es Stevenson weniger um Fallbeispiele als um deren allgemeine Merkmale sowie um grundsätzliche Fragen, die seine Forschung aufwirft.

5 Ian Stevenson: »The Explanatory Value of the Idea of Reincarnation«, in: *The Journal of Nervous and Mental Disease*, Vol. 164, No. 5/1977, S. 305-326, dort S. 308.

6 1960 veröffentlichte Stevenson eine Zusammenfassung dieser älteren Berichte, mit einer Analyse von 44 ausgewählten Beispielen: »The evidence for survival from claimed memories of former incarnations«, in: *Journal of the American Society for Psychical Research*, 54/1960, S. 51-71 und 95-117.

7 Seinen methodischen Ansatz erläutert Stevenson unter anderem in: *Reinkarnation*, a.a.O., S. 19-29.

8 In Anbetracht dessen mutet es geradezu lächerlich an, wenn akademische Psychologen wie Leonard Zusne und Warren Jones (US- Universität Tulsa) Stevenson an Problemen wie dem folgenden scheitern sehen: »Wenn ein Kind zu jemandem ›Onkel‹ sagt, muß das nicht unbedingt heißen, daß es damit eine Blutsverwandtschaft meint.« Leonard Zusne/Waren Jones, *Anomalistic Psychology. A Study of Extraordinary Phenomena of Behavior and Experience*, Lawrence Erlbaum: Hillsdale, N.J. 1982, S. 165.

9 Zuletzt in: Ian Stevenson/Satwant Pasricha/Godwin Samararatne, »Deception and Self-Deception in Cases of the Reincarnation Type: Seven Illustrative Cases in Asia«, in: *Journal of the American Society for Psychical Research*, 82/1988, S. 1-31.

10 Ian Stevenson (mit N.K. Chadha), »Two Correlates of Violent Death in Cases of the Reincarnation Type«, in: *Journal of the Society for Psychical Research*, 55, No. 811/1988, S. 71-79, ib. S. 72 f.

11 »Two Correlates of Violent Death...«, a.a.O. Diese Untersuchung stelle ich vor in: *Die Jagd nach Psi. Über neue Phänomene an den Grenzen unseres Wissens*, Aurum: Freiburg 1989, Kap. »Ermordete: schneller wiedergeboren?«
12 Stevenson, *Reinkarnation*, a.a.O., S. 260-263.
13 »Two Correlates of Violent Death...«, a.a.O., S. 75.
14 Stevenson, *Reinkarnation*, a.a.O., S. 233 ff.
15 »Two Correlates of Violent Death...«, a.a.O., S. 76.
16 Nach *Demographic Yearbook*, United Nations: New York 1970.
17 Ian Stevenson (mit E.W. Cook/S. Pasricha/S. Samararatne/ U Win Maung), »A Review and analysis of ›unsolved‹ cases of the reincarnation type: II. Comparison of features of solved and unsolved cases«, in: *Journal of the American Society for Psychical Research*, 77/1983, S. 115-135.
18 Zit. nach Tom Zito, »The Doctor Who Studies Reincarnation«, in: *New York Post*, 18. November 1978.
19 Zit. nach Alton Slagle, »Reincarnation: A Doctor Looks Beyond Death«, in: *Sunday News*, New York, 4. August 1974.
20 So argumentieren beispielsweise R. Reyna, *Reincarnation and science*, Sterling: New Delhi 1973; C.T.K. Chari, »Reincarnation research: Method and interpretation«, in: Martin Ebon (Hrsg.), *The Signet handbook of parapsychology*, New American Library: New York 1978.
21 Ian Stevenson, »American children who claim to remember previous lives«, in: *Journal of Nervous and Mental Disease*, 171 (12) 1983, S. 742-748.
22 Stevenson, *Reinkarnation*, a.a.O., S. 265.
23 »The Explanatory Value...«, a.a.O., S. 308. Welche Motive Eltern haben könnten, ihren Kindern eine solche Identität aufzunötigen, und inweiweit sie dazu überhaupt fähig sind, erörtert Stevenson in: *Reinkarnation*, a.a.O., S. 371-374. Zum kulturellen Hintergrund von Reinkarnationsfällen vgl.: Ian Stevenson, »The belief and cases related to reincarnation among the Haida«, in: *Journal of Anthropological Research*, 31/1975, S. 364-375; »Characteristics of cases of the reincarnation type in Ceylon«, in: *Contrib. Asian Studies*, 3/1973, S. 26-39; »Characteristics of cases of the reincarnation type in Turkey and their comparison with cases in two other cultures«, in: *International Journal of Comparative Sociology*, 11/1970, S. 1-17; »Cultural patterns in cases suggestive of reincarnation among Tlingit Indians of Southeastern Alaska«, in: *Journal of the American Society for Psychical*

Research, 60/1966, S. 229- 243; »Some questions related to cases of the reincarnation type«, in: *Journal of the American Society for Psychical Research*, 68/1974, S. 395-416.

24 Ian Stevenson, »The Explanatory Value...«, a.a.O., S. 325. Nicht alle Daten Stevensons stützen übrigens ein einfaches Reinkarnationsmodell, wie es westliche »New-Age«-Esoteriker vielfach als selbstverständlich voraussetzen: Demzufolge schlüpft ein und dasselbe, kontinuierlich fortbestehende Ich nacheinander in mehrere körperliche Hüllen. Dagegen »erinnerte« sich bei Stevenson ein Kind in Indien an eine »frühere Persönlichkeit«, die nachweislich noch am Leben war; sie starb erst, als das Kind drei Jahre alt war. Im Libanon stieß Stevenson auf zwei Kinder, die sich beide derselben früheren Existenz zu entsinnen schienen. Ein anderes Kind verschmolz die Biographien zweier verstorbener Verwandter zu seiner eigenen letzten Inkarnation.

25 Stevenson, »The Explanatory Value...«, a.a.O., S. 310, 324.

26 Die Parallele zwischen »behavioralen« Erinnerungen an frühere Leben und Ausführungen posthypnotischer Befehle zieht Stevenson in: »The Explanatory Value...«, a.a.O., S. 310.
Wie beharrlich Menschen an solchen unbewußten Verhaltensprogrammen festhalten können, demonstrierten schon Mitte des 19. Jahrhunderts der Pariser Arzt Auguste Liebeault (1823-1904) und Professor Hypolyte Bernheim (1843-1919) an der Klinik von Nancy in aufsehenerregenden Hypnose-Experimenten. Bernheim befahl einem altgedienten Soldaten in Hypnose, er solle sich genau 63 Tage später bei Liebeault einfinden; dort werde ihn der Präsident der Republik erwarten, um ihm einen Orden zu überreichen. Der ahnungslose Soldat traf pünktlich ein. In Liebeaults Bibliothek angekommen, verbeugte er sich respektvoll vor jemandem, den es nicht gab; abschließend bedankte er sich unterwürfig. Auf die Frage, mit wem er denn spreche, antwortete er: »Natürlich mit dem Präsidenten der Republik!« Knüpfen wir alle ähnlich bewußtlos an frühere Inkarnationen an – wie in posthypnotischer Amnesie?

27 Ebda., S. 310 f.

28 In einem Interview mit *The New Yorker*, zit. in: *Family Circle*, 14. Juni 1978.

29 Brody in einem Interview mit der *New York Post*, 18.11.1978.

30 Stevenson, zit. nach *Quest*, September/Oktober 1978.

31 In: *Look*, 20. Oktober 1979, wo Meinungen prominenter Psychologen und Psychiater über Stevenson wiedergegeben werden.

32 Lief in: *Journal of Nervous and Mental Disease*, 165/1977.

33 Stevenson, *Reinkarnation*, a.a.O., S. 267-273.
34 Ebda., S. 114.
35 Ebda., S. 273 ff.
36 Ebda., S. 247 ff.
37 »The Explanatory Value…«, a.a.O., S. 319.
38 Stevenson, *Reinkarnation*, a.a.O., S. 263-267.
39 Ebda., S. 264.
40 Ebda., S. 265.
41 Drei der eindrucksvollsten Fälle aus Bayers Sammlung stellt Rudolf Passian vor in: *Wiedergeburt. Ein Leben oder viele?*, Droemer Knaur: München 1985, S. 140-143.
42 Der deutsche Parapsychologe Elmar Gruber berichtet über Ruffini in: *Esotera*, 11/1989, S. 48-53 (»Zeugnisse des Wunderbaren«).
43 Darauf wies der amerikanische Fachjournalist D. Scott Rogo aus Northridge (Kalifornien) in einem Vortrag auf den Basler »Psi-Tagen« 1988 hin (»Reincarnation: Making Sense of the Evidence«, unveröffentl. Manuskript, 13 S., dort S. 8).
44 Stevenson, *Reinkarnation*, a.a.O., S. 279.
45 Ebda., S. 384: »Diese Theorie der ›mütterlichen Psychokinese‹ *könnte* auf Muttermale anwendbar sein, bei denen die Mutter der jetzigen Persönlichkeit Einzelheiten vom Tode und den Malen der früheren Persönlichkeit kennt. Ich vermag aber nicht einzusehen, wie man sie ohne Schwierigkeiten auf jene Fälle sollte anwenden können, bei denen die Mutter keine normalen Kenntnisse von der verstorbenen Persönlichkeit zu der Zeit hatte, als ihr Kind mit entsprechenden Muttermalen geboren wurde.«
46 Stevenson, *Reinkarnation*, a.a.O., S. 169 ff.
47 Ebda., S. 70 ff., ib. S. 85.
48 Ebda., S. 200 ff., ib. S. 205.
49 Ebda., S. 260 ff., ib. S. 263.
50 Ebda., S. 270.
51 Einen Anteil von 7,7 Prozent Phobikern an der Gesamtbevölkerung Neuenglands stellten fest: S. Agras/D. Sylvester/D. Oliveau, »The epidemiology of common fears and phobias«, unveröffentl. Manuskript 1969, zit. in: Gerald Davison/John Neale, *Klinische Psychologie*, Psychologie Verlags Union: München, 3. Aufl. 1988, S. 164 f. Eine neuere Studie an einer umfangreicheren Stichprobe kam auf einen Anteil von 5,9 Prozent: J.K. Myers u.a., »Six-month prevalence of psychiatric disorders in three communities: 1980-1982«, in: *Archives of General Psychiatry*, 41/1984, S. 959-967.

52 Daß Phobien in 2,2 von 1000 Fällen eine ernsthafte Beeinträchtigung darstellen, belegt die in Anm. 51 zitierte Studie von Agras u.a. ebenfalls.
53 Stevenson, *Reinkarnation*, a.a.O., S. 267 ff.
54 Ebda., S. 395.
55 Ebda., S. 317 ff.
56 Ebda., S. 127 ff.
57 Ebda., S. 109 ff.
58 Gina Cerminara, *Erregende Zeugnisse von Karma und Wiedergeburt*, Knaur: München o. J., S. 132 f.
59 Stevenson, »The Explanatory Value…«, a.a.O., S. 312.
60 Stevenson, *Reinkarnation*, a.a.O., S. 70.
61 Ebda., S. 318.
62 Rolands Roman kam beim Renatus-Verlag im württembergischen Lorch heraus, ohne Angabe des Erscheinungsjahrs. Baldur Ebertin, dessen Weg zur Reinkarnationslehre und -therapie begann, als ihm 1948/49 dieses Buch in die Hände fiel, datiert es auf »ungefähr 1938«. (Ebertin, *Reinkarnation und neues Bewußtsein*, Hermann Bauer: Freiburg 1987, S. 11, 321.)
63 O.E. Deutsch, *Händel: A Documentary Biography*, Adam & Charles Black: London 1955; N. Flower, *George Frederick Handel: His Personality and His Times*, Waverley Book: London 1923.
64 G.K. Lewis, *Elizabeth Fry*, Headley Brothers: London, um 1910.
65 C. Woodham-Smith, *Florence Nightingale 1820-1910*, Constable: London 1950.
66 J. Chadwick, *The Decipherment of Linear B*, Cambridge University Press: Cambridge 1967, S. 1.
67 Stevenson, »The Explanatory Value…«, a.a.O., S. 314.
68 Heinrich Schliemann, *Abenteuer meines Lebens. Selbstzeugnisse*, H.A. Stoll (Hrsg.), Leipzig, 2. Aufl. 1960.
69 H. Hartleben, *Champollion, sein Leben und sein Werk*, 2 Bde., Weidmannsche Buchhandlung: Berlin 1906.
70 Thomas Funk, »Kölner wurde Indianer in Kanada«, in: *Bild*, 10.9.1988, S. 3.
71 Frederick Lenz, *Lifetimes*, Indianapolis 1979, S. 37 f.
72 Stevenson geht kurz darauf ein in: *Xenoglossy. A Review and Report of a Case*, Charlottesville, Virginia 1974, S. 5.
73 Ebda.
74 Theodore Flournoy, *Die Seherin von Genf*, Leipzig 1914; ders., *From India to Planet Mars: A Study of a Case of Somnambulism with Glossolalia*, New York/London 1900.

75 Vgl. G.C. Lemaitre, »Une étude psychologique sur les tableaux medianimiques de Mlle. H. Smith«, in: *Archives de Psychologie*, Genf, Juli 1907.

76 Ian Stevenson, *Unlearned Language. New Studies in Xenoglossy*, Charlottesville, Virginia 1984.

77 Sarah Thomason, »Reply to Response to ›Past Tongues Remembered?‹«, in: *Skeptical Inquirer*, 12/Frühjahr 1988, S. 323 f.

78 C.E. Jay, *Gretchen, I am*, Wyden Books: New York 1977.

79 Vgl. die Diskussion zwischen Sarah Thomason (»Past Tongues Remembered?«, in: *Skeptical Inquirer*, 11/Sommer 1987, S. 367-375, ib. S. 373 f.) und Robert Almeder (»Response to ›Past Tongues Remembered?‹«, in: *Skeptical Inquirer*, 12, No. 3, Frühjahr 1988, S. 321-323) über Stevensons Fälle »Gretchen« und »Sharada«.

80 Leonard Zusne/Warren Jones, *Anomalistic Psychology. A Study of Extraordinary Phenomena of Behavior and Experience*, Lawrence Erlbaum: Hillsdale, N.J. 1982, S. 162 f.

81 Vgl. dazu M.V. Kline (Hrsg.), *A scientific report on the search for Bridey Murphy*, New York 1956. Ian Stevenson, »The Evidence for Survival…«, a.a.O., S. 25. Judith Marriott, »Hypnotic regression and past lives therapy: Fantasy or reality?«, in: *Australian Journal of Clinical Hypnosis*, 5/1984, S. 65-72.

82 Stevenson, *Xenoglossy*, a.a.O., S. 16 f.

83 Stevenson, *Reinkarnation*, a.a.O., S. 86 f., 105 ff.

84 Ebda., S. 220 ff., ib. S. 223.

85 Ebda., S. 273 ff., ib. S. 276.

86 Stevenson, »The Explanatory Value…«, a.a.O., S. 314.

87 Stevenson, »The Evidence for Survival…«, a.a.O; vgl. Eugene Kinkaid, »Is There Another Life After Death?«, in: *Look*, 20. Oktober 1970, S. 87.

88 Lorna Selfe, *Nadia – A Case of Extraordinary Drawing Ability in an Autistic Child*, Academic Press: Nottingham 1977.

89 H. Witte, *Karl Witte, ein Leben für Dante*, bearb. u. hrsg. von H. Haupt, Hamburg 1971.

90 Diesen Fall zitiere ich mit Vorbehalten aus einer ansonsten nicht gerade verläßlichen Quelle: *Bild*, Mo., 23.10.1989, S. 12.

91 Die Einschränkung in Anm. 89 gilt auch für den Fall Ejal Assor. Adi Sidon, 3jähriger Knirps studiert Physik an der Universität«, in: *Blick für die Frau*, Fr., 10. November 1989, S. 1 f.

92 Sheila Ostrander/Lynn Schroeder, *Psi*, Moewig: Rastatt 1981, S. 143 ff.

93 Werner Trautmann, *Naturwissenschaftler bestätigen Re-Inkarnation. Fakten und Denkmodelle*, Walter: Olten/Freiburg 1983, S. 28 f.

94 Richard Specht, *Gustav Mahler*, Berlin 1913, S. 39.

95 Stevenson, *Reinkarnation*, a.a.O., S. 35 ff.

96 L. Kanner, »Autistic disturbances of affective contact«, in: *Nervous Child*, 2/1943, S. 217-250.

97 I.E.P. Wenjaminow, *Berichte über die Inseln der Unalaska Districte*, Kaiserliche Akademie der Wissenschaften: St. Petersburg 1840; zit. in: Stevenson, *Reinkarnation*, a.a.O., S. 235.

98 Ian Stevenson, »Cultural patterns… among the Tlingit Indians…«, a.a.O., S. 229-243.

99 Stevenson, »The Explanatory Value…«, a.a.O., S. 315.

100 Stevenson, *Reinkarnation*, a.a.O., S. 51.

101 Stevenson, »The Explanatory Value…«, S. 317.

102 Sigmund Freud, »Drei Abhandlungen zur Sexualtheorie« (1905), in: *Sigmund Freud. Werkausgabe in zwei Bänden, Bd. 1: Elemente der Psychoanalyse*, Anna Freud/Ilse Grubrich-Simitis (Hrsg.), S. Fischer: Frankfurt a.M. 1978, S. 235-317.

103 Stevenson, »The Explanatory Value…«, a.a.O., S. 317; vgl.: ders., *Reinkarnation*, a.a.O., S. 335.

104 J.H. Gagnon, *Human sexualities*, Scott, Foresman: Chicago 1977.

105 B. Zuger, »The role of familial factors in persistent effeminate behavior in boys«, in: *American Journal of Psychiatry*, 126/1970, S. 1167-1170.

106 H.J. Baker/R.J. Stoller, »Can a biological force contribute to gender identity?«, in: *American Journal of Psychiatry*, 124/1968, S. 1653-1658.

107 W.B. Daniels, »The Siamese twins: Some observations on their life, last illness and autopsy«, in: *Transactions of the American Clin. Climat. Association*, 73/1962, S. 57 ff.

108 H.H. Newman, *Multiple Human Births*, Doubleday: New York 1940, S. 67 f.

109 *Zeit-Magazin*, 47/18.11.1988, S. 54 ff.

110 Stevenson, »The Explanatory Value…«, a.a.O., S. 321.

111 Vgl. Harald Wiesendanger, *Zwischen Wissenschaft und Aberglaube. Grenzbereiche psychologischer Forschung*. Fischer: Frankfurt a.M. 1989 (Kap. 1: »Im Drüben fischen?«).

112 Ein »Ich« anzunehmen, das sich »entkörpern« und reinkarnieren kann, muß kein Bekenntnis zum psychophysischen Dualismus einschließen; ebenso denkbar, ja philosophisch zwingender wäre eine

materialistische Theorie der Wiedergeburt. Vgl.: Harald Wiesendanger, *Mit Leib und Seele. Ursprung, Entwicklung und Auflösung eines philosophischen Problems*, Peter Lang: Bern/Frankfurt a.M./New York 1987, ib. S. 416-425.

113 Ein amerikanisches Ärzteteam fand solche Nahtodeserlebnisse kürzlich sogar bei Kleinkindern; vgl. H. Wiesendanger, *Die Jagd nach Psi, a.a.O., S. 151 ff.*

114 Vgl. ebda., S. 190 ff.

115 Ebda., S. 175 ff.

116 Siehe ebda., Kap. »Teuflische Schikanen – Züricher Psychiater als Zuflucht von ›Besessenen‹«, S. 190-200.

6 Wiedergeburt – was sonst?

1 *Houston Chronicle*, 27. November 1977.

2 Peter Thienel, *Seelenwanderung, das Geheimnis der Wiedergeburt in unserem Leben – Forschungen und Erfahrungen*, Goldmann: München 1988, S. 9, 75-77.

3 Thorwald Dethlefsen, *Das Leben nach dem Leben, Gespräche mit Wiedergeborenen*, Goldmann: München, 5. Aufl. 1986, S. 40.

4 Matthias Güldenstein, »Mentale Transkommunikation im Überblick«, Eröffnungsvortrag am 9.11.1989.

5 Vgl. dazu: Harald Wiesendanger, *Mit Leib und Seele. Ursprung, Entwicklung und Auflösung eines philosophischen Problems*, Peter Lang: Bern/Frankfurt a.M./New York 1987, S. 455 ff.

6 Erik Erikson, *Gandhi's Truth*, Norton: New York 1969, S. 35 f.

7 J.L. Moreno, *Gruppenpsychotherapie und Psychodrama*, Thieme: Stuttgart, 2. Aufl. 1973; vgl.: H. Petzold, *Psychodramatherapie*, Junfermann: Paderborn 1980; A. Schützenberger, *Psychodrama*, Hippokrates: Stuttgart 1979; L. Yablonsky, *Psychodrama*, Klett-Cotta: Stuttgart 1978.

8 Ian Wilson, *Mind Out Of Time? Reincarnation Claims Investigated*, London 1981, S. 135-170.

9 Edwin Zolik, »An experimental investigation of the psychodynamic implications of the hypnotic previous existence fantasy«, in: *Journal of Clinical Psychology, 14/1958, S. 179-183.*

10 Reima Kampman, »Hypnotically Induced Multiple Personality«, in: *Acta Universitatis Ouluensis*, Folge D, Medica No. 6, Psychiatrica No. 3, 1973; »Hypnotically Induced Multiple Personality: an Experi-

mental Study«, in: *International Journal of Clinical and Experimental Hypnosis*, 24 (3) Juli 1976, S. 215-227; (mit Reijo Hirvenoja), »Dynamic Relation of the Secondary Personality Induced by Hypnosis to the Present Personality«, in: Fred Frankel/Harold Zamansky (Hrsg.), *Hypnosis at its Bicentennial*, Plenum Publishing Co.: New York 1978, S. 183-188.

11 Piet Bogner, *Die Ahnen rufen. Ein Weißer erlebt seine Wiedergeburt als Papua*, Goldmann: München 1988.

12 Rhea Powers, *Reinkarnation – oder die Illusion der persönlichen Identität*, Ch. Falk: Planegg 1989, S. 175.

13 Claus H. Bick, *Neurohypnose. Skalpell der Seele*, Ullstein: Frankfurt a.M./Berlin 1983.

14 Crüssell in einem Interview mit der englischen Tageszeitung *Kentish Independent*, 8. Februar 1979.

15 Stanislav Grof, *Topographie des Unbewußten. LSD im Dienst der tiefenpsychologischen Forschung*, Klett-Cotta: Stuttgart, 3. Aufl. 1985.

16 Der amerikanische Reinkarnationstherapeut Roger Woolger hat diesem Ansatz kürzlich ein ganzes Buch gewidmet: *Other Lives, Other Selves: A Jungian Psychotherapist Discovers Past Lifes*, Dolphin/Doubleday: New York 1988.

17 Lipod Szondi, *Schicksalsanalyse*, zit. nach: Baldur Ebertin, *Reinkarnation und neues Bewußtsein*, Hermann Bauer: Freiburg 1987, S. 98f.

18 Bick, *Neurohypnose*, a.a.O., S. 180.

19 Ebda., S. 179 f.

20 Helen Wambach, *Leben vor dem Leben*, Heyne: München 1986, S. 153.

21 Ebda.

22 Bick, *Neurohypnose*, a.a.O., S. 178.

23 Morris Netherton/Nancy Shiffrin, *Bericht vom Leben vor dem Leben*, Ullstein: Frankfurt a.M./Berlin 1987, S. 232.

24 Helen Wambach, *Seelenwanderung*, a.a.O., S. 126 ff.

25 Netherton/Shiffrin, *Bericht vom Leben vor dem Leben*, a.a.O., S. 232.

26 Milan Ryzl, *Der Tod und was danach kommt. Das Weiterleben aus der Sicht der Parapsychologie*, Goldmann: München 1983, S. 150.

27 Lorna D. Channon, »Extrasensory communication in hypnosis: Some uncomfortable speculations«, in: *Australian Journal of Clinical and Experimental Hypnosis*, 12/1984, S. 23-29.

28 Lee E. Levinson, »Hypnosis: The key to unlocking latent psi faculties«, in: *International Journal of parapsychology*, 10/1968, S. 117-147.

29 Stevenson, *Reinkarnation. Der Mensch im Wandel von Tod und Wiedergeburt. 20 überzeugende und wissenschaftlich bewiesene Fälle*, Aurum: Freiburg, 5. Aufl. 1986, S. 51 ff. Von einem orthodoxen Hindu erhielt Stevenson in den sechziger Jahren folgenden offenen Brief: »Ihre 300 merkwürdigen Fälle beweisen die Reinkarnation keinesfalls … Alle behandelten Fälle sind für die Gelehrten Südindiens bedeutungslos, da sie eindeutig auf Besessenheit durch Geister hindeuten.« (Zit. in: Lynn de Silva, *Reincarnation in Buddhist and Christian Thought*, Christian Literature Society of Ceylon, Colombo/Sri Lanka 1968, S. 49).

30 Übers. nach der engl. Ausgabe *Heaven and its Wonders and Hell*, New Church Union: Boston 1906, 256, S. 155.

31 Friedemann Horn, Werbetext zu »Swedenborgs Jenseitsschau und die Fortentwicklung der Seelen – eine Alternative zur Reinkarnationslehre?«, Swedenborg Verlag: Zürich o.J.

32 Carl Wickland, *Thirty Years among the Dead*, London 1924.

33 John Björkhem, *Die verborgene Kraft*, Freiburg 1954.

34 Siehe Harald Wiesendanger, *Die Jagd nach Psi. Über neue Phänomene an den Grenzen unseres Wissens*, Aurum, Freiburg 1989, S. 183 ff.

35 Rhea Powers, *Reinkarnation*, a.a.O., S. 177; vgl. Wesley Craig, »The Dark Side: Dealing With Evil Spirits in Hypnotherapeutic Processes«, 4 Folgen, in: *Journal of Religion and Psychical Research*, 11/1988.

36 Stevenson, *Reinkarnation a.a.O., S. 381*.

37 Ebda., S. 382.

7 Wiedergeburt – unmöglich?

1 Vgl. Harald Wiesendanger, »Der Bellarmin-Komplex«, in: ders., *Die Jagd nach Psi. Über neue Phänomene an den Grenzen unseres Wissens*, Aurum: Freiburg 1989, S. 13-22.

2 Thomas S. Kuhn, *Die Struktur wissenschaftlicher Revolutionen*, Suhrkamp: Frankfurt a.M., 2. Aufl. 1986; *Die Entstehung des Neuen. Studien zur Struktur der Wissenschaftsgeschichte*, Suhrkamp: Frankfurt a.M. 1978.

3 Zum Funktionalismus siehe Harald Wiesendanger, *Mit Leib und Seele. Ursprung, Entwicklung und Auflösung eines philosophischen Problems*, Peter Lang: Frankfurt a.M./Bern/New York 1987, S. 181-207; zur funktionalistischen Theorie des Ich, das sich »entkörpern« kann, siehe S. 416-425.

4 Vgl. Harald Wiesendanger, *Zwischen Wissenschaft und Aberglaube. Grenzbereiche psychologischer Forschung*, Fischer: Frankfurt a.M. 1989, S. 34.

5 Julian Huxley, *What Dare I Think?*, Harper: New York 1931, S. 82 f.

6 Vgl. Harald Wiesendanger, *Mit Leib und Seele*, a.a.O., S. 21 f. (»Das unbehagliche Bild der Biomaschine«)

7 William Judge, *The Ocean of Theosophy*, Theosophy Co.: Los Angeles 1971, S. 72 f.

8 Rudolf Steiner, »Über Vererbung von Anlagen und Fähigkeiten« (1904), in: ders., *Wiederverkörperung und Karma – und ihre Bedeutung für die Kultur der Gegenwart*, Rudolf Steiner Verlag: Dornach/Schweiz 1985, S. 57-59, dort S. 58.

9 Ebda., S. 58 f.

10 Harold S. Burr, *Blueprint for Immortality: The Electric Patterns of Life*, Neville Spearman: London 1972.

11 Zit. in: Sylvia Cranston/Carey Williams, *Wiedergeburt. Ein neuer Horizont für Wissenschaft, Religion und Gesellschaft*, Hirthammer: München 1989, S. 178. (Ich übersetze lieber aus dem amerikanischen Original *Reincarnation* von 1984.)

12 S.D. Kirlian/W.K. Kirlian, »Fotografie mit Hilfe von Hochfrequenzströmen«, in: S. Krippner/D. Rubin (Hrsg.), *Lichtbilder der Seele*, Bern/ München 1975.

13 Nach einer Schätzung des Biologen Fred Hoyle, zitiert in: *The Theosophist*, April 1982, S. 249.

14 E. Lester Smith (Hrsg.), *Intelligence Came First*, Quest Books: Wheaton, Illinois 1975, S. 123.

15 Gotthold Ephraim Lessing, *Die Erziehung des Menschengeschlechts* (1780), 99.

16 Goethe in einem Brief an Frau von Stein, Juli 1781.

17 Ludwig Wittgenstein, *Tractatus logico-philosophicus* (1921), Suhrkamp: Frankfurt a.M., 10. Aufl. 1975, S. 115.

18 Vgl. Ian Stevenson, »Some Questions Related to Cases of the Reincarnation Type«, in: *Journal of the American Society for Psychical Research 68/1974, S. 399 f.*

19 Keyfitz geht von 69 Milliarden aus, Wellenmeyer von 96 Milliarden; siehe N. Keyfitz, »How Many People Have Lived on the Earth?«, in: *Demography*, 3/1966, S. 581 f.; F. Wellenmeyer u.a., »How Many People Have Ever Lived on Earth«, in: *Population Bulletin*, 18/1962, S. 1-19. Genaue Schätzungen fallen schwer, weil sie notgedrungen auf mehreren fragwürdigen Voraussetzungen beruhen,

unter anderem über den zeitlichen Ursprung des Menschen, den Anthropologen auf 600.000 bis 1,6 Millionen Jahre zurückdatieren.

20 John Locke, *An Essay Concerning Human Understanding* (1694), 2. Buch, Kap. 27: »On Identity and Diversity«; dt.: *Untersuchung über den menschlichen Verstand*, Felix Meiner: Hamburg 1976. Vgl. dazu Anthony Flew, »Locke and the Problem of Personal Identity«, in: *Philosophy*, 26/1951, S. 53-68.

21 Wie dieses Problem ohne Anleihen bei einem psychophysischen Dualismus gelöst werden kann, erörtere ich in *Mit Leib und Seele*, a.a.O., S. 397-415. (»Und wo bleibe Ich? Der moderne Materialismus entdeckt Identitätsprobleme neuer Art«.)

22 Ludwig Wittgenstein, *Philosophische Untersuchungen*, Suhrkamp: Frankfurt a.M. 1971, § 66. Zu diesem Angriff auf den Essentialismus scheint Wittgenstein durch den amerikanischen Philosophen William James angeregt worden zu sein, dessen Werk *The Varieties of Religious Experience* (1902) er bewundert hat. Über das »Wesen« der Religion stellt James ähnliches fest wie Wittgenstein über Spiele. Was aus dem »Wesen« des Geistes wird, wenn der philosophische Essentialismus fällt, erörtere ich in *Mit Leib und Seele*, a.a.O., S. 460-468, siehe ebd. S. 466 f.

23 Wittgenstein, *Philosophische Untersuchungen*, a.a.O., § 66-67.

24 Ebda., § 67.

25 Vgl. Harald Wiesendanger, *Mit Leib und Seele*, a.a.O., S. 165 f. (»Um ›Kategorienfehler‹ herum«). Wie eng Bedeutung und Meinung, analytische und synthetische Urteile miteinander verwoben sind, hat insbesondere Willard Van Orman Quine aufgezeigt; vgl. seinen klassischen Aufsatz »Two Dogmas of Empiricism«, dt.: »Zwei Dogmen des Empirismus«, in: Johannes Sinnreich (Hrsg.), *Zur Philosophie der idealen Sprache*, München 1972.

26 Beispiele dieser Art führen an: Hilary Putnam, »Minds and Machines«, in: ders., *Mind, Language and Reality*, Cambridge 1975, S. 362-385; dt.: »Geist und Maschine«, in: Ansgar Beckermann (Hrsg.), *Analytische Philosophie*, Bd. 2, Suhrkamp: Frankfurt a.M. 1977, S. 364-397, dort S. 387 f.; Paul Churchland, *Matter and Consciousness*, Cambridge, Mass. 1984, S. 30.

27 Paul Feyerabend, *Erkenntnis für freie Menschen*, Suhrkamp: Frankfurt a.M., 2. Aufl. 1981, S. 181.

1 Den Fall Pollock stellt Ian Wilson vor in: *Mind Out Of Time? Reincarnation Claims Investigated*, London 1981, S. 247-251.

2 Insbesondere Hypnosefachleute sorgen sich um ihren Ruf. Die Abteilung für Psychologische Hypnose der »Amerikanischen Psychologischen Vereinigung« (*American Psychological Association, APA*) sah sich 1983 gar veranlaßt, vor *past- life hypnosis* offiziell zu warnen, und grenzte sich entschieden von ihr ab, aus wissenschaftlichen wie aus ethischen Bedenken heraus. Siehe A. Brodsky, »Report of the Ad Hoc Committee on Ethics and Standards«, in: *American Psychological Association Division 30: Psychological Hypnosis Newsletter*, August 1983, S. 5.

3 Zitiert nach einschlägigen Publikationen und Veranstaltungen.

4 Nicholas Spanos, Professor für Psychologie an der Carleton-Universität in Ottawa (Kanada), fand kürzlich unter 110 Versuchspersonen nur 35, die sich mehr oder minder deutlich an »frühere Leben« erinnerten. Spanos, »Past-Life Hypnotic Regression: A Critical View«, in: *Skeptical Inquirer*, 12/Winter 1987-88, S. 174-180.

5 Willi Dommer, »Der sanfte Blick zurück«, in: *Esotera*, 12/1989, S. 18-23, dort S. 23.

6 Rhea Powers, *Reinkarnation – oder die Illusion der persönlichen Identität*, Ch. Falk: Planegg 1989, S. 172 f.

7 Helen Wambach, *Reliving Past Lives: The Evidence Unter Hypnosis, Harper & Row: New York 1978, S. 151. (dt.: Seelenwanderung. Wiedergeburt durch Hypnose*, Goldmann: München 1984.)

8 Bruno Meier, *Wiedergeburt als Erfahrung*, Zytglogge: Bern 1988, S. 104.

9 Nicholas Spanos, »Past-Life Hypnotic Regression...«, a.a.O., S. 179.

10 Jonathan Venn, »Hypnosis and Reincarnation: A Critique and Case Study«, in: *Skeptical Inquirer*, 12 (No. 4) Sommer 1988, S. 386-391, dort S. 387 f.

11 Ebda., S. 388-390. Ausführlich stellt Venn Matthews Rückführung vor in: »Hypnosis and the reincarnation fantasy: A critical review and intensive case study«, in: *Journal of the American Society for Psychical Research*, 80/1986, S. 409-425.

12 H.M. Mason jr., *High Flew the Falcons: The French Aces of World War I.*, Lippincott: New York 1965.

13 R.A. Baker, »The effect of suggestions on past-lives regressions«, in: *American Journal of Clinical Hypnosis*, 25/1982, S. 71-76.

14 George Schwimmer, »The Use of Mediumship in Therapy«, in: *Journal of Religion and Psychical Research*, 11 (No. 2) April 1988, S. 85-92, ib. S. 87 f.

15 Siehe R.A. Rosenthal/R.L. Rosnow (Hrsg.), *Artifact in Behavioral Research*, New York 1969.

16 Peter Reveen, *The Superconscious World*, Eden Press: Montreal 1987.

17 Peter Reveen, »Fantasizing Under Hypnosis: Some Experimental Evidence«, in: *Skeptical Inquirer*, 12, Winter 1987/88, S. 181-183.

18 Zur Rolle der Phantasie in der Hypnose vgl. u.a.: Josephine R. Hilgard, *Personality and Hypnosis: A Study of Imaginative Involvement*, University of Chicago Press: Chicago, 2. Aufl. 1979; Dywan/Bowers, »The Use of Hypnosis to Enhance Recall«, in: *Science*, 222/1983, S. 184 f.

19 Zur festen Überzeugung Hypnotisierter, ihre Phantasien seien real, siehe J.R. Laurence/C.Perry, »Hypnotically created memory among highly hypnotizable subjects«, in: *Science*, 222/1983, S. 523 f.

20 Ernest Hilgard/Elizabeth Loftus, »Effective interrogation of the eyewitness«, in: *International Journal of Clinical and Experimental Hypnosis*, 27/1979, S. 342-357.

21 Arthur Hastings, zit. in: *Faszination des Unfaßbaren*, Das Beste: Stuttgart 1983, S. 160.

22 Milan Ryzl, *Der Tod und was danach kommt. Das Weiterleben aus der Sicht der Parapsychologie*, Goldmann: München 1983, S. 165.

23 W.E. Edmonston, »Conceptual clarification of hypnosis and its relationship to suggestibility«, Vortrag auf dem *First International Symposium on Suggestion and Suggestibility*, Gießen, 7.7.1987; ders., *Hypnosis and Relaxation*, Wiley: New York 1980. Vgl. Nicholas Spanos, »Past-Life Hypnotic Regression…«, a.a.O., S. 175, sowie die dort zitierte Literatur.

24 Jonathan Venn, »Hypnosis and the Reincarnation Fantasy…«, a.a.O.

25 Bruno Meier, *Wiedergeburt als Erfahrung*, a.a.O., S. 102.

26 Hans-Christian Kossak, *Hypnose. Ein Lehrbuch*, Psychologie Verlags Union: München 1989, S. 361.

27 Willi Dommer, »Der sanfte Blick zurück«, in: *Esotera*, 12/1989, S. 20.

28 Rhea Powers, *Reinkarnation*, a.a.O., S. 20 f.

29 Dieses und die folgenden Zitate stammen aus Publikationen namhafter deutscher Rückführer.

30 Thorwald Dethlefsen, *Schicksal als Chance – Das Urwissen zur Vollkommenheit des Menschen*, Goldmann: München, 24. Aufl. 1988, S. 208 f.

31 Rhea Powers, *Reinkarnation*, a.a.O., S. 174.

32 Ian Stevenson, »Some Questions Related to Cases of the Reincarnation Type«, in: *Journal of the American Society for Psychical Research*, Vol. 68, Oktober 1974, S. 411 f.

33 Ian Wilson, *Mind Our Of Time?*, a.a.O., S. 207.

34 Ebda., S. 223-242. Ihre »Verwandlung« beschrieb Ada Stewart selbst in: *Falcon – the Autobiography of His Grace James IV King of Scots* (Peter Davies 1970); *Died 1513 – Born 1929. The Autobiography of A.J. Stewart* (Macmillan 1978), das 1981 neu erschien unter dem Titel *King's Memory: The Autobiography of A.J. Stewart* (William MacLellan Embryo).

35 Dafür rügt sie E. Fromm, »Uses and abuses of hypnosis in psychotherapy«, Vortrag vor der 31. Jahrestagung der *Gesellschaft für Klinische und Experimentelle Hypnose* in Denver (Colorado) am 27. Oktober 1979.

36 »Es sind auch Fälle bekannt geworden, wo sich aus der Überzeugung, ein Karma abtragen zu müssen, neue Zwänge entwickelten«, deutet Professor Hans Bender an, Nestor der deutschen Parapsychologie (*Umgang mit dem Okkulten*, Aurum: Freiburg, 2. Aufl. 1986, S. 77). Leider nennt er keine Beispiele.

37 Thorwald Dethlefsen, *Das Leben nach dem Leben*, Bertelsmann: München 1974, S. 181.

38 Morris Netherton/Nancy Shiffrin, *Bericht vom Leben vor dem Leben*, Ullstein: Frankfurt a.M./Berlin 1987, S. 227.

39 Karin Pisek in einem Vortrag an der Volkshochschule Heidelberg (Oktober 1989).

40 Sri Chinmoy, *Tod und Wiedergeburt*, Sri-Chinmoy Verlag: Zürich, 3. überarb. und erw. Auflage 1982, S. 124.

41 Karin Pisek, a.a.O.

42 Dethlefsen, *Schicksal als Chance*, a.a.O., S. 211.

43 Ebda., S. 210.

44 Ludwig Wittgenstein, *Vorlesungen und Gespräche über Ästhetik, Psychologie und Religion*, Vandenhoeck & Ruprecht: Göttingen 1968, S. 86.

45 *Kontakt-Berichte*, 4/1988, S. 10.

46 *Para*, 56/Dezember 1988, S. 1, 3 f.

47 Rhea Powers, *Reinkarnation*, a.a.O., S. 115.

48 Netherton/Shiffrin, *Bericht vom Leben vor dem Leben*, a.a.O., S. 16.

49 Mathias Wendel, *Der Weg zum Herzen. Fragen und Antworten zur Reinkarnations-Therapie*, Eigenverlag: München o. J. (um 1987/88).

50 Ian Wilson, *Mind Out Of Time?*, a.a.O., S. 250 f.

1 Zusammenfassend stellen den Forschungsstand dar: S.L. Garfield/A.E. Bergin (Hrsg.), *Handbook of psychotherapy and behavior change: an empirical analysis*, New York, 3. Aufl. 1987.

2 Vgl. S. Garfield/R. Kurtz, »A survey of clinical psychologists: Characteristics, activities, and orientations«, in: *The Clinical Psychologist*, 28/1974, S. 7-10.

3 Siegfried Höfling, »Wirksamkeit und Nutzen psychotherapeutischer Behandlung«, in: Schriftenreihe, Heft 8, des Berufsverbands Deutscher Psychologen e.V. (BDP), Bonn 1988 (49 S.), dort S. 1 f.

4 Hans Jürgen Eysenck, »The Effects of Psychotherapy: an Evaluation«, in: *Consulting Psychology*, 16/1952, S. 319- 324.

5 Höfling, a.a.O., S. 11.

6 Ebda., S. 13.

7 Vortrag über Reinkarnationstherapie in Heidelberg, 19. Mai 1987.

8 Stanislav Grof, *Das Abenteuer der Selbstentdeckung. Heilung durch veränderte Bewußtseinszustände*, Kösel: München 1987, S. 278-281.

9 American Psychiatric Association, *Diagnostic and statistical manual of mental disorders (= DSM-III)*, Washington, D.C., 3. Aufl. 1980 (1. Aufl. 1952, 2. Aufl. 1968).

10 Eysenck (1952, siehe Anm. 4) stützte sich auf fünf Statistiken mit insgesamt 760 Fällen von Neurosen, die psychoanalytisch behandelt wurden, sowie auf 19 Statistiken mit zusammen 7293 Fällen, die »eklektisch« nach verschiedenen anderen Methoden behandelt wurden. Als »geheilt«, »wesentlich gebessert« oder »gebessert« wurden bei der Psychoanalyse durchschnittlich 44 Prozent bezeichnet (mit einer Spanne von 39 bis 67 Prozent). Die Erfolgsquote der »Eklektiker« lag zwischen 41 und 77, im Durchschnitt bei 64 Prozent. Ein Jahr später ermittelte K.E. Appel anhand von zwölf Berichten über insgesamt 4131 Neurosefälle einen Durchschnittserfolg von 67 Prozent. Neuere Studien sind optimistischer: Sie rechnen damit, daß acht von zehn behandelten Patienten eine stärkere Verbesserung im Befinden und Verhalten zeigen als Unbehandelte aus Kontrollgruppen; vgl. L. Luborsky/B. Singer, »Comparative studies of psychotherapies«, in: R. Spitzer/D.F. Klein, *Evaluation of psychological therapies*, Baltimore/London 1976, S. 3-22; Mary Lee Smith/Gene V. Glass, »Meta-analysis of psychotherapy outcome studies«, in: *American Psychologist*, 32/1977, S. 752-760; Mary Lee Smith/Gene V. Glass/Thomas I. Miller, *The Benefits of Psychotherapy*, Johns Hopkins University Press: Baltimore 1980; G.

Andrews/R. Harvey, »Does Psychotherapy benefit neurotic patients? A re-analysis of the Smith, Glass & Miller data«, in: *Archives of General Psychiatry*, 38/1981, S. 1203-1208; D.A. Shapiro/D. Shapiro, »Meta-analysis of comparative therapy outcome studies: a replication and refinement«, in: *Psychological Bulletin*, 92/1982, S. 581-602.

11 Peter Hofstätter, Fischer-Lexikon *Psychologie*, Fischer: Frankfurt a.M., 15. Aufl. 1970, Stichwort »Psychotherapie«, S. 256.

12 Solche Placebo-Effekte belegt die in Anm. 10 zitierte Metaanalyse von Mary Smith, Gene Glass und Thomas Miller aus dem Jahr 1980, die bisher umfassendste dieser Art. Die drei Evaluationsforscher der Universität Boulder (US-Bundesstaat Colorado) werteten dafür nicht weniger als 475 aller bis dahin unternommenen Therapieerfolgsstudien aus. Als einer Placebo-Behandlung überlegen erwiesen sich dabei lediglich: verschiedene Einsichtstherapien, die Hypnotherapie, die kognitive Verhaltenstherapie sowie einige analytische Modelle, die eklektisch von Freuds orthoxem Modell abweichen.

13 J.R. Hilgard/E.R. Hilgard/M. Newman, »Sequalae to hypnotic induction with special references to earlier chemical anaesthesia«, in: *Journal of Nervous and Mental Disease*, 133/1961, S. 461-478.

14 Ebda.

15 Martin Orne, »Undesirable Effects of Hypnosis: The Determinants and Management«, in: *International Journal of Clinical and Experimental Hypnosis*, 13/1965, S. 226-237.

16 Diesen Begriff prägte Allen Bergin in seinem Aufsatz »Some implications of psychotherapy research for theapeutic practice«, in: *Journal of Abnormal Psychology*, 71/1966, S. 235-246.

17 Vgl. A. Bergin, »The evaluation of therapy outcomes«, in: A. Bergin/L. Garfield (Hrsg.), *Handbook of psychotherapy and behavior change: An empirical analysis*, New York 1971; A. Bergin/M.J. Lambert, »The evaluation of therapy outcomes«, ebda., 2. Aufl. 1978; M.J. Lambert/A. Bergin/J.L. Collins, »Therapist- induced deterioration in psychotherapy«, in: A.S. Gurman/A.M. Razin (Hrsg.), *Effective Psychotherapy: A Handbook of Research*, Elmsford, N.Y. 1977; H.H. Strupp/S.W. Hadley/B. Gomes-Schwartz, *Psychotherapy for Better and Worse: An Analysis of the Problem of Negative Effects*, New York 1977.

18 I.D. Yalom/M.A. Lieberman, »A study of encounter group casualities«, in: *Archives of General Psychiatry*, 25/1971, S. 16-30; M.A. Lieberman/I.D. Yalom/M.B. Miles, *Encounter groups: First facts*, New York 1973.

19 A.S. Gurman/D.P. Kniskern, »Research on material and family therapy: Progress, perspective, and prospekt«, in: S.L. Garfield/A.E. Bergin (Hrsg.), *Handbook of psychotherapy and behavior change*, New York, 2. Aufl. 1978.

20 Karl F. Stadler, *Was in Hypnose möglich ist. Selbsthilfemethoden und Heilbehandlung*, Ariston, Genf 1988, S. 226.

21 Petra Peick in einem Interview mit *Journal für die Frau*, 13/1988, S. 70; »die Kombination von Drogenkonsum ... und esoterischer Schulung ist eine Fahrkarte in den Wahnsinn« (Peick, *Wiedergeburt. Eine Reise in frühere Erdenleben*, Hermann Bauer: Freiburg 1987, S. 126).

22 Mathias Wendel, *Der Weg zum Herzen. Fragen und Antworten zur Reinkarnations-Therapie*, Eigenverlag München o.J. (um 1987/88).

23 Bruno Meier, *Wiedergeburt als Erfahrung*, Zytglogge: Bern 1988, S. 105.

24 Léon Chertok, *Hypnose. Theorie, Praxis und Technik eines psychotherapeutischen Verfahrens.* Fischer: Frankfurt a.M., 2. Aufl. 1989, S. 105.

25 Willi Dommer, »Der sanfte Blick zurück«, in: *Esotera*, 12/1989, S. 18-23, dort S. 22 f.

26 Stanislav Grof, *Das Abenteuer der Selbstentdeckung*, a.a.O., S. 280.

27 Morris Netherton/Nancy Shiffrin, *Bericht vom Leben vor dem Leben. Reinkarnationstherapie – Ein neuer Weg in die Tiefe der Seele*, Ullstein, Frankfurt a.M./Berlin 1987, S. 46.

28 An einer Studie mit 79 Patienten belegen dies W.E. Piper/E.G. Debbane/J.P. Bienvenu/J. Garant, »A comparative study of four forms of psychotherapy«, in: *Journal of Consulting and Clinical Psychology*, 52 (2) 1984, S. 268-279.

29 Diese Zahl schätzen, nach einer Untersuchung an einem amerikanischen Heilzentrum, M.J. Bennett/M. Wisnewski, »Continuous Psychotherapy within an HMO«, in: *American Journal of Psychiatry*, 136 (10) 1984, S. 1283-1287.

30 Solche »Kosten-Nutzen-Analysen« anzustellen empfiehlt M. Fink, »Foreword«, in: R.L. Spitzer/D.F. Klein (Hrsg.), *Evaluation of psychological therapies*, Baltimore/London 1976.

31 Ein solches Erklärungssystem gehört zu den gemeinsamen Grundkomponenten *aller* Psychotherapien, wie J.D. Frank argumentiert in: *Persuasion and healing*, Baltimore 1961.

32 Seymor L. Halleck, *The politics of therapy*, Science House: New York 1971, S. 19.

33 Perry London, *The modes and morals of psychotherapy*, Holt, Rinehart & Winston: New York 1964.

34 Netherton/Shiffrin, *Bericht vom Leben vor dem Leben*, a.a.O., S. 12.

35 H. Schepank, *Psychogene Erkrankungen der Stadtbevölkerung. Eine epidemiologisch-tiefenpsychologische Feldstudie in Mannheim.* Berlin/Heidelberg/New York 1987.

36 Thorwald Dethlefsen, *Schicksal als Chance – Das Urwissen zur Vollkommenheit des Menschen*, Goldmann: München, 24. Aufl. 1988, S. 245 f.

37 Zit. bei Viktor Frankl, *Die Sinnfrage in der Psychotherapie*, München 1981, S. 27.

38 Zit. D.H. Ford/H.B. Urban, *Systems of psychotherapy: A comparative study*, New York 1963, S. 448.

39 Vgl. Ludwig Binswanger, *Grundformen und Erkenntnis menschlichen Daseins*, München, 5. Aufl. 1973; ders., *Ausgewählte Vorträge und Aufsätze*, Band 2, Bern 1955.

40 Vgl. Viktor Frankl, *Die Sinnfrage in der Psychotherapie*, a.a.O.

41 Viktor Frankl, »Argumente für einen tragischen Optimismus«, in: *Sinn-voll heilen. Viktor E. Frankls Logotherapie – Seelenheilkunde auf neuen Wegen*, Herder: Freiburg 1984, S. 11- 31, dort S. 21; vgl. meine Kritik der Logotherapie (»Lebenssinn auf Krankenschein«) in: *Psychologie heute*, 3/1985, S. 70 f. Zur Beziehung zwischen »Existenzanalyse und Logotherapie« siehe ein so betitelter Aufsatz Frankls in: *Handbuch der Neurosenlehre und Psychotherapie*, Viktor Frankl/Victor v. Gebsattel/J.H. Schultz (Hrsg.), München 1959.

42 Zit. von Irmgard Karwatzki, »Vorwort«, in: *Sinn-voll heilen*, a.a.O., S. 7-9, dort S. 7.

Weiterführende Literatur

I. Zur Reinkarnation allgemein

Bernstein, Morey: *Protokoll einer Wiedergeburt. Der Bericht über die wissenschaftlich untersuchte Rückführung in ein früheres Leben*, (»Bridey Murphy«), Scherz: Bern/München/Wien 1990.

Cranston, Sylvia/Williams, Carey: *Wiedergeburt. Ein neuer Horizont in Wissenschaft, Religion und Gesellschaft*, F. Hirthammer: München 1989.

Rogo, D. Scott: *The Search for Yesterday. A Critical Examination of the Evidence for Reincarnation*, Prentice-Hall: Englewood Cliffs, N.J. 1985.

Stevenson, Ian: *Reinkarnation. Der Mensch im Wandel von Tod und Wiedergeburt*, Aurum: Freiburg 1976, 5. Aufl. 1986.

Stevenson, Ian: *Wiedergeburt. Kinder erinnern sich an frühere Erdenleben*, Aquamarin: Gräfelfing 1989.

Topper, Uwe: *Wiedergeburt. Das Wissen der Völker*, Rowohlt: Reinbek 1988.

Wambach, Helen: *Leben vor dem Leben*, Heyne: München 1986.

Wambach, Helen: *Seelenwanderung. Wiedergeburt durch Hypnose*, Goldmann: München 1984.

Wiesendanger, Harald: *Mit Leib und Seele. Ursprung, Entwicklung und Auflösung eines philosophischen Problems*, Lang: Frankfurt a.M./Bern/New York 1987, ib. S. 397-425.

Wiesendanger, Harald: *Die Jagd nach Psi. Über neue Phänomene an den Grenzen unseres Wissens*, Aurum: Freiburg 1989, ib. Kap. V.

Wiesendanger, Harald (Hrsg.): *Wiedergeburt – Herausforderung für das westliche Denken*, Fischer: Frankfurt a.M. 1991.

Wilson, Ian: *Mind Out Of Time? Reincarnation Claims Investigated*, Victor Gollancz: London 1981.

II. Zur Reinkarnationstherapie

Dethlefsen, Thorwald: *Das Erlebnis der Wiedergeburt. Heilung durch Reinkarnation*, Bertelsmann: München 1976.

Dethlefsen, Thorwald: *Das Leben nach dem Leben. Gespräche mit Wiedergeborenen*, Bertelsmann: München 1974.

Ebertin, Baldur: *Reinkarnation und neues Bewußtsein*, Hermann Bauer: Freiburg 1987.

Meier, Bruno: *Wiedergeburt als Erfahrung*, Zytglogge: Bern 1988.

Meinold, Werner: *Der Wiederverkörperungsweg eines Menschen durch die Jahrtausende. Reinkarnationserfahrung in Hypnose*, Aurum: Freiburg 1989.

Netherton, Morris/Shiffrin, Nancy: *Bericht vom Leben vor dem Leben – Reinkarnationstherapie*, Scherz: Bern/München 1979.

Peick, Petra Angelika: *Wiedergeburt – Eine Reise in frühere Erdenleben*, Hermann Bauer: Freiburg 1987.

Powers, Rhea: *Reinkarnation – die Illusion der persönlichen Identität*, Ch. Falk: Planegg 1989.

Thienel, Peter: *Seelenwanderung. Das Geheimnis der Wiedergeburt in unserem Leben – Forschungen und Erfahrungen*, Goldmann: München 1987.

Vallieres, Ingrid: *Praxis der Reinkarnationstherapie. Konsequenzen und Reichweite*, Hannemann: Steimbke 1987.

Wiesendanger, Harald: *Zwischen Wissenschaft und Aberglaube. Grenzbereiche psychologischer Forschung*, Fischer: Frankfurt a.M. 1989, Kap. 1.